rororo

Zu diesem Buch

Dass die Montessori-Pädagogik außerordentlich zeitgemäß ist, zeigt Professor Hans-Dietrich Raapke in seinem Buch. Er weist nach, dass Maria Montessori viel interessanter und praktischer ist als die historische Heilige, zu der viele Anhänger sie gemacht haben, und er weist außerdem nach, dass die Montessori-Pädagogik in vielen Bereichen zukunftsweisend sein kann, wenn man sie modern interpretiert. Ein Buch für Eltern und Pädagoginnen und Pädagogen.

Dr. Hans-Dietrich Raapke ist emeritierter Pädagogik-Professor der Carl von Ossietzky-Universität Oldenburg, er lebt in Oldenburg und Schweden.

Hans-Dietrich Raapke

Montessori heute

Eine moderne Pädagogik für Familie, Kindergarten und Schule

Rowohlt Taschenbuch Verlag

rororo Mit Kindern leben
Herausgegeben von Bernd Gottwald und Bernhard Schön

rororo Mit Kindern leben
und

die **Deutsche Liga für das Kind**

Partnerschaft für Eltern, Kinder und Familie

2. Auflage Juni 2004
Aktualisierte Auflage August 2001

Originalausgabe
Redaktion Annette Gillich
Veröffentlicht im Rowohlt Taschenbuch Verlag,
Reinbek bei Hamburg, August 2001

Umschlaggestaltung Henning Dencks
Illustration Mike Loos
Satz Minion und Lucida PostScript, QuarkXPress 4.1
Gesamtherstellung Clausen & Bosse, Leck
Printed in Germany
ISBN 3 499 60537 6

Inhalt

Für Cornelius
und meine Enkelkinder
Annika, Johanna, Christoph, Gesa, Jasper

Vorwort

In vielen Seminaren an der Universität, in Kursen für das Montessori-Diplom und in Vorträgen bei verschiedenen Gelegenheiten habe ich die Montessori-Pädagogik vorgestellt und erläutert. Dabei habe ich selbstverständlich auch in die «Übungen des täglichen Lebens» oder den Umgang mit dem «Sinnesmaterial» und mit dem «Goldenen Perlenmaterial» praktisch eingeführt. Nicht zuletzt aber hat mich mehr und mehr die Biographie dieser ungewöhnlichen Frau fasziniert. Ich fand es aufregend und bewundernswert, wie Maria Montessori sich durchgekämpft und dann auch durchgesetzt hat, wie sie die konkreten sozialen Nöte der Menschen zu ihrer Zeit angeprangert und eigenhändig zu lindern versucht hat, vor allem aber, wie sie weit vorausblickend Probleme erkannt hat, die wir heute haben, und Lösungswege gezeigt hat, die zu gehen immer dringlicher wird. Das Wichtigste war natürlich, wie viel sie von den Kindern hielt und wie sie mit ihnen umgegangen ist: «Das Einzige, was wir wirklich tun müssen, ist, unsere Grundhaltung gegenüber dem Kind zu ändern und es zu lieben mit einer Liebe, die an seine Personalität glaubt.» So entstand der Wunsch, all diese Aspekte zusammenzufassen.

Für mich ist es eine Freude, dieses Buch im Gedanken an die vielen Kinder, die ich in Montessori-Einrichtungen fröhlich, zufrieden und eben auch emsig bei der Arbeit angetroffen habe, schreiben zu können. Ich schreibe als Vater, Großvater und Lehrer von meist jüngeren und älteren Erwachsenen. Bei den Kindern habe ich überwiegend zugesehen und viel beobachten können, bei den Erwachsenen habe ich die Prinzipien und die Praxis der Montessori-Pädagogik in vielerlei Varianten erprobt. Anfangs habe ich mich manchmal gewundert, dass dies keineswegs nur eine Pädagogik für kleine Kinder ist, wie das so oft behauptet wird. Ich will nicht verhehlen, dass es lange gedauert hat, bis ich die Zurückhaltung, die Geduld und das Vertrauen in die eigene Kraft der Kinder wie überhaupt der Lernenden selbst gelernt habe. Die Montessori-Pädagogik war immer ein Versuch mit mir selbst. Danken möchte ich allen, die mir dabei geholfen haben.

Vor allem Ela Eckert hat mich als Lehrerin von der Montessori-Pädagogik überzeugt. Sie hat mir unendlich viel gezeigt, erklärt, mir von ihren Erlebnissen mit den Kindern erzählt und mit mir die Probleme, die auftauchten, diskutiert. Unser Sohn Cornelius hat mich als Kind die Montessori-Pädagogik gelehrt durch sein Selbstbewusstsein, seine unabhängigen Entscheidungen, seine selbst erarbeiteten Kenntnisse und Erkenntnisse, seine Fähigkeit, Konflikte mit Kindern und Eltern verbal zu lösen, und nicht zuletzt durch sein großes Vertrauen. Viele Einblicke und Einsichten in die Kinderhaus-Arbeit verdanke ich Barbra Waller Sjögren, die heute in Stockholm mit Kindern bis zu drei Jahren nach Montessori arbeitet und mit diesen Kindern glücklich und zufrieden ist. Sie hat auch einige Bilder zu diesem Buch beigesteuert. Meinen Freunden und Professoren-Kollegen Wiebke Ammann und Herbert Hasler gebührt herzlicher Dank für die kritische Durchsicht der Manuskripte und vielerlei Anregungen und Verbesserungsvorschläge.

Oldenburg / Uppsala im Sommer 2000
Hans-Dietrich Raapke

Einführung

Vor vierzig oder fünfzig Jahren konnten außer einigen Fachleuten nur wenige Eltern oder jüngere Lehrerinnen und Lehrer etwas mit dem Namen Montessori anfangen. Vielleicht ein italienischer Rotwein? Die Waldorfschulen waren dagegen schon eher bekannt und auch der Name ihres Begründers, Rudolf Steiner. Aber Maria Montessori?

Das war ganz anders, als Maria Montessori 1913 von Italien aus nach Amerika kam, um Vorträge über ihre Pädagogik zu halten. Zu der Zeit war sie eine der bekanntesten Frauen der Welt. Die amerikanischen Zeitungen schrieben ganze Spalten über sie. Die «New York Tribune» nannte sie «die interessanteste Frau Europas». Sie habe «das Erziehungssystem der ganzen Welt revolutioniert», schrieb eine der anderen Zeitungen. Aber es begann auch sogleich der Streit über ihre Erziehungsideen.

In den letzten fünfzehn bis zwanzig Jahren ist der Name Montessori unter pädagogisch Interessierten wieder weithin bekannt geworden. Montessori-Pädagogik gilt als eine wiederentdeckte Reformpädagogik, als eine alternative Pädagogik zum traditionellen Kindergarten und zur staatlichen Regelschule, aber auch als ein anderer Weg in der Familienerziehung. Eltern hoffen, dass sich ihre Kinder in einer Montessori-Schule wohler fühlen, dass sie selbstbewusster und selbständiger werden, dass sie dort gründlicher und intensiver lernen und vor allem das Lernen lernen. Sie erwarten, dass schüchterne Kinder und solche mit Lernschwierigkeiten sich dort besser zurechtfinden und Spaß an der Schule haben. Die Amerikanerin Paula Polk Lillard berichtet in ihrem Buch «Montessori Today» von einem Vater, der anfangs gar nicht damit einverstanden gewesen war, dass seine Frau die Kinder auf eine Montessori-Schule geschickt hatte. Aber im Laufe der Jahre habe er seine Ansicht völlig geändert. Der in der Schule entwickelte Sinn für Teamarbeit und Selbständigkeit habe ihn am meisten überzeugt: Die Kinder seien so selbstsicher und zuverlässig, sie würden sich auch in der Konkurrenz mit anderen behaupten können.

Vieles ist anders ...

In der Pädagogik der Maria Montessori ist vieles anders als in den meisten Pädagogiken. Der berühmte Schweizer Johann Heinrich Pestalozzi war

Bauer, ehe er zur Pädagogik kam. Friedrich Fröbel, der «Vater» der Kindergärten, war vorher Feldmesser, und viele kamen von der Theologie und der Philosophie zur Pädagogik. Maria Montessori hingegen war zunächst Ärztin, zudem die erste Frau in Italien, die den Doktorgrad der Medizin erworben hat. Außerdem hat sie aktiv in der italienischen und europäischen Frauenbewegung mitgewirkt. Als sie 1952 starb, gehörte sie bereits zu den Klassikern der Pädagogik. Aber sie ist auch die einzige Frau unter diesen Klassikern geblieben.

Wenn vielleicht noch nicht weltweit, so vollzieht sich doch in vielen «modernen» Ländern ein wichtiger Perspektivenwechsel im Verhältnis zwischen Lehren und Lernen. Die Kinder und überhaupt alle, die etwas lernen wollen und müssen, gelten nicht mehr allein als die *Objekte* des Lehrens. Die Menschen sind nicht mehr in Lehrende und Lernende – Eltern und Kinder, Lehrer und Schüler, Meister und Lehrlinge, Wissende und Unwissende, Priester und Laien – geteilt, wo die einen den anderen etwas beibringen. Wer lernt, ist immer auch *Subjekt*, kann meistens schon etliches, hat Vorerfahrungen und Vorkenntnisse. Die, die lernen, wollen auch selbst an dem beteiligt sein, was sie lernen, sie wollen wissen, wozu sie es lernen und wie sie es lernen. Das gilt für Kinder kaum weniger als für Erwachsene. «Selbstorganisation des Lernens» ist zu einem verbreiteten Schlagwort geworden.

Dieser grundlegende Perspektivenwechsel braucht allerdings seine Zeit. Begonnen hat der Prozess vereinzelt vor mehr als zweihundert Jahren, und auch in dem gerade abgelaufenen Jahrhundert hat sich zwar vieles, aber längst noch nicht alles geändert. Diejenigen, die ihre Autorität verteidigen wollen, versuchen immer wieder, den Prozess aufzuhalten, aber er schreitet doch allmählich und unaufhaltsam fort. Andere hingegen, meistens einzelne Menschen oder kleine Gruppen, geben ihm von Zeit zu Zeit kräftige Vorwärtsimpulse. *Maria Montessori* war eine von denen, die einen solchen Schub bewirkt haben. Und diejenigen, die mit Maria Montessori gemeinsam und nach ihrem Tod bis heute ihre Pädagogik weiterentwickelt haben, haben den Prozess vorangebracht.

Die Montessori-Pädagogik ist also ein bestimmter Teil eines umfassenderen geschichtlichen und sozialen Veränderungsprozesses und darum auch kein fertiges Rezept. Aber Maria Montessori hat eine beträchtliche Fülle von Anregungen und Hilfen gegeben, die noch nicht hinreichend ausprobiert und für die Praxis in Elternhaus, Kindergarten und Schule ausgewertet und genutzt worden sind. Weil Montessoris Ideen und Vorschläge gerade für unsere Generationen und für unsere Kinder interessant und hilfreich sein können, halte ich sie – und viele andere ebenfalls – noch und wieder für aktuell. Dabei muss manches von ihren Ideen und Vorschlägen in unsere Zeit und in unsere Sprache übersetzt werden. Das will ich mit diesem Buch versuchen.

Missverständnisse

In mindestens zweierlei Hinsicht ist Maria Montessoris Pädagogik gründlich missverstanden worden. Die meisten glauben, dass die Montessori-Pädagogik eine Kleinkinder- und Kindergarten-Pädagogik sei. Das ist sie auch, und damit hat Montessori angefangen. Doch im Verlauf ihres langen Lebens hat sie ein umfassendes System der Pädagogik vom Kleinstkindalter bis zum Erwachsensein entwickelt: von der Geburt bis zum 24. Lebensjahr. Dieses System will ich hier vorstellen.

Das andere Missverständnis geht in zwei entgegengesetzte Richtungen: Den Kritikern auf der einen Seite war Montessori zu naturwissenschaftlich, biologistisch wie manche sagten. Die anderen fanden zu viele mystische und religiöse Komponenten in ihrer Pädagogik. Abgesehen davon, dass sich das eigentlich gegenseitig aufhebt: Maria Montessori war Naturwissenschaftlerin und Ärztin und ist es immer geblieben. Gerade das ist einer der Punkte, warum ihre Pädagogik für uns so interessant ist, denn zumal in der traditionellen deutschen Pädagogik kommt der physiologisch-medizinische Aspekt, die Gesundheit des Körpers, fast immer zu kurz. Andererseits war Maria Montessori Christin und hat daran nie Zweifel aufkommen lassen. Aber sie hat vor allem wohl in den langen Jahren in Indien viel von den Mysterien anderer Religionen kennen gelernt und manches davon in sich aufgenommen. Ein ganz wichtiger Grundsatz war für sie: Ihre Pädagogik sollte für die «Erdkinder» – alle Kinder dieser Erde –, die Kinder aller Religionen, aller Hautfarben und aller ethnischen Gruppen gelten.

Wie nicht anders zu erwarten, hat es auch von wissenschaftlicher Seite Kritik an Montessoris Pädagogik gegeben. Das meiste davon hat sich allerdings im Verlauf der Diskussionen wieder aufgelöst. Davon wird noch genauer zu berichten sein.

Grundpositionen

Die Montessori-Pädagogik steht gleichsam auf zwei Säulen. Ich will sie hier kurz skizzieren, im Verlauf des Buches wird dies unter Einzelaspekten immer wieder auftauchen:

- Für die Naturwissenschaftlerin und Ärztin Maria Montessori, die voll auf dem Kenntnisstand ihrer Zeit war, markiert die eine Säule das *Kind in seiner Entwicklung*. Dazu hatte Montessori schon umfangreiche wissenschaftliche Kenntnisse und Erfahrungen, ehe sie mit ihrer pädagogischen Arbeit begann. Eine ihrer frühen Veröffentlichungen befasste sich mit der Pädagogischen Anthropologie. Dennoch hat sie an der Theorie der kindlichen Entwicklung ihr Leben lang gearbeitet, sie kontinuierlich an der Praxis überprüft und sie erst im hohen Alter vollendet.
  Ein Kind – so Montessori – wird geboren mit einem genetischen Potenzial, das auf Wachsen und Lernen angelegt ist. Der zunächst unbewusste und dann immer bewusstere Wille des Kindes: «Ich will groß werden», ist dafür eine starke Kraft. Aber es kommen auch Regressionen, der Wunsch, zurückzukehren in das Behütetsein und die Geborgenheit der Kleinkindtage. Montessori hat diese gegenläufigen Prozesse in ihrem Spätwerk «Das kreative Kind» anschaulich dargestellt.
- Lernen und wachsen kann das Kind nur im Kennenlernen und in der Auseinandersetzung mit seiner *Umwelt*, denn es hat kein fertig ausgebildetes Verhaltensrepertoire mit auf die Welt bekommen. Diese Umwelt ist die andere Säule der Montessori-Pädagogik. Sie zu gestalten, und zwar pädagogisch zu gestalten, ist die Aufgabe der Erwachsenen. Die Erwachsenen können das Kind nicht nach ihrem Willen formen, denn «kein Mensch kann den anderen schaffen» – so Maria Montessori. Aber die Erwachsenen können aus der Umwelt des Kindes eine pädagogisch «vorbereitete Umgebung» machen, in die das Kind sich einlebt und mit der es sich auseinander setzt, indem es sich darin frei und nach seinem Bedürfnis bewegt.

Maria Montessori hat mit diesem doppelseitigen theoretischen Grundkonzept jenen ideologischen Einseitigkeiten vorgebaut, bei denen entweder alle Möglichkeiten des Menschen von seiner erblich-genetischen Ausstattung abhängen oder auf der anderen Seite der Mensch allein das Produkt seiner Umwelt sein soll.

Das Wichtigste im Denken und Handeln der Montessori-Pädagogik ist das Kind. Es muss nicht nur liebevoll, sondern auch genau beobachtet werden: Wie weit ist es in seiner Entwicklung? Welche Bedürfnisse hat es – offen oder verdeckt? Wohin zielen seine Aktivitäten? Welche Angebote oder Hilfen braucht es jetzt? Ist es zurückgeblieben oder schon weit voraus? Zuerst kommt also – wie bei der Kinderärztin – die Diagnose. Darum heißt der erste Grundsatz, der der ersten Säule zuzuordnen ist: *Folge dem Kind,* es *wird dir seinen Weg zeigen.*

Aber das Kind will und soll seinen Weg in die menschliche Gesellschaft finden. Dazu braucht es Intelligenz, Kenntnisse, Fertigkeiten, Gemeinsinn, Bilder und Wertvorstellungen von dieser Welt. Niemand wird annehmen, dass ein Kind das alles allein und von sich aus könnte. Es braucht Vorbild und Begleitung sowie Hilfe durch eine pädagogisch vorbereitete und geordnete Umwelt, durch die sein Weg es führt – die zweite Säule. Dann kann es zum «Baumeister seiner selbst» werden, wenn wir es nur seinen Weg gehen lassen. Darum heißt der zweite Grundsatz: *Hilf mir, es selbst zu tun!*

Zwischen beiden «Säulen» die Balance zu halten ist die Aufgabe – vielleicht die Kunst – der Montessori-Pädagogin und des Montessori-Pädagogen.

Aufbau des Buches

Im Kernstück des Buches, dem zweiten Kapitel, bilden die Phasen der Entwicklung des Kindes und der Jugendlichen den roten Faden. Diesen «sensiblen Phasen» – wie Maria Montessori sie nannte – werde ich jeweils die Pädagogik, die pädagogischen Einrichtungen, die Erziehung und den Unterricht zuordnen. Zuvor werden im ersten Kapitel die wichtigen Grundlinien und Besonderheiten in der Montessori-Pädagogik dargestellt: die Verbindung von Ärztin und Pädagogin, Maria Montessoris Bild vom Kind und ihr Hauptziel, die Erziehung zum Frieden. Ich schließe das Buch ab mit einer ausführlicheren Biographie für diejenigen, die es reizt, mehr über das Leben dieser interessanten und bedeutenden Frau zu erfahren. Maria Montessoris Lebensgeschichte ist eng mit der Entstehungsgeschichte ihrer Pädagogik verbunden. Nicht weiter eingehen werde ich auf Montessoris vierte Stufe der Entwicklung, also auf die Altersstufe von achtzehn bis vierundzwanzig Jahren.

Verbreitung und Ausbildung

Montessori-Kinderhäuser und -Schulen gibt es – wenn auch unterschiedlich verteilt – überall auf der Welt: in Europa, in Nord- und Südamerika, in Asien, Afrika und Australien. In den Niederlanden ist das Netz an Montessori-Schulen besonders dicht, in Skandinavien ist ihre Zahl in den letzten Jahren sprunghaft gestiegen, allein in Schweden von ganz wenigen auf rund zweihundert anerkannte Vorschulen und Schulen. Nach Beendigung des Kalten Krieges wurde sehr deutlich, dass im Osten ein großes Interesse an der Montessori-Pädagogik bestand: in den östlichen deutschen Bundesländern, in Polen, Tschechien, Bulgarien und neben anderen nicht zuletzt in Russland. In den USA wurden in den sechziger und siebziger Jahren Montessori-Schulen im «Head Start»-Programm staatlich gefördert. Die Montessori-Vereinigungen haben vor allem in den USA und in Europa mit Kongressen, Tagungen und Fortbildungskursen eine große Aktivität entfaltet.

Für die Montessori-Pädagogik ist eine besondere Ausbildung nach einem weltweit relativ einheitlichen Standard erforderlich. Es gibt einen einjährigen Vollzeitkursus oder – so vor allem in Deutschland – einen zweijährigen berufsbegleitenden Kursus. Auf die Einhaltung der Standards legen die Montessori-Organisationen großen Wert, vor allem die von Maria Montessori 1929 gegründete Association Montessori Internationale (AMI). Das hat den Vorteil, dass es in einer Montessori-Schule in Peking oder in Chicago oder in Köln nie «ganz anders» aussieht und zugeht. Immer finden die Kinder und die Eltern vergleichbares Basismaterial und ähnliche Grundmuster der Pädagogik vor.

In Deutschland sind die Ausbildungskurse für das Montessori-Diplom häufig ausgebucht, und vielfach gibt es Wartelisten. An die Lehrkräfte dieser Kurse werden hohe Anforderungen gestellt. Sie müssen selbst das Diplom haben sowie Erfahrungen in der Praxis einer Montessori-Schule, und sie müssen sich als Assistent oder Assistentin in der Ausbildungspraxis bewährt haben. Der verhältnismäßig hohe Grad an Standardisierung hat Vor- und Nachteile. Eltern können bei einer autorisierten Montessori-Schule ziemlich sicher sein, dass Weg und Ziel vorhersehbar sind und bestimmte Qualitätsmaßstäbe angelegt werden können. Lehrkräfte fühlen sich manchmal und vor allem am Beginn der Ausbildung etwas eingeengt. Aber wer die Grundregeln genau einhält, gewinnt sehr bald ein umso größeres Maß an Freiheit und kann das mit Hilfe von Materialvorgaben Angefangene mit eigenen Ideen weiterentwickeln.

Fast nichts auf der Welt ist vollkommen, und auch die Montessori-Pädagogik ist es nicht. Meistens hängt es von den Pädagogen ab, was in der Praxis aus dieser Pädagogik wird, nicht selten auch von äußeren Umständen, von der guten oder schlechten Resonanz im Kollegium, bei den Eltern oder sonst in der Umgebung, von den Räumen, vom Geld ... Es gibt Montessori-Einrichtungen, in denen dogmatisch jeder Satz der Meisterin als Glaubenssatz angesehen wird, in denen monotoner Drill herrscht und Material und Regeln wichtiger sind als das Wohlbefinden der Kinder. Manchmal erscheint es mir, als müsste man Maria Montessoris Prinzipien ein wenig vor ihren übereifrigen An- und Nachbetern in Schutz nehmen. Es gibt Einrichtungen, in denen nur mit dem klassischen Montessori-Material gearbeitet wird, und andere, in denen auch moderne technische Baukästen, Spielsachen, Handwerkszeug, Malsachen oder eine Druckerei Platz haben. Es gibt Einrichtungen, in denen der Vertrauenskredit, den Montessori in die eigene Kraft des Kindes gesetzt hat, überzogen wird und die Kinder ständig tun und lassen können, was sie wollen. Dort werden ihnen in der «vorbereiteten Umgebung» keine oder nicht genügend Anreize zur Selbstarbeit geboten. Oder es wird die von Montessori empfohlene Altersmischung von jeweils drei Jahrgängen aufgelöst. Da bilden sich dann zwangsläufig Cliquen, die besondere soziale Problem produzieren, und die pädagogischen Vorteile einer wohldosierten Altersmischung gehen verloren. Es gibt viele Varianten, das Gleichgewicht zwischen den beiden erwähnten Säulen zu verlieren. Das spricht jedoch nicht generell gegen die Montessori-Pädagogik.

Auch unter optimalen Bedingungen, wenn also Kinder, Eltern und Pädagoginnen und Pädagogen zufrieden sind und mit guten Ergebnissen zusammenarbeiten, ist nicht zu übersehen, dass es in der Montessori-Pädagogik gewisse Schwerpunkte gibt, zum Beispiel die zentrale Bedeutung, die Montessori der menschlichen Intelligenz beigemessen hat. Oder aber der Umgang mit dem Montessori-Material soll bei den kleineren Kindern von der Leiterin durch weitgehend schweigendes Vormachen eingeführt werden; die Kinder sollen sich ganz auf das Zusehen konzentrieren – oder auf das Zuhören, wenn etwas erzählt wird. Das sind «Einseitigkeiten». Allerdings haben die anderen Pädagogiken meistens andere Einseitigkeiten, so wird dort beispielsweise wenig gezeigt und viel geredet oder beim Zeigen auch gleich erklärt, und die Kinder müssen sich gleichzeitig auf zwei Dinge konzentrieren. In der Montessori-Pädagogik ist die «Isolierung der Schwierigkeiten» ein wichtiger Grundsatz.

Was mir noch wichtig ist

Einen Punkt möchte ich schließlich schon in dieser Einführung hervorheben. Da nach Maria Montessori jedes Kind seinen individuellen Weg gehen sollte, hatte sie kein Interesse daran, dass die Kinder im gleichen Schrittmaß und Tempo die gleichen Ziele erreichen. Begabungsdifferenzen und Leistungskonkurrenz waren für sie keine Themen. Montessori wusste natürlich wie andere Pädagogen, dass es Kinder mit unterschiedlicher Lernfähigkeit und verschiedenen Talenten gibt. Aber sie hat ihre Pädagogik so eingerichtet, dass eigentlich kein Kind das andere auf seinem Weg stören dürfte. Folglich hatte sie kein Interesse an Selektionen und Leistungsdifferenzierungen. Auch wenn die Kinder nicht alle gleich sind, sollten sie doch alle die gleichen Möglichkeiten haben. Trotzdem ist die Montessori-Pädagogik keine weiche, nachgiebige Pädagogik. Leistungen werden durchaus erwartet, aber dann, wenn das Kind von sich aus die Kraft dazu hat. Sie werden nicht zu einem bestimmten von außen gesetzten Zeitpunkt verlangt. So erbringen Kinder erstaunlich gute und fast immer originelle und kreative Leistungen – wenn man sie lässt.

Nicht jedem pädagogisch engagierten Erwachsenen liegt die Montessori-Pädagogik. Manche haben nicht die Geduld, die unerlässlich ist, manche fürchten um den Verlust ihrer Autorität und ihrer Führungsrolle. Von Erwachsenen darf auch nicht zu viel an schneller Veränderungsbereitschaft erwartet werden. Es ist sehr schwer für Erwachsene, umzulernen. Leichter ist es, etwas Neues dazuzulernen, das bisherige Repertoire zu erweitern und sich dadurch bereichert und selbst stärker zu fühlen. Das ist ein Prozess, der Zeit braucht. Schließlich gehört jedoch die feste Überzeugung dazu, dass die Montessori-Pädagogik ein richtiger Weg ist. Dann kann man mit Kindern fast so etwas wie einen «Generationenvertrag» über den pädagogischen Umgang miteinander schließen. Und die Erwachsenen müssen – das war für Maria Montessori das Wichtigste – Kinder lieben und in ihrer eigenen Menschenwürde achten. Die Menschenrechte gelten auch für Kinder.

1 Grundlinien der Montessori-Pädagogik

Montessori-Pädagogik – eine moderne Pädagogik?

Die Montessori-Pädagogik ist in der ersten Hälfte des gerade abgelaufenen Jahrhunderts entstanden. Ist es eine allzu kühne Behauptung, dies sei eine moderne Pädagogik, die heute auf der Höhe der Zeit ist und auch für die Zukunft noch ernst zu nehmen sein soll? Ist sie vielleicht doch nur der alte Hut einer alten Dame? Dieses Buch schreibe ich, weil ich der Überzeugung bin, dass wir für die in allen «modernen» Ländern wieder aufgelebte Diskussion über die Zukunft der Schule im Werk Maria Montessoris Überlegungen und Vorschläge finden, die ihrer Zeit weit voraus waren: Visionen in die Zukunft. Sie können unsere Überlegungen für heute und morgen anregen. Montessori-Kinderhäuser und -Schulen können Modelle sein für eine Erziehung und eine Schule, in der Kinder und Jugendliche andere, eher zukunftsorientierte Erfahrungen machen als in den meisten unserer heutigen Schulen. Selbstverständlich kann man nicht alles genau so übernehmen, wie es Maria Montessori vor fünfzig oder neunzig Jahren gesagt hat. Die Zeiten und vor allem die Lebensverhältnisse der Kinder haben sich verändert. Aber die Grundsätze, die Prinzipien ihrer Pädagogik sind für uns heute durchaus aktuell, wenn sie in angemessener Weise in unsere Zeit übertragen werden.

Kindergärten

In den letzten Jahren ist die Frage immer dringlicher geworden, ob unsere Kindergärten und Kindertagesstätten noch zeitgemäß für die Kinder von heute sind. Die Kinder wachsen – vor allem in den großen Städten, aber auch in ländlichen Gebieten – unter gänzlich anderen Bedingungen auf als noch vor ein oder zwei Generationen. Sie machen sehr andere Kindheitserfahrungen. «Veränderte Kindheit» ist das Stichwort: Es gibt mehr und mehr Einzelkinder und Kinder allein erziehender Eltern. Die Kinder leben vor allem in der Wohnung, haben keine Möglichkeit zum Spielen mit Nachbarskindern auf der Straße, oft keine oder schlechte Spielplätze und zu wenig Bewegung. Sie sind versiert im Umgang mit Video und Computer, haben aber ein verkümmertes Verhältnis zur Natur. Die Spielfreunde wohnen selten in der Nähe, und die Kinder müssen hinfahren oder hingefahren werden und mancherlei mehr. An vielen Stellen wird in den Kindergärten Neues probiert, wenden Erzieherinnen viel Phantasie und Energie auf, um dem Leben dieser «ganz anderen Kinder» entgegenzukommen.

Auf zwei großen Kongressen zu diesem Thema wurde vorgetragen, diskutiert, wurden Erfahrungen ausgetauscht. Zuerst und vor allem war die Rede davon, dass die Kinder «ein Recht darauf haben, dass pädagogische Einrichtungen wie Kindertagesstätten und Schulen sich auf sie, ihre Bedürfnisse, Hoffnungen und Perspektiven einstellen»[1]. Dies erfordere ein neues Bild vom Kind, das nicht von den Erwachsenen als Modell entworfen und geformt wird, sondern: «das Kind ist Akteur seiner selbst» (Piaget), «Baumeister seiner selbst» (Montessori). Klaus Klattenhoff formuliert in der Einleitung zum Bericht des ersten Kongresses im Sinne von Maria Montessori: «Das Kind weist den Weg, die Erzieherin folgt ihm.» Dieser Kongress stand unter dem Motto «Das Kind zur Rose machen», angelehnt an das Buch «Der kleine Prinz» von Antoine de Saint-Exupéry. Zwei Berichterstatterinnen schreiben:

«Der kleine Prinz gestaltete ganz bewusst die Umgebung für seine Rose. Er stellte sie unter einen Glassturz, um sie vor dem kalten Wind zu schützen. Er konnte nicht ihre Blütenblätter auseinander zupfen, um ihre Pracht zu bewundern, denn das hätte sie zerstört. Er konnte lediglich die Bedingungen für seine Rose so gestalten, dass sie die Möglichkeit erhielt, ihre ganze Pracht zur Entfaltung zu bringen.»[2]

Was auf diesem Kongress die neue «Ethik des Verstehens» genannt wurde, entspricht durchaus dem, was Maria Montessori mit großer Energie versucht hat, deutlich zu machen: Jedes Kind hat sein Entwicklungspotenzial, das von den Erwachsenen verstanden und von Schritt zu Schritt beobachtet werden muss. Das Kind wird – mit Hilfen – seinen Weg finden, wenn die Erwachsenen es nicht daran hindern: «Hilf mir, es selbst zu tun.» Aber das ist nur die eine Seite oder die eine «Säule» der Montessori-Pädagogik, wie ich sie in der Einführung zu diesem Buch beschrieben habe. Im Konzept des «Offenen Kindergartens» fehlt, wie es scheint, die andere «Säule», nämlich die mit didaktischer Systematik «vorbereitete Umgebung». Über Maria Montessoris didaktische Systematik kann man diskutieren und streiten und hat es getan, so lange es ihre Pädagogik gibt. Aber wenn Kinder im Kindergarten – ebenso wie im «offenen Unterricht» der Schule – selbst entscheiden dürfen, «was sie wann, wo und mit wem und wie lange tun», müssen sie eine strukturierte, Orientierungen gebende, pädagogisch «vorbereitete Umgebung» mit Aufgabenanreizen vorfinden, damit sie wissen, was sie wann und mit wem tun und darüber selbst entscheiden *können.* Holger Lindemann schreibt zu Recht: «Offene Strukturen benötigen Regeln des Zusammenlebens.» Aber es sind dort eben auch vorgebahnte Wegmarken und Materialien erforderlich, die dazu motivieren, entwicklungsfördernde Aufgaben zu lösen. Sonst wird doch nur ein Freigehege daraus und schwerlich – wie Klaus Klattenhoff es so schön ausbalanciert formuliert hat – ein «Ort der Verbindung von Lust und Leistung», in dem das Lernen «Spaß macht, wenn es Zufriedenheit nach sich zieht»[3]. Die Montessori-Pädagogik ist eben doch kein alter Hut. So weit zum Kindergarten.

Montessori-Schulen

Eine Montessori-Schule, über die ich mich näher informieren konnte, ist vor etwa fünf Jahren eingerichtet worden. Jetzt hat sie rund dreihundert Schülerinnen und Schüler und eine Warteliste mit über vierhundert Anmeldungen. Auf der *Visitenkarte* der Schule steht auf der Rückseite:

«Vision der Schule

Diese Montessori-Schule ist ein Ort zum Lernen, zur Entwicklung und sozialen Erziehung für Kinder im Alter von 3 bis 16 Jahren.

Gut ausgebildete Pädagoginnen und Pädagogen arbeiten mit den Eltern zusammen mit dem Ziel, diese Schule zu einem Ort zu machen, an dem die Kinder darin unterstützt werden, zu verantwortungsbereiten und zuverlässigen Menschen mit sicherem Selbstvertrauen heranzuwachsen.

Das Interesse der Kinder, ihre Lust und ihre Freude sind die Ausgangspunkte für das Lernen und Heranwachsen, je nach ihren Voraussetzungen.

Im Sinne Maria Montessoris wollen wir das erreichen, indem wir jedes Kind anleiten und ermuntern,

- sich um Wissen und Bildung zu bemühen,
- mit anderen rücksichtsvoll zusammenzuleben und zu arbeiten,
- selbst Verantwortung zu übernehmen.

Respekt und Liebe gegenüber jedem Kind sind die Leitideen aller Arbeit in der Schule.»

In einer anderen allgemeinen und öffentlichen Schule gibt es seit sieben Jahren einen eigenständigen Bereich für Montessori-Pädagogik, den ich ziemlich gut kenne. Nachdem die Kinder die Vorschule (Kinderhaus) und die Schuljahre eins bis sechs durchlaufen haben, soll jetzt eine Stufe für drei weitere Schuljahre ausgebaut werden. Auch diese neue Stufe soll wie die vorhergehenden altersgemischt sein, das gehört zu den Montessori-Prinzipien. Eigentlich ist das eine sehr alte Organisationsform, und die Jahrgangsklassen sind in Deutschland erst im 19. Jahrhundert zur Erleichterung der staatlichen Administration allgemein durchgesetzt worden. In der Montessori-Einrichtung wird jedoch bewusst darauf gesetzt, dass die jüngeren und die älteren Kinder zum Beispiel vieles an «Erziehungsarbeit» untereinander viel unkomplizierter erledigen, als wenn alles von Pädagogen geregelt wird.

Zur Information über die neue «Oberstufe» wird für Eltern in einem Prospekt mit dem Titel «Wähle die Zukunft» zusammengefasst, was Montessori-Pädagogik in der Schule bedeutet:

- Altersintegration
- Ganzheitliche Sicht der Schülerinnen und Schüler
- Individuell angepasster Unterricht
- Verbindung von Theorie und Praxis
- Fachübergreifendes Lernen in Projektform
- Selbständigkeit, Eigeninitiative und Verantwortungsgefühl
- Gegenseitiger Respekt

Von Leistung, Leistungswettbewerb, Auslese, Zensuren oder Sitzenbleiben ist hier nicht die Rede. Sollte es das alles nicht geben? Manche Kritiker wären jetzt schnell mit so einem Wort wie «Kuschel-Pädagogik» zur Stelle, dass die Kinder hier nicht den Ernst des Lebens zu spüren bekämen und wo denn die Autorität des Lehrers und die Leistungsanforderungen blieben.

Bei dem zweiten Beispiel handelt es sich um eine schwedische Schule, und in Schweden gibt es Jahr für Jahr reichseinheitliche Leistungstests. Bei denen haben die Kinder dieser Schule und die der anderen Montessori-Schulen in aller Regel nicht schlechter, sondern eher besser abgeschnitten als der Durchschnitt.

In den Montessori-Schulen haben die Kinder größere Selbständigkeit, das Arbeiten in der Gruppe und nicht zuletzt die Ausdauer gelernt, eine einmal selbständig angefangene Arbeit auch zu Ende zu führen.

1992 hat Reinhard Fischer die Ergebnisse aller empirischen Untersuchungen über die Montessori-Pädagogik seit den fünfziger Jahren in Deutschland sowie einiger ausländischer Untersuchungen zusammengefasst: In den Schulen schneiden die Montessori-Kinder fachlich nicht schlechter ab als die Kinder in den Regelschulen, in Mathematik sind sie öfter besser. Sie planen ihre Arbeit intensiver, arbeiten oft konzentrierter und ausdauernder, haben weniger «Furcht vor Misserfolg», helfen sich gegenseitig und regeln Konflikte friedlich. In ihrem «Selbstkonzept schätzen sich Montessori-Schüler signifikant als schneller, ruhiger und mutiger ein»[4].

Es fällt auf, dass in diesen Beschreibungen der Montessori-Schulen sowie bei den empirisch überprüften Erfahrungen ganz bestimmte Merkmale und Charakteristika eine wichtige Rolle spielen. Es sind die Fähigkeiten, die heute von immer mehr Fachleuten von der Schule gefordert werden, die aber auch zum Beispiel große Industrie- und Handelsbetriebe von ihrem Nachwuchs erwarten: Initiative, Innovations- und Verantwortungsbereitschaft, Kommunikations- und Team-Fähigkeit, Durchschauen von Zusammenhängen, Verbindung von Theorie und Praxis, kurz: Schlüsselkompetenzen.

Dass auch Grundwissen und -können in den Schulfächern sowie Fachwissen auf weiteren Gebieten erforderlich sind, versteht sich von selbst. Das wird hier wie dort nicht mehr besonders akzentuiert. Fehlendes Wissen kann man sich leicht aneignen, aber die Basiskompetenzen müssen schon früh angelegt werden. Sogar das Wort «Vision» signalisiert die Zukunftsorientierung im Programm dieser «Schulen», die, siehe das erste Beispiel, nach Montessoris Konzept schon mit Dreijährigen anfangen.

Aktuelle Aspekte der Montessori-Pädagogik

Ist die Montessori-Pädagogik also eine moderne Pädagogik, die Neues oder zumindest anderes bringt gegenüber den verschiedenen Varianten der konventionellen Pädagogik, die wir alle mehr oder weniger kennen? Befindet sie sich auf der Höhe der Zeit – ohne nur eine modische Laune zu sein? Betrachten wir dazu ein paar Punkte der Montessori-Pädagogik genauer.

- Im gerade abgelaufenen Jahrhundert hat es mancherlei Pendelbewegungen in der Pädagogik gegeben, so auch in den letzten dreißig Jahren, als man von der «antiautoritären Erziehung» zum heute gängigen Slogan «Kinder brauchen Grenzen» gelangte. Zur antiautoritären Erziehung gehört die Montessori-Pädagogik gewiss nicht. Etwas anderes ist das mit den Grenzen – dies meint natürlich nicht die Schlagbäume mit den großen Schildern und der Aufschrift: «Halt, bis hierher und nicht weiter!»
- In der Montessori-Pädagogik wird die Individualität jedes Kindes besonders respektiert. Montessori war Kinderärztin, und ähnlich wie beim Kinderarzt ist hier jedes Kind ein besonderer «Fall». Jedes Kind sucht und nimmt seinen eigenen Weg in seiner Entwicklung und wird daran prinzipiell nicht gehindert. Dadurch entsteht ein hohes Maß an individueller Unabhängigkeit für jedes Kind an jedem Tag. Allerdings handelt es sich dabei um die Freiheit in einem pädagogisch vorstrukturierten Raum. «Vorbereitete Umgebung» heißt das in der Montessori-Pädagogik. Diese vorbereitete Umgebung schafft zugleich Freiräume und setzt Grenzen, die bei den Kindern verschiedener Entwicklungsstufen natürlich verschieden gestaltet sind. Die Balance zwischen Vorstrukturierung der Umgebung und individueller Unabhängigkeit des Kindes immer neu herzustellen und zu ermöglichen charakterisiert die Montessori-Pädagogik in besonderer Weise. Damit werden die «Wechselbäder» zwischen Freiheit und Zwang, die den pädagogischen Umgang mit kleinen wie mit großen Kindern oft so schwierig machen, schon vom Ansatz her vermieden.
- Angesichts der «Reizüberflutung» und der beinahe pausenlos auf unsere Kinder einstürmenden unterschiedlichsten Eindrücke kann es als ein aktueller Vorteil der Montessori-Pädagogik angesehen werden, dass sich die Kinder zunächst in einer überschaubaren und nach bestimmten pädagogischen Regeln geordneten kleinen Welt frei und nach ihren Wünschen bewegen können. Das ist kein kahler Klassenraum, sondern in der «vorbereiteten Umgebung» steht eine große Vielfalt an didaktischem und anderem Material für die Arbeit und Beschäftigung zur Auswahl bereit. Die Absicht Montessoris, die Kinder aus einer kleinen geordneten Umgebung Schritt für Schritt in die großen Ordnungen der Welt einzuführen, hat für die Kinder offenkundig etwas Beruhigendes und Stabi-

lisierendes, wobei freilich die Wahlfreiheit das Gegengewicht zu den Ordnungen bringen muss. Besuchern und Beobachtern fällt jedenfalls oft die geschäftige Ruhe in Montessori-Kinderhäusern und -Schulen auf.

- Maria Montessori hat ihre Pädagogik unter anderem auf dem damals auch für sie selbst verwunderlichen Erlebnis aufgebaut, dass sich ein kleines Kind ganz und gar auf eine bestimmte selbst gewählte Tätigkeit konzentrieren kann, ohne sich davon ablenken zu lassen. Wenn das möglich war, wollte sie solche Situationen möglichst oft herbeiführen und dementsprechend ihre pädagogischen Arrangements einrichten. Allerdings war ihr auch klar geworden: Ich kann ein Kind nicht dazu überreden und schon gar nicht dazu zwingen, sich so konzentriert auf eine bestimmte Arbeit einzulassen. Das Kind muss das selbst aus eigenem Antrieb wollen, und ich Erwachsener muss ihm die Zeit lassen, bis es selbstzufrieden findet, dass es nun genug an dieser Sache gearbeitet hat. *Konzentration lässt sich nicht erzwingen.*
- In der Montessori-Pädagogik gilt der Grundsatz, dass ein Kind das am besten lernt, was es *jetzt* lernen möchte. Gelegenheit dazu bietet die «Freiarbeit». Der Wunsch, jetzt etwas Bestimmtes lernen zu wollen, entspringt seinem augenblicklichen Entwicklungsstand und markiert ihn zugleich. Von innen her, vom Kind selbst, kommt der Antrieb, sich mit der Außenwelt auseinander zu setzen, sich an ihr abzuarbeiten, vielleicht sie zu beherrschen. Angeregt wird dieser Wunsch durch ein Angebot von Arbeitsmöglichkeiten, zum Beispiel zu Hause mit einer eigenen Leistung mitzuhelfen, durch Arbeitsmaterial in der didaktisch «vorbereiteten Umgebung» des Kinderhauses oder der Schule, im Garten oder Gewächshaus. Vielleicht braucht es Hilfen, um die Arbeit selbst tun zu können. Dann aber muss dem Kind – wie schon beim vorigen Punkt gesagt – Raum und Zeit gelassen werden, seine Arbeit selbständig und in Ruhe zu Ende zu führen, damit es durch das Ergebnis sich selbst und seine Fähigkeiten bestätigt fühlt. In der Industriepsychologie verfolgt man heute oft ähnliche Grundsätze: Am besten gelingt die Arbeit, die ich freiwillig, also mit intrinsischer Motivation, tue; Selbststeuerung setzt Kräfte frei, Kreativität, Energie, Ausdauer, Verantwortungsbereitschaft …
- In den meisten europäischen Ländern ist nicht mehr umstritten, dass in den Schulen auch mit Computern gearbeitet werden sollte, denn Computer sind Teil der Technologie, die die Welt verändern. Es fehlt nur noch das Geld. Schon früh habe ich in Montessori-Klassen Computer gesehen, dort hat man gute Erfahrungen damit gemacht. Kinder sind begierig

darauf, das kennen zu lernen, was immer mehr Erwachsene benutzen – oder vor dem sich etliche vielleicht ängstigen. Dieses Kennenlernen darf nicht zu früh und nicht zu spät geschehen. Bis etwa zum Alter von sechs Jahren lernen die Kinder überwiegend «operativ» durch konkretes Handeln. Da sollte der Computer wohl noch nicht dazwischenkommen. Erst wenn das Abstrahieren beginnt, wird es allmählich Zeit für den Umgang mit dem Computer. Doch er ist kein didaktisches Material, das eine Schlüsselerfahrung vermittelt, mit der ich mir weitere Erkenntnisse oder Erfahrungen aufschließen kann, sondern ein «Werkzeug». Ich kann ihn als Werkzeug benutzen, er kann mir als Informationsquelle dienen, und ich kann ihn schließlich auch selbst erforschen, seine Elektronik und die Möglichkeit, ihn selbst zu programmieren. Die Computersimulation eröffnet schließlich die Chance, mir vorzustellen und zu erforschen, was mit den Sinnen nicht mehr wahrnehmbar ist.[5]

Modern ist etwas nicht nur, weil es neu ist, sondern weil viele Leute es mögen, schätzen, gut und richtig finden. Darum stellt sich die weitere Frage, warum die Montessori-Pädagogik in den letzten Jahren für viele Menschen, vor allem für Eltern und Pädagogen, wieder so aktuell, so interessant geworden ist, warum sie in den meisten westeuropäischen Ländern, in Skandinavien, in osteuropäischen Ländern und nicht zuletzt in den USA eine so bemerkenswerte Renaissance erlebt.

Für einige Länder ist das leicht zu beantworten: Es besteht Nachholbedarf, weil die Montessori-Pädagogik zeitweise verboten war. Dies gilt für Deutschland (1933) und Österreich (1938) ebenso wie für Spanien (1936) und Italien (1934)! Auch im früheren «Ostblock» der kommunistischen Länder hat die Montessori-Pädagogik allenfalls im Untergrund existieren können. Immerhin hatte es in Russland bis etwa zur Stalin-Ära Montessori-Schulen und Montessori-Literatur gegeben.

Ein weiterer Grund für die Renaissance der Montessori-Pädagogik mag darin liegen, dass die traditionellen Schulsysteme tendenziell mehr der Weitergabe der gewichtigen Last des jeweiligen nationalen Kulturerbes an die nachwachsende Generation dienen, während die Montessori-Pädagogik eine stärkere Zukunftsorientierung hat. Nach den Erfahrungen mit den konventionellen Schulsystemen, die neuerdings durch Sparmaßnahmen zusätzlich ruiniert werden, sind offenkundig mehr und mehr Eltern hellhörig geworden für pädagogische Programme in Richtung Zukunft.

Darin lag einer der Kernpunkte der Philosophie Maria Montessoris: Die Zukunft wird von den Kindern gestaltet, und sie *kann nur von ihnen gestal-*

tet werden. Die Erwachsenen haben sich bereits in ihrer Gegenwart eingerichtet, in ihnen steckt kein Zukunftspotenzial mehr wie bei den Kindern. Aber sie können den Kindern dabei helfen, ihren Weg zu gehen, das ist ihre Aufgabe als Erwachsene.

Für die meisten Eltern liegen die Probleme freilich näher. Sie möchten ihre Kinder auf dem Weg in die Zukunft leiten, ihnen zumindest den Weg ebnen, die Hindernisse aus dem Weg räumen. Sie müssen aber feststellen, dass ihnen das kaum möglich ist. Sie können allenfalls vorbereitend einige Voraussetzungen schaffen und den Kindern helfen, ihren Weg selbst zu gehen. Sie wünschen sich dann einen Kindergarten, eine Schule, in denen sie sich in dieser Schwierigkeit verstanden fühlen.

> Da hat man die Kinder aus den Fabriken herausgeholt,
> nur um sie in die Schulfabriken zu stecken.
> *(M. Montessori in einem Interview, zit. n. Kramer, S. 314)*

Montessori-Kinderhäuser und -Schulen sind meistens kleine Einrichtungen, zum größten Teil in privater Trägerschaft oder als kleinere Einheiten innerhalb größerer öffentlicher Systeme. Viele Eltern möchten ihre Kinder nicht in der Anonymität großer Schulen untertauchen sehen. Die persönliche Aufmerksamkeit für das einzelne Kind, die in der Montessori-Pädagogik so wichtig ist, verschafft Eltern oft Beruhigung und Entlastung. Die größere Selbständigkeit und Sicherheit, die die Kinder zum Beispiel im Kinderhaus lernen – sich selbst an- und ausziehen können, sich den Kakao selbst eingießen und selbst den Nachtisch hübsch zubereiten –, macht es Eltern leichter, den Kindern zu Hause mehr Freiraum zu lassen, sie an der Haushaltsführung zu beteiligen und sich dabei von der ständigen Sorge zu entlasten, dass dem Kind etwas zustoßen könnte. Wie viel an so genannter Erziehung im Alltag ist genau genommen nur Ausdruck von Angst und Sorge der Eltern. Als Vater habe ich festgestellt, dass es nicht so einfach ist, mein Kind nach Montessori-Prinzipien viele Dinge selbst tun zu lassen und sich mehr auf die Beobachterrolle zu beschränken. Ich musste lange üben. Ich musste lernen, es auszuhalten, wenn eins der Kinder mit einem Tablett voller Gläser – die guten, geerbten – mit diesem eigentümlich schwankenden Gang kleiner Kinder über den Flur geht und doch gut zum Ziel kommt.

Ich musste auch – wie jede und jeder – lernen, wann ich ein Kind zurückreißen muss, weil es vor ein Auto läuft. Aber wenn es mit einem scharfen Messer seinen Apfel schneiden will, sollte ich ihm vielleicht zeigen, wie man das Messer am zweckmäßigsten anfassen kann und im Übrigen Pflaster holen.

Ist die Montessori-Pädagogik also eine moderne Pädagogik? In vielem ist sie es, etwa indem die Kinder lernen, mit größerer Selbständigkeit und Sicherheit auf ihre Zukunft zuzugehen. Sie kann auch ein Gegengewicht gegen die Anonymität «moderner», für Kinder unüberschaubare Systeme sein. Die Kinder und später die Jugendlichen in anderer Weise brauchen Schutz und Förderung zugleich. Diese Balance herzustellen ist ein zentraler Punkt in der Montessori-Pädagogik. Die Blumenbank, die Werkbank, die Kücheneinrichtung gehören ebenso in eine Montessori-Klasse wie der Computer und die Handbibliothek. Im Kinderhaus wird das Anzünden der Kerze ebenso gelernt wie der Umgang mit Haushaltsmaschinen. Selbstverständlich sind auch Montessori-Schulen untereinander verschieden, keine ist wie die andere. Insgesamt aber ermöglichen sie andere und breitere Erfahrungen als die meisten der uns bekannten üblichen Schulen.

«Die bloße Gewohnheit des Gehorchens ist keine Vorbereitung auf das Leben in einer Demokratie ... die Sicherheit der Demokratie hängt von der Intelligenz und der Selbständigkeit der Wähler ab. Intelligenz kann man nur dadurch entwickeln, dass man jungen Leuten den Umgang mit Problemen des wirklichen Lebens ermöglicht.»
(M. Montessori in einem Interview 1915, zit. n. Kramer, S. 257)

Die Verbindung von Medizin und Pädagogik und woran es unserer Pädagogik häufig mangelt

Maria Montessori war Ärztin und Pädagogin, und sie hat als Pädagogin nie aufgehört, Ärztin zu sein. Am deutlichsten ist das daran zu sehen, dass bei ihr immer zuerst die Diagnose kommt und danach die Didaktik. In der traditionellen Pädagogik und zumal in der Schulpädagogik stehen das Ziel und die Inhalte obenan. Dann erst wird gefragt, wie das Kind zu diesem Ziel geführt und ihm die Inhalte «beygebracht» werden können. Maria Montessori hat erst das Kind beobachtet und ihre Diagnose gestellt, wie weit dieses Kind in seiner Entwicklung ist, wofür es sich interessiert und was ihm gut tun könnte. Erst dann hat sie ein Angebot gemacht oder weiter beobachtet, was das Kind von sich aus tut. Dazu einige Beispiele:

- «Normalisierung» hat Maria Montessori den Prozess und den Zustand genannt, in dem Kinder in einer Montessori-Einrichtung allmählich friedlich, ausgeglichen und gut gelaunt werden, sich in aller Ruhe an eine selbst gewählte Arbeit machen, sich den Umgang mit einem bestimmten Material zeigen lassen, daran intensiv arbeiten, so lange sie das wollen, und zufrieden mit dem Ergebnis – und mit sich selbst – die Sache abschließen. In der heutigen Umgangssprache heißt das: Die Kinder sind «gut drauf». Normalisierung ist auch nach Montessoris eigenen Vorstellungen gleichbedeutend mit Gesundheit, und zwar in dem weiten Sinne, wie es die Weltgesundheitsorganisation (WHO) definiert hat: physisch, psychisch und sozial. Ein gesundes Kind ist für den Arzt auch ein normales Kind und umgekehrt. Doch Gesundheit und Normalisierung sind ebenso erwünscht wie definitorisch unbestimmt. Wie der Kinderarzt in hohem Maße auf die Selbstheilungskräfte des Kindes vertraut, so baut Montessori auf die Kräfte des Kindes, sich sein Selbst zu erarbeiten und aufzubauen.
- Das Sinnesmaterial im Kinderhaus ist nicht nur ein in seiner Logik miteinander vernetztes didaktisches Material, also Lernmaterial, sondern es kann ebenso diagnostischen Zwecken dienen. So werden zum Beispiel mit den Geräuschdosen sehr schnell Hörschäden offenbar, die sonst vielleicht unbemerkt blieben und derentwegen das Kind schlimmstenfalls später als «lernbehindert» erklärt wird, nur weil es im Unterricht nicht

richtig hören konnte. Die Farbtäfelchen weisen sofort auf Farbenblindheit hin. Aber auch Schwierigkeiten in der Bewegungskoordination, im Formgefühl, in der visuellen Wahrnehmung können beim Umgang mit dem Sinnesmaterial schon früh entdeckt und – wenn nötig – behandelt werden. Das gilt für den berühmten «rosa Turm», die «braune Treppe» oder die «roten Stangen» ebenso wie für das Material zum Tasten oder zum Riechen (davon mehr im Kapitel «Das Kinderhaus», S. 85 ff.).
Das Gießen von Wasser in Gefäße mit unterschiedlichem Querschnitt bei gleich bleibender Menge ist bei dem Psychologen Piaget ein Test für kognitive Reife, bei Montessori ist es zugleich eine didaktische Übung. Die Lust an der Funktion des Gießens ist dabei das Erste. Der praktische Nutzen kommt unmittelbar danach. Ich sehe noch immer zwei fünfjährige Jungen vor mir, von denen der eine außerstande war, sich seinen Kakao selbst einzugießen, während der andere ihm dabei helfen konnte, weil er es im Kinderhaus gelernt hatte.

- In Montessoris Buch «Das kreative Kind» finden sich Diagramme für bestimmte Bereiche der Entwicklung des kleinen Kindes: Bewegung, Sprache, Stadien der Unabhängigkeit und möglicherweise gegenläufiger Regressionen. Hier sind Entwicklungsverläufe schematisiert worden. Die Zeitraster sind selbstverständlich nicht für jedes Kind genau gleich. Wenn ein Kind eine bestimmte Entwicklung zum angegebenen Zeitpunkt noch nicht erreicht hat, besteht kein Grund zur Aufregung, aber ein kleiner Hinweis, diese Entwicklung etwas genauer zu beobachten, ist das schon. Heute gibt es in den meisten Kinderarztpraxen das «Kinder-Untersuchungsheft», das etwa vom Beginn der siebziger Jahre an von Theodor Hellbrügge eingeführt und inzwischen mit zehn Untersuchungsstufen bis zum frühen Jugendalter weiterentwickelt worden ist. Montessoris Diagramme sind ganz offenkundig ein früher Vorläufer davon und der Sache und der Struktur nach vergleichbar.

Schon an diesen wenigen Beispielen zeigt sich die erwähnte Besonderheit der Montessori-Pädagogik: *die unmittelbare Verknüpfung von Diagnostik und Didaktik.* Genau daran mangelt es oft an unseren Schulen.

In der Montessori-Pädagogik wird also zuerst beobachtet oder auf andere Weise herausgefunden, was das Kind in seiner Entwicklung jetzt braucht. Dann folgt das Lern-Arrangement, es sei denn, das Kind hat sich schon aus eigenem Antrieb seinen Weg gesucht. Was die Kinder in unseren Regelschulen lernen sollen, steht im Lehrplan oder in den Rahmenrichtlinien, aus denen die Lehrkräfte – in der Konferenz und jede für sich – einen Lehrplan zusammenstellen. Die Frage, ob ein einzelnes Kind in seiner psychischen und seiner Intelligenz-Entwicklung so weit ist, sich für diese Aufgabe zu interessieren und sie deshalb auch bewältigen zu können, wird offiziell nicht gestellt.[6] Sensible und erfahrene Lehrkräfte achten freilich darauf und berücksichtigen das, aber auch dabei sind ihnen relativ enge Grenzen gesetzt:

Ein Kind, das in seiner Entwicklung nicht so weit ist wie die anderen, gehört nicht in diese Lerngruppe, sondern muss in eine andere Gruppe, Klasse oder Schulform; das heißt dann Differenzierung.

Auf die Schulen sind außerdem in den letzten Jahren immer mehr Erziehungsaufgaben zugekommen. Das Schlagwort von der «veränderten Kindheit» signalisiert eine Vielzahl von Problemen, die die Kinder heute in die Schulen mitbringen, seien sie nun Einzelkinder oder die Kinder allein erziehender Eltern oder geplagt von dem Ehrgeiz derjenigen Eltern, die ihren Kindern ein umfangreiches Zusatzprogramm an Sport-, Musik- und Sprachunterricht aufbürden. Für viele Lehrkräfte gehen diese vor allem sozialpädagogischen Aufgaben an die Grenze ihrer Kräfte. Es gibt aber auch Pädagogen, die eisern die Auffassung vertreten, die Schule habe einzig und allein die Aufgabe, Unterricht zu «erteilen». Sich um die Entwicklung oder Erziehung zu kümmern sei nicht Sache der Schule, sondern der Eltern.

Vor einigen Jahren hat ein Fernsehfilm über «Das Schwinden der Sinne»[7] viele Gemüter bewegt. Am Beispiel von Großstadtkindern wurde gezeigt, dass bei immer mehr dieser Kinder die Beweglichkeit abgenommen hat, weil sie nicht genug Bewegung haben und sich Probleme mit der Koordination ihres Körpers einstellen. Es wurden Zusammenhänge mit Störungen in der Lernfähigkeit und der Intelligenzentwicklung der Kinder beobachtet.

In einer schwedischen Zeitung fand ich einen Bericht aus einem renommierten Stockholmer Kinderkrankenhaus, wo der Kinderarzt Hans Forssberg zu dem gleichen Schluss kommt: Kinder, die sich gut bewegen, haben auch eine besser ausgeprägte Sprache und lernen leichter. Für Kinder, die ein schlechteres Bewegungsschema haben, ist es hingegen schwerer, zu verstehen und zu sprechen.[8]

Das führt uns direkt zurück zu Maria Montessori, die auch schon auf dieses Zusammenwirken von körperlicher Bewegung und Intelligenz in der Entwicklung aufmerksam machen wollte. Immer wieder hat sie im Laufe der Jahre darauf hingewiesen und das Problem dann noch einmal zusammenfassend in dem Buch «Das kreative Kind» dargestellt.

«Aufgrund von Irrtümern und Missverständnissen wurde die Bewegung stets als etwas weniger Wichtiges betrachtet, als sie in Wirklichkeit ist: Vor allem wurde die Bewegung des Kindes auf dem Gebiet der Erziehung betrüblicherweise vernachlässigt und alle Bedeutung dem intellektuellen Lernen beigemessen. Nur der Turnunterricht befasste sich mit der Bewegung, ohne sie aber in Verbindung mit der Intelligenz zu sehen. ... wenn wir an geistige Übung denken, sehen wir uns alle sitzend und unbeweglich. Aber die geistige Entwicklung *muss* mit der Bewegung verbunden sein und von ihr abhängen. Diese neue Idee muss in die Erziehungstheorie und Praxis Eingang finden.» Meistens werde die Bewegung zwar als förderlich für die physische Gesundheit, die Atmung, den Blutkreislauf und als Krafttraining für die Muskeln angesehen. Aber die Bewegung sei weit darüber hinaus wichtig «als Hilfe für die geistige Entwicklung», weil sie zentral mit dem Gehirn in Verbindung stünde. «Beobachtungen an Kindern aus aller Welt beweisen, dass das Kind seine Intelligenz durch die Bewegung entwickelt.»[9]

Nichts anderes wird in jenem Film gezeigt. Da kommen Kinder im dritten Schuljahr nicht mit dem Schreiben, Lesen und Rechnen zurecht, und es stellt sich dann heraus, dass sie in ihrer Bewegungskoordination gestört sind: Sie können nicht rückwärts gehen, wozu ein geübtes Gleichgewichtsgefühl gehört; sie können nicht fallen, das heißt, sie haben nicht die Abfangbewegungen gelernt, mit denen das Fallen abgefedert werden kann. Sie haben eine unterentwickelte Orientierung im Raum, finden sich schwer mit Längenverhältnissen und mit der Zeit zurecht. Zahlreiche Kinderunfälle werden von einer Versicherung auf solche Koordinationsschwächen zurückgeführt. Sozialmedizinische Untersuchungen haben mir das bestätigt. Ausgehend unter anderem von der Praxis der Kinderärztin Inge Flehmig wurden in Hamburg Möglichkeiten für psychomotorische Therapien in Schulen geschaffen, und zwar eben auch, um die Intelligenzentwicklung der Kinder zu fördern. Im Film wird eine Schulklasse gezeigt, von der etwa die Hälfte der Kinder an diesem «Extra-Turnen» teilnimmt. Eine Lehrerin hat das Problem so auf den Punkt gebracht: Ehe die Kinder nicht «Hinkfuß» spielen können, also auf einem Bein hüpfen können, das Raumgefühl für die Größe der Hüpfquadrate und das Gleichgewichtsgefühl für die Bewegung mit geschlossenen Augen haben, brauche sie gar nicht mit dem Mathematikunterricht anzufangen. Montessoris Vorschläge zum «Gehen auf der Linie» treffen ziemlich genau dieses Phänomen.

Generell würden – so der Film – bei den Kindern die «Nahsinne» der Haut und der Muskeln viel zu wenig angeregt, während die «Fernsinne» Hören und Sehen ständig überbeansprucht würden. Das gelte für die Schule ebenso wie für das Leben zu Hause, wobei der Film allerdings allzu pauschal das Fernsehen zum großen Sündenbock macht.

Wie wichtig Haut und Muskeln für die Auseinandersetzung mit der Umwelt und die Erfahrungen dabei sind, hat Montessori in verschiedenen Bildern zu veranschaulichen versucht: Eines dieser Bilder ist die Unterscheidung zwischen dem «roten» und dem «weißen» Menschen.

Der rote Mensch, das ist für Montessori das *vegetative System* unseres Körpers. Herz, Lungen, Magen und Darm arbeiten wie von selbst, wir brauchen dazu in aller Regel keine willentliche Anstrengung. Wir können diese vegetativen Funktionen durch Bewegung und gesunde Ernährung unterstützen; es können aber auch vegetative Störungen auftreten, und dann fühlen wir uns krank.

«Dem weißen Menschen sind hingegen zuzuordnen die Sinnesorgane, die dazu dienen, aus der Umwelt die Empfindungen aufzunehmen, sowie das immense Muskelsystem, dessen Aufgabe Bewegung und Antrieb ist.» Der weiße Mensch ist für Montessori also – als Oberbegriff – das Nervensystem, das sie auch als ein *relationales System* bezeichnet: «Es bringt den Menschen in Beziehung zur unbelebten und belebten Welt und damit zu den anderen Individuen. Ohne dieses System bestünden keine Beziehungen zwischen Individuum, Umwelt und Gesellschaft.» Das Zentrum dieses Systems ist das Gehirn, gleichsam seine Instrumente sind die Sinne und die Muskeln, mit ihnen wird der Kontakt zur Außenwelt hergestellt.

«Obwohl beide ‹Menschen› sich deutlich voneinander unterscheiden und in ihren Funktionen klar getrennt sind, sind sie so innig miteinander verflochten und stehen in so enger Beziehung zueinander, dass kein einziger Teil des Organismus ohne ihre wechselseitige Tätigkeit funktionieren könnte: Das Herz schlägt und treibt das Blut, weil es innerviert ist, Nervenzentren und Nerven handeln, weil sie mit Blut versorgt werden.»[10]

Im Umgang mit Kindern kann wohl am ehesten und manchmal ganz direkt auf deren Muskeltätigkeit eingewirkt werden, indem man mit ihnen spielt und tobt. Man kann ihnen Bewegungsmöglichkeiten schaffen, die sie meistens mit großem Spaß von selbst nutzen: rennen, klettern, balancieren, schaukeln, rutschen, hüpfen, fahren, ringen, bauen, aber auch im weitesten Sinne Werkzeuge ausprobieren und anwenden; kurz gesagt, motorisch aktiv zu sein mit Händen, Füßen und dem ganzen Körper.

«Der Geist organisiert sich mit Hilfe der Hand. Es ist unmöglich, dass sich die so mächtige und so eindrucksvolle Kraft des Psychischen, diese faktische Grundlage all unserer Arbeit, äußert, ohne dass die Hand zusammen mit dem Geist tätig wird.»
(M. M.: Texte und Gegenwartsdiskussion, Hg. Böhm, S. 36)

Im Übrigen ist kaum etwas so leicht zu beobachten wie die Bewegungen der Kinder. Es lässt sich bald feststellen, wenn etwas «nicht in Ordnung» ist, sei es, dass das Kind sich nicht gut fühlt, dass es sich besonders vorsichtig oder ungeschickt oder überaktiv bewegt. Die Bewegungen geben uns wichtige Signale.

Aber nicht die einzelne Bewegung war für Montessori das Wesentliche, sondern die *Koordination der Bewegungen,* denn diese Koordinierung ist eine besondere *eigene* Leistung des Kindes. Beiden, Montessori damals und Flehmig heute, geht es um den «harmonisierten Kontrast im Kräftespiel» der Muskeln, und der ist zumindest beim Menschen «nicht vorbestimmt und muss durch die praktische Erfahrung in der Umgebung geschaffen und vervollkommnet werden».

Wenn wir Leistungsforderungen an Kinder stellen, denken wir selten an diese grundlegenden Leistungen, welche die Voraussetzungen für schulische Intelligenzleistungen sind. Für Montessori war dieser *Zusammenhang von Bewegung und Intelligenz* ein sehr wichtiger Punkt, den sie beschrieben hat als das Zusammenspiel von Sinnen und Muskeln mit dem Gehirn als dem Zentrum.[11]

Auf ziemlich genau diesen Denkbahnen hat sich dann auch die amerikanische Therapeutin und Hirnforscherin A. Jean Ayres bewegt, deren Buch «Sensory Integration and the Child» von Inge Flehmig und Rolf W. Flehmig ins Deutsche übersetzt worden ist: «Bausteine der kindlichen Entwicklung». A. Jean Ayres hat dieses Buch für Eltern geschrieben, aber nicht minder für professionelle Pädagoginnen und Pädagogen. Sie wollte die Aufmerksamkeit vor allem auf die Bedeutung des Gehirns für die kindliche Entwicklung lenken. Was immer das Kind – wie jeder Mensch – mit seinen Sinnen wahrnimmt, muss das Gehirn «ordnen», verarbeiten, es muss eine «sensorische Integration» aller einzelnen Impulse oder «Informationen» herstellen, die über die Sinneskanäle aufgenommen werden. Diese Impulse müssen integriert – zusammengesetzt – werden, damit sie eine Bedeutung, einen Sinn bekommen und sich in die Muster von vorher schon Gelerntem einfügen können.

«Lesen, Schreiben und Rechnen fordern ein großes Maß an sensorischer Integration und stellen sehr komplexe Anforderungen an das Gehirn.»[12] Es leuchtet ein, dass dem ein langer und intensiver Prozess unendlich vieler «sensorischer Integrationen», also Erfahrung und Verarbeitung von Sinneseindrücken vorausgegangen sein muss. Dort aber – so die Feststellungen heute – gibt es bei auffallend vielen Kindern Lücken und Störungen in der Entwicklung.

Ein Aspekt ist dabei, dass diese meistens vor der Schule stattfindenden sensorischen Integrationen weniger durch Hören und Sehen zustande kommen als durch die Eigenwahrnehmung des Körpers – besonders in der Bewegung – und durch den Gleichgewichtssinn, also die Anpassung an die Schwerkraft. Wenn jedoch – wie schon erwähnt – bei den Kindern Hören und Sehen häufig überstrapaziert sind, während dagegen Fühlen und Tasten mit Haut und Muskeln relativ wenig zum Einsatz kommen, erklärt sich unschwer, dass die Koordination der Bewegungen allzu oft unterentwickelt ist – mit wahrscheinlichen Auswirkungen auf die intellektuelle Leistungsfähigkeit.

Selbstverständlich darf das alles nicht verallgemeinert werden, und für die wissenschaftliche Analyse stellt es sich ohnehin wesentlich komplizierter dar, zumal dort weniger mit Fakten als mit Modellvorstellungen gearbeitet wird. Ein in seinen Körperfunktionen besonders vorsichtiges oder ungeschicktes Kind ist nicht automatisch in seinen Intelligenzleistungen beeinträchtigt. Aber die Sekundärwirkungen wie Verlachtwerden oder Nichtanerkennung bei Gleichaltrigen und bei Erwachsenen können das Entstehen von echten Lernschwächen begünstigen. Das Kind braucht dann Unterstützung beim «Nacharbeiten» von Verarbeitungsvorgängen im Gehirn, also vor und neben der «Nachhilfe» bei Schulschwächen oft auch psychomotorisches Training und Stärkung des Selbstvertrauens.

So wie Maria Montessori als Ärztin auf die Zusammenhänge zwischen körperlicher und geistiger Entwicklung aufmerksam machen wollte, tun das heute Therapeuten, Kinderärztinnen und -ärzte und Psychologinnen. In der Pädagogik wird – aus der Tradition leicht erklärlich – häufig der Körper vergessen, und neben der angestrebten Intelligenzförderung kommt die Bewegung zu kurz. Schulpolitiker, die am Sport, an Bewegungsspielen und überhaupt an körperlichen Betätigungsmöglichkeiten (einschließlich Musik und Tanz) sparen, wissen nicht oder wollen nicht wissen, dass sie damit – direkt oder indirekt – die Intelligenzförderung beeinträchtigen. *Vor allem fehlt also in unseren Schulen – und manchmal auch in den Kindergärten – die körperliche Bewegung.* Dabei geht es nicht *nur* um den Sport und das Toben, sondern gerade auch um die ruhigen, feineren Bewegungen, nicht zuletzt um die Feinmotorik der Hände. Der Körper der Kinder ist nicht nur dazu da, den Kopf in die Schule zu transportieren. Den Spruch «Mens sana in corpore sano» – Ein gesunder Geist in einem gesunden Körper – findet man manchmal noch als Inschrift über dem Eingang alter Schulgebäude. Ist das längst vergessen?

Bei Maria Montessori waren die ärztliche und die pädagogische Sichtweise in einer Person vereint. Das finden wir selten, und darum ist ihre Pädagogik, so alt sie ist, gerade heute für uns so interessant. Denn die Probleme, die uns gegenwärtig zu schaffen machen, hatte sie im Wesentlichen schon damals erkannt, und sie hat ihr Wissen in die pädagogische Praxis umgesetzt:

- Ein wichtiger Punkt ist die *Beobachtung.* Die komplizierten Vorgänge im Gehirn sind der Beobachtung nicht zugänglich, aber das Verhalten der Kinder, insbesondere ihre Bewegungen, erlauben Rückschlüsse auf den Stand ihrer Entwicklung und auf mögliche Unterentwicklungen oder Mankos. Die Art und Weise, wie Kinder Aufgaben lösen, ist zumindest von außen her beobachtbar. Darum steht bei Montessori immer die Beobachtung des einzelnen Kindes an erster Stelle, und sie ist die Grundlage für den nächsten pädagogischen Schritt: Erst die Diagnose, dann die Didaktik. Aber es darf nicht vergessen werden: Das Kind beobachtet auch immer die Erwachsenen, deren Verhalten untereinander und dem Kind gegenüber.
- Ein anderes Prinzip der Montessori-Pädagogik besagt: *Erst die Tätigkeit – das Begreifen mit der Hand –, dann das Begreifen im Kopf.* «Die Hand ist das Organ des Geistes!»[13], lautet einer der markanten Sätze Montessoris. Das Dezimalsystem wird schon von kleinen Kindern mit dem Sinnesmaterial zur Unterscheidung von Dimensionen, also mit dem «rosa Turm», der «braunen Treppe», den «roten Stangen», mit den Händen gegriffen und begriffen, lange bevor es abstrakt verstandesmäßig begriffen wird. Übrigens haben so gut wie alle europäischen Sprachen für das Begreifen mit der Hand und mit dem Kopf jeweils das gleiche oder ein sehr ähnliches Wort. Allerdings scheint sich das in den letzten Jahren etwas verändert zu haben. Das wäre nachzuprüfen, denn vielleicht signa-

lisieren auch sprachliche Veränderungen das Problem, um das es hier geht: Die Hände, der Körper bekommen immer weniger zu tun, der Kopf immer mehr.

- In Maria Montessoris pädagogischem Konzept haben die *Übungen zur Koordinierung von Bewegungen* einen hohen Rang. Die «Übungen des praktischen Lebens», wie das Anzünden einer Kerze, das Wassergießen von einem Gefäß ins andere oder das Schleifenbinden, trainieren über ihren Nutzen für die Alltagspraxis hinaus jeweils eine spezielle Motorik. Sie sind sensorische Integrationen an ganz unterschiedlichen Aufgaben.
- Bevor die Kinder mit dem Stift zu schreiben beginnen, haben sie schon mit mehreren Materialien die erforderliche *Feinmotorik* geübt, so mit den «Einsatzzylindern» oder mit den «metallenen Einsatzfiguren». Kritiker der Montessori-Pädagogik bemängeln gern, dass dieses Material zu wenig Spielraum für die Phantasie lasse. Doch das ist auch gar nicht die Aufgabe dieses Materials, sondern es soll vorbereitend jene sensorischen Impulse, Integrationen, Ausgangspositionen und Ordnungsmuster im Gehirn schaffen, die später für die Abstraktionsvorgänge beim schulischen Lernen erforderlich sind. Mit anderen Worten: Es sollen die wesentlichen Ordnungsstrukturen unserer Welt schon unbewusst wahrgenommen und aufgenommen werden, ehe der Schulunterricht sie später abstrahierend als Gesetzmäßigkeiten ins Bewusstsein hebt. Wie oft erlebe ich es, dass Erwachsene, wenn sie mit diesem didaktischen Material arbeiten, plötzlich sagen: «Ach, *so* ist das!» Es ist ihnen nachträglich ein Licht aufgegangen. Es scheint, als ob «sensorische Integrationen», die viel früher hätten stattfinden sollen, nachgearbeitet werden können. Für die Phantasie ist in der Montessori-Pädagogik an ganz anderer Stelle reichlich Platz.

Bei Maria Montessori waren das medizinische und das pädagogische Denken eng miteinander verbunden, ähnlich wie bei dem polnischen Arzt und Pädagogen Janusz Korczak, dessen Pädagogik in den Grundlinien viele Ähnlichkeiten mit der Montessoris hat. Heute gibt es leider kaum noch das Gespräch zwischen Pädagogen und Pädiatern, sondern eher gegenseitige Besserwisserei und Bevormundung oder Nichtbeachtung. Dabei wäre an vielen Stellen das Zusammenwirken von Medizin und Pädagogik, von Kinderärzten und Pädagogen erforderlich. Ob es sich um eine Mitteilung an die Lehrerin über solche ärztlichen Untersuchungsbefunde handelt, die zu wissen für den Schulalltag wichtig sind, ob es um die Notwendigkeiten von körperlicher Bewegung aus ärztlicher Sicht, um das Gewicht der Schultaschen, um ergonomisch geeignetes Mobiliar (Montessori hat sich eingehend damit befasst) oder – nicht zuletzt – um die Ernährung der Kinder geht. Aber auch die Kinderärzte könnten vieles von den Pädagoginnen und Pädagogen lernen. Das wären zum Beispiel die sozialen Bedingungen und Hintergründe des Lernens in der großen Gruppe, das Lernen, aber auch das Interpretieren und Sichdistanzieren von sozialen Rollen, die Probleme des Hineinwachsens in eine hierarchisch gegliederte Institution, in der sich staatliche und gesellschaftliche Strukturen abbilden, oder auch Inhaltskomplexe auf das Wesentliche zu konzentrieren und in eine Abfolge von Lernprozessen umzusetzen. Dabei würden Mediziner und Pädagogen wahrscheinlich viel Gemeinsames und sie gemeinsam Interessierendes finden.

«Das Kind als Baumeister seiner selbst» – der anthropologische Hintergrund für Maria Montessoris Bild vom Kind

Maria Montessori hatte ein fest umrissenes Bild vom Kind, eine anthropologische Vorstellung mit klaren Konturen, wie sie sich in der Pädagogik nicht oft so deutlich ausformuliert findet. Aber das ist kein einfaches, sondern von ganz verschiedenen Sichtweisen her zusammengefügtes Bild. Das Grundmuster war schon sehr früh vorhanden, es wurde im Verlauf des langen Lebens von Maria Montessori immer ausgeprägter.

Vor allem anderen war das Kind für die Christin Maria Montessori ein Geschöpf Gottes, das zu achten ist und von daher seine eigene Würde, das Recht auf sein Selbst und den Anspruch auf Liebe hat. Aber das Kind braucht nicht nur die Liebe des Erwachsenen, es ist selbst eine «Quelle der Liebe». Die Liebe des Kindes zu den Eltern oder anderen erwachsenen Vertrauenspersonen ist für Montessori die ganz reine und unmittelbare Liebe. Das Kind ist «das Wunder, das Gott von Beginn an geschaffen hat»[14]. Der Mensch ist wie alles Gegenständliche und alle Lebewesen Teil des Kosmos; der Kosmos, das ist für Montessori die Schöpfung. «Wir dürfen nicht nur das Kind sehen, sondern Gott in ihm. Wir müssen die Gesetze der Schöpfung in ihm achten: Wir dürfen nicht denken, wir könnten das Kind machen; wenn wir das tun, verderben wir das göttliche Werk ... Das Geheimnis der Erziehung ist, das Göttliche im Menschen zu erkennen und zu beobachten, d. h., das Göttliche im Menschen zu kennen, zu lieben und ihm zu dienen; zu helfen und mitzuarbeiten von der Position des Geschöpfes und nicht der des Schöpfers. Wir haben das göttliche Wesen zu fördern, aber nicht uns an seine Stelle zu setzen ...»[15] Auch über die Erbsünde, in der christlichen Lehre eine bedeutsame Frage, hatte Montessori ihre eigene Auffassung: «Alle, die um die Erbsünde im Menschen wissen, sollten durch Liebe und Achtung vor dem Kinde den Willen zum Guten stärken, statt die Neigung zum Bösen durch erzieherische Maßnahmen und ihre Folgen zu stützen.»[16] Maria Montessori dürfte der Auffassung von Jean Jacques Rousseau in den ersten Sätzen seines Erziehungsromans «Emile» recht nahe gestanden haben, so wenig sie sich sonst als Anhängerin von Rousseau verstanden wissen wollte. Rousseau schreibt: «Alles ist gut, wie es aus den

Händen des Schöpfers der Dinge hervorgeht; alles entartet unter den Händen des Menschen ... Er will nichts so haben, wie es die Natur gebildet hat, selbst den Menschen nicht.» Auf Johann Heinrich Pestalozzi hat sich Montessori häufiger direkt bezogen: «Die Größe Pestalozzis besteht ... darin, dass er in die Seele des Kindes geschaut hat, des Kindes, das ‹von selbst handelt und riesengroße Fortschritte macht›; ... dass er die Entwicklung ‹aus dem Kinde› statt ‹aus der Erziehung› erkannt hat», dass die Erziehung «dem Gang der Natur Handbietung leisten» solle.[17]

Montessori hat nicht, wie es manchmal behauptet wird, das Kind vergöttlicht. Es ging ihr nicht um den theistischen Gott, sondern darum, dass die göttliche Schöpfung – die Natur und nicht zuletzt die Natur des Kindes – geachtet und erhalten werde.[18] Darum wollte sie, sosehr sie eine katholische Christin war, sich für ihre Pädagogik nicht auf eine bestimmte Religion festlegen oder festlegen lassen. Ihre Pädagogik sollte für alle Kinder der Erde offen sein.

Als Naturwissenschaftlerin hat Maria Montessori in ihren Anfangsjahren wie noch in den späten Schriften den jeweiligen Kenntnisstand der Wissenschaften für sich verarbeitet. Sie selbst hat neben ihrem Denken und Wissen als Ärztin dafür hauptsächlich die Psychologie als Quelle angegeben. In der gegenwärtigen Diskussion ist der Neurowissenschaftler Lothar Pickenhain der Auffassung, dass die wichtigste Grundlagenwissenschaft für Montessori die Neurobiologie gewesen sei, die sich heute zu der komplexen Disziplin der Neurowissenschaften ausgeweitet habe. «Sie geht davon aus, dass die Steuerung und Regelung aller Vorgänge im Organismus und die Steuerung der Umweltbeziehungen des Organismus, seines Verhaltens, vom Zentralnervensystem aus erfolgt. Dabei besteht eine ständige Rückkopplung zwischen Zentrum und Peripherie.» Pickenhain kommt zu dem Schluss, «dass der pädagogische Ansatz Maria Montessoris prinzipiell richtig war», wenngleich er heute durch neue wissenschaftliche Erkenntnisse vertieft und erweitert werden müsse.[19]

Montessori hat oft davon gesprochen, dass jedes Kind seinen eigenen «Bauplan» habe. Auch sie benutzte die in der Pädagogik gebräuchliche Metapher vom «Bauen» als dem Werk der Erziehung. Mit dem «Bauplan» ist – moderner gesprochen – das von den Eltern her in einer Zelle angelegte genetische Programm eines jeden Menschen gemeint. Dieses Programm hat eine allgemeine Zielrichtung, nämlich speziell dieses menschliche Lebewesen auf den langen Weg in das Stadium der Reife, in das Erwachsenenalter zu bringen. Solche Entwicklung geschieht – darin besteht breite Übereinstimmung – in der aktiven Auseinandersetzung des Kindes, in der Interaktion mit seiner Umwelt. Pickenhain hat dazu Montessori zitiert: «Kinder haben ein inneres Bedürfnis, sich selbst und ihre Welt kennen zu lernen.» Er selbst formuliert so: «Entscheidend für die Entwicklung ist somit die Nutzung des genetischen Potenzials in der aktiven Auseinandersetzung mit den gegebenen Umweltbedingungen.»[20] Montessori befand sich darin ganz in Übereinstimmung mit ihrem Zeitgenossen, dem Psychologen Jean Piaget, mit der eine Generation jüngeren A. Jean Ayres und mit vielen anderen.

Damit ist im Hinblick auf Montessori auch die alte Streitfrage geklärt, was denn die Entwicklung des Menschen stärker beeinflusse, das Erbe oder die Umwelt. Selbstverständlich bringt jedes Neugeborene eine genetische «Ausstattung», einen genetischen Code mit auf die Welt. Aber das ist kein fertiges Wachstumsprogramm oder ein festgelegtes Verhaltensrepertoire wie bei den meisten Tieren. Es gibt «für den Menschen keine Prästabilisierung»[21]. Aber von der Geburt an aktiviert der Mensch «Potenzialitäten», entfalten sich Möglichkeiten; das ist seine «Mitgift». Montessori hat hier einen in der aktuellen Diskussion wieder sehr gängigen Begriff verwendet: Es komme darauf an, dass der junge Mensch seine «Potenziale» optimal entfalte.

Das Kind geht vom Nichts aus in dem Sinne, dass es weder psychische Eigenschaften noch vorbestimmte treibende Fähigkeiten besitzt; sondern es trägt Potenzialitäten in sich, die seine Entwicklung bestimmen, indem es den Charakter seiner Umwelt annimmt»
(M. M.: Das kreative Kind, S. 52)

Das Kind greift also mit eigener Aktivität auf die Welt zu, es erobert sich selbst die Welt und was die Sinne wahrnehmen, ordnet und verarbeitet es in der Zentrale seines Gehirns. Es gibt den von außen kommenden Wahrnehmungen selbst Bedeutung und Struktur und erzeugt sogleich neue Aktivitätsimpulse. In der Auseinandersetzung und Wechselwirkung mit seiner Umwelt baut sich das Kind selbst seine schließlich unverwechselbare Individualität auf, ist also «der Baumeister seiner selbst» – allerdings nur wenn die Erwachsenen das zulassen. Das Letzte war für die Pädagogin Maria Montessori ein ganz wichtiger Punkt, vielleicht der wichtigste überhaupt.

> «Wird das Kind in seiner Entwicklung durch das Unverständnis der Erwachsenen gehemmt und gestört, so werden die Energien im Innern des Kindes, die göttliche Mittel zur Menschheitsbildung sein sollten, zur Verteidigung gegen den Erwachsenen benutzt und führen zur Zerrissenheit der wachsenden Persönlichkeit, zum Kampf statt zur Liebe.»
> *(M. M., Grundlagen meiner Pädagogik, S. 20)*

Freilich handelt es sich hier nicht überall um bis ins Letzte gesicherte wissenschaftliche Erkenntnisse, sondern die Wissenschaften arbeiten dort, wo nicht beobachtet, gemessen oder gewogen werden kann, mit Theorien und Denkmodellen. Bei diesem Thema dürfte jedoch der Grad der Wahrscheinlichkeit sehr hoch sein, dass es so sein könnte, wie es in den wenigen Sätzen angedeutet wurde. Auch Montessori wusste genau, dass überall dort, wo man glaubt, auf innere Entwicklungen schließen zu können, mit Hypothesen gearbeitet wird. So hat sie mehrfach die Hypothese, dass die Menschen nur auf Reize reagieren, zurückgewiesen. Sie war der heute überwiegend vertretenen Auffassung, dass insbesondere das Kind über aktive, auf die Welt zugreifende Energien verfüge. Es stand für sie auch fest, dass im Kind «innere Entwicklungen stattfinden, die durch schöpferische Energien geleitet werden», die sich erst später «nach außen zeigen» und dann der Beobachtung zugänglich sind.

Wohl weil diese inneren Energien nicht erforscht sind, hat sie von «geheimnisvollen Potenzen» gesprochen. So hat sie in ihrer letzten Schrift, aber auch schon am Anfang der dreißiger Jahre mit Nachdruck gesagt: «Wir sagen nicht nur, dass dieses Geheimnis schwer zu durchdringen ist, sondern wir sagen auch, dass wir es gar nicht verstehen wollen. Was im Kinde vor sich geht, das ist das Geheimnis des Kindes, und das müssen wir achten.»[22]

Zur Veranschaulichung hat sie einen begrifflichen Unterschied zwischen

«Zentrum und Peripherie» gemacht, den Pickenhain übernommen, jedoch anders bezeichnet hat: Er redet vom «Zusammenwirken von genetischen und epigenetischen Faktoren»[23]. Mit ihrer Unterscheidung hat Montessori nochmals unterstrichen: «Das Zentrum gehört dem Individuum allein. Wir haben uns mit den Dingen, die im Zentrum vorgehen, nicht zu befassen. Nur durch die Peripherie, die Sinne und die Bewegung, wird das Individuum mit der Außenwelt in Verbindung gebracht. Das Individuum nimmt durch die Sinne auf und handelt. Das ist die Peripherie. Sie ist für uns erreichbar, weil wir sie sehen, weil wir sehen, wie das Kind seine Wahl trifft und wie es sich mit seiner Aktivität zur Außenwelt hin ausdrückt.»[24]

Was bedeutet das? Zunächst – so finde ich – drückt sich darin Montessoris für uns nicht so leicht nachvollziehbare Achtung vor dem Kind, ihr Vertrauen in seine Kräfte, sein Vermögen und seine prinzipielle Weltoffenheit aus. Hier verbindet sich die religiöse Vorstellung vom Geschöpf Gottes mit den wissenschaftlichen Erkenntnissen über die Orientierung des Kindes in seiner Welt. Darin steckt die Aufforderung an uns Pädagogen und Pädagoginnen, einzusehen und in unser Verhalten zu integrieren, dass das Gesetz des Menschen im Kosmos darin besteht, sich selbst zu entwickeln. Wir können und sollen dem Kind dabei helfen: «Hilf mir, es selbst zu tun!», lässt Montessori das Kind sagen. Das ist unsere Erziehungsaufgabe. Wir müssen also die Umwelt, mit der sich das Kind auseinander setzen und in der es sein Selbst aufbauen will und soll, ordnen und gestalten. Hier an der Peripherie liegt unser Arbeitsfeld, wir sollten nicht versuchen, als «Seelen-ingenieure» in das Innere vorzudringen. Immer wieder hat Montessori das Leid und die Einschüchterung der Kinder beschrieben, die in einer Erwachsenenwelt aufwachsen müssen, in der es kein Verständnis für die eigentliche Natur des Kindes gibt, denn: «Kinder sind anders» als Erwachsene, das Kindsein hat eine grundlegend andere Qualität, die uns Erwachsenen zu einem guten Teil verborgen bleibt. Die wörtliche Übersetzung des Originaltitels dieses Buches von Montessori lautet «Das Geheimnis der Kindheit» (Il segreto dell'infanzia) – ein deutlicher Hinweis.

Montessoris Bild vom Kind hat noch eine weitere Dimension. An das Kind hat sie ihre Hoffnung auf eine bessere Welt, auf ein friedliches Zusammenleben der Menschen gebunden. Eine Vision hat sie das selbst genannt. Dahinter steht die ihr ganzes Leben durchziehende Gesellschafts- und Kulturkritik. Als junge Frau hatte sie leidenschaftlich und mit großer Energie das Schicksal der vielen Frauen angeklagt, die mit ihren Kindern im sozialen

Elend lebten. Von den dreißiger Jahren an ging es ihr dann mehr und mehr um den Frieden in der Welt. Im Kleinen wollte sie den Kampf zwischen dem Erwachsenen und dem Kind vermeiden, der immer dann entsteht, wenn Erwachsene das Kind an seiner eigenen Entwicklung hindern und ihm aufzwingen, was sie für richtig halten.

> «Erwachsene Individuen umändern zu wollen ist ein vergeblicher Versuch ... will man neuen Ideen zum Durchbruch verhelfen, die Gebräuche und Sitten eines Landes ändern oder verbessern, die Charakteristika eines Volkes stärker betonen, müssen wir uns des Kindes bedienen.»
> *(M. M.: Das kreative Kind, S. 60)*

In ihrer Genfer Friedensrede von 1932 sagte Maria Montessori in einer weit blickenden Vision: «Ich möchte hier etwas so Einfaches behaupten, dass es fast naiv erscheinen könnte: dass nur zwei Dinge nötig sind, um der Welt den Frieden zu sichern. Das erste ist der neue Mensch, der bessere Mensch, und dann eine Umgebung, die dem unendlichen Sehnen der Menschen keine Grenzen mehr setzt. Dazu wäre es notwendig, die Reichtümer nicht in einem Land zu lokalisieren, sondern sie für alle gleichmäßig zugänglich zu machen.»[25]

Die Rede ist hier von den auch heute höchst gegenwärtigen Problemen der Armut, des Hungers, des Wasser- und Energiemangels in der «dritten Welt» und dass es daneben eine «erste Welt» des Reichtums gibt und von einer «zweiten Welt» selten zu hören ist.

Ebenso hat Montessori bereits vor der Zerstörung des ökologischen Gleichgewichts gewarnt und vor einer drohenden Katastrophe der Menschheit. Aber sie war damals (1932) zugleich noch voller Fortschrittsoptimismus: «Ein wunderbarer und unvorhergesehener Aufstieg hat das Gebiet der menschlichen Eroberungen in ein höheres Niveau als das der Erde gerückt. Die Erdoberfläche war für den Menschen zweidimensional. Aber heute beginnt der Mensch in die dritte Dimension zu steigen. ... der Mensch, der in die Sternenwelt eingedrungen ist, kann sich in seiner ganzen Größe erheben und wie ein neuer Mensch im Universum bewegen ... Das Kind, das neue Kind ist der Mensch, der die dritte Dimension erobern wird, dem es bestimmt ist, sich der Entdeckung des Unendlichen zu widmen … Dies ist die Vision der Wirklichkeit unserer Zeit.»[26]

Wir Erwachsenen, «die letzten Menschen einer zweidimensionalen Welt»[27] – so Montessori –, müssten uns anstrengen, eine solche Vision in einer völlig neuen Welt überhaupt zu begreifen, und darum setzte sie ihre Erwartungen und Hoffnungen ganz und gar auf das Kind. Denn wenn «wir diese Vision (des Friedens) aus dem Auge verlieren, dann stehen wir einer universellen Wirrnis gegenüber … Wenn der Mensch die Kräfte der Sternenwelt dazu nutzen wird, sich selbst zu zerstören, so wird ihm dieses ungeheuer leicht gelingen, denn die Kräfte, über die er verfügt, sind unermesslich und jedem zugänglich, jederzeit und überall.» Das klingt phantastisch, wie aus einem Science-Fiction-Roman, aber die Phantasien und Pläne des amerikanischen Präsidenten Reagan über den «Krieg der Sterne» liegen erst wenige Jahre zurück.

Solche Vorstellungen von großen Umbrüchen gehörten zum Denkstil jener Zeit, besonders ausgeprägt etwa bei dem Kulturphilosophen Jean Gebser (1905–1973). Maria Montessori lagen solche Bilder nahe, zumal sie mit diesem Stilmittel das Besondere ihrer pädagogischen Idee nachdrücklich hervorheben konnte: «Wir leben in einer Krise, wir stehen zwischen einer alten Welt, die zu Ende geht, und einer neuen, die schon begonnen und all ihre aufbauenden Elemente offenbart hat.»[27] Dahinter steht offenkundig die Vorstellung: Die alte Welt, das sind die Erwachsenen, die neue Welt werden die Kinder aufbauen.

«Unsere Hoffnung auf Frieden und Gerechtigkeit beruht ganz auf der Seele des Kindes, jenes Kindes, das sich in Freiheit hat entfalten können.»
(M. M., Vortrag Universität Berlin 1922)

Fasst man Montessoris Bild vom Kind, also ihre Anthropologie des Kindes, zusammen, zeigen sich drei Dimensionen: die religiöse, die naturwissenschaftlich-psychologische und die utopisch-visionäre. Aber diese drei Dimensionen kann man nicht säuberlich voneinander trennen. Außerdem bewegt sich Montessori ständig in mindestens zwei verschiedenen Sprachwelten, in einer eher rationalen naturwissenschaftlichen bis technischen Sprache und in den Bildern und Symbolen einer emphatischen religiösen bis philosophischen Sprache. Es ist nicht leicht, das zu verstehen.

Aber eins ist ganz eindeutig: Sie hat ihrer Pädagogik in dem Entwurf einer Utopie das höchste Ziel gesetzt: die Vervollkommnung des Menschen. Das aber können wir Erwachsenen schon nicht mehr leisten, das kann nur das Kind – wenn wir Erwachsenen es nicht daran hindern.

Die andere Frage ist freilich, ob Erziehung nicht immer ein utopisches Moment braucht, immer die Hoffnung, dass die nächste Generation es besser machen wird. Außerdem: Wo ist die Grenze zwischen Utopie und Wirklichkeit? Ist es nicht ganz realistisch gedacht, dass jedes neugeborene Kind eine neue Chance zum Frieden ist? Wie denn auch sonst? Die Theologin Susanne Heine beschließt ihren durchaus kritischen Kommentar der montessorischen Gedankenwelt ganz ähnlich: «… in jedem neu geborenen Menschen liegt tatsächlich eine vitale Zukunftshoffnung verborgen.»[28]

Friedenserziehung

Auf die Frage nach dem Ziel der Pädagogik Maria Montessoris gibt es eine Reihe von Einzelantworten: Unabhängigkeit, «Normalisierung» des Kindes, Rücksicht gegenüber den Mitmenschen, Liebe, Achtung vor der Natur und der Schöpfung überhaupt, Übernahme eigener Verantwortung für die Erhaltung des Kosmos und die Weiterentwicklung der menschlichen Kultur, Interesse sowie Selbständigkeit und Ausdauer bei der Arbeit, verbunden mit Selbstdisziplin. Das alles fließt zusammen in ihrem eigentlichen Ziel: *Frieden.*

Durch Erziehung wollte Maria Montessori zum Frieden in dieser Welt gelangen, ihm doch wenigstens näher kommen. Zwei verschiedene Wege könnten nach ihrer Auffassung zum Frieden führen, miteinander, aber arbeitsteilig. Die *Politik* müsse sich bemühen, Konflikte ohne Gewalt zu lösen. Die *Pädagogik* hingegen müsse in lang währender und geduldiger Arbeit in den Menschen die Bereitschaft, den sittlichen Willen und die Fähigkeit zum Frieden aufbauen: «Konflikte zu vermeiden ist Werk der Politik; den Frieden aufzubauen ist Werk der Erziehung.»[29]

Es sollte das nicht nur ein Frieden zwischen diesen oder jenen Staaten oder Völkern sein, sondern der Frieden aller Menschen: «Die ganze Menschheit ist eine und nur eine, eine Rasse, eine Klasse und eine Gesellschaft. – La Nazione Unica. Das ‹einzige Vaterland› dieser Menschheit ist die ganze Welt» ... «Wenn wir vom Frieden sprechen, verstehen wir darunter nicht einen partiellen Waffenstillstand zwischen getrennten Nationen, sondern einen Dauerzustand, der die gesamte Menschheit umfasst.»[30]

Montessori wollte Politik und Pädagogik nicht voneinander trennen, gemeinsame Anstrengungen seien notwendig. Aber sie wollte die Bedeutung der Erziehung für den Weg zum Frieden – neben der Politik – ins Bewusstsein rücken. Eine der ersten Friedenskämpferinnen um jene Zeit – Bertha von Suttner (1843–1914) – war den anderen Weg gegangen. «Die Waffen nieder!» war der Titel ihres wichtigsten Buches und ihr steter Aufruf, mit dem sie schließlich Alfred Nobel zur Stiftung des Friedensnobelpreises brachte, der jährlich vom norwegischen Parlament verliehen wird.

Maria Montessori hat einen ganzen Zyklus von Friedensreden gehalten.[31] Die erste und vielleicht bedeutendste hielt sie 1932 in Genf vor dem Bureau International d'Education (eine Art Vorläufer der UNESCO; Jean Piaget war damals dort Direktor), also noch direkt während ihrer Auseinandersetzung mit den italienischen Faschisten und kurz vor der nationalsozialistischen Machtübernahme in Deutschland. Maria Montessori hat ihre Rede so begonnen: «Es ist sehr seltsam, dass es noch keine Wissenschaft des Friedens gibt, die ebenso entwickelt ist wie die des Krieges, der Rüstungen und der Strategie … Selbst der Begriff des Friedens fehlt unter den unendlich vielen Begriffen, die unser Bewusstsein bereichern.»[32]

Frieden sei nicht nur Aufhören des Krieges, sondern dieser negative Begriff des Friedens bedeute «eher den endgültigen Triumph des Krieges». Denn wenn ein Krieg ohne Frieden aufhört, gibt es fast immer nur Sieger und Besiegte; und die Angst vor dem Besiegtwerden ist die Antriebskraft immer weiterer Kriege. Wer besiegt ist, gilt als schuldig und strafwürdig, nur weil er besiegt wurde, und der Sieger nimmt sich, was er für sein Recht hält. Der Besiegte aber sinnt auf Revanche. «Das kann sicherlich nicht Frieden genannt werden.»

> «… der Krieg könnte mit dem Brand eines Gebäudes voller Kunstwerke und wertvoller Gegenstände verglichen werden. Wenn dieses in rauchende und erstickende Asche gesunken ist, hat die Katastrophe ihr Ende gefunden; diese Asche und dieser Qualm, der das Atmen unmöglich macht, können mit dem verglichen werden, was die Welt unter Frieden versteht.»
> *(M. M.: Die Macht der Schwachen, S. 21)*

Montessori schlägt den Bogen zur Erziehung, wenn sie sagt, nur der «ganz gesunde, voll entwickelte und starke Mensch könne der Ansteckungsgefahr des Krieges begegnen». Aber «um mit der gesunden psychischen Wiederherstellung des Menschen zu beginnen, muss man auf das Kind zurückgreifen … Wir müssen uns an das Kind wenden, wie an einen Messias, wie an einen Erneuerer der Menschheit und ihrer Gesellschaft.»[33]

Um den Krisenherd Deutschland herum zieht sich der Kreis ihrer Redestationen: Nach Genf (1932) spricht sie in Brüssel (1936) auf dem «Europäischen Kongress für den Frieden». Dann folgt in Amersfoort/Niederlande (1936) der Vortrag «Die Bedeutung der Erziehung für die Verwirklichung des Friedens», in Kopenhagen (1937) hält sie beim Internationalen Montessori-Kongress die Eröffnungsansprache «Erziehung für den Frieden» und weitere Vorträge zum Friedensthema. Schließlich tritt sie in London bei «World fellowship of Faith» am 28. Juli 1939 auf, also kaum mehr als einen Monat vor Kriegsausbruch. Dann war Montessori in Indien und hielt dort gleich nach Kriegsende in Pilani einen Vortrag über «Abrüstung in der Erziehung», in dem sie das Friedensthema wieder aufgenommen hat. Auch später – so 1949 in San Remo – hat das Thema Frieden sie nicht losgelassen.

Als einen der Hauptgründe für den Mangel an Frieden sah Montessori den fortwährenden *«Kampf zwischen dem Erwachsenen und dem Kind»:*

«Der Erwachsene ist stark, auch in seinen Fehlern, die er vollständig entwickelt hat, und er will, dass das Kind diese Fehler nicht hat, und glaubt, dass sein Korrigieren dieses Ziel erreichen kann.» Doch das erzeuge nichts anderes als «Verteidigungshaltungen». «Das Kind, das nie gelernt hat, allein etwas zu tun, seine eigenen Handlungen zu lenken und seinen eigenen Willen zu beherrschen, erkennt man im Erwachsenen wieder, der sich lenken lässt und der Anlehnung an andere benötigt.»[34]

An dieser Stelle kann die Friedenserziehung ansetzen. In der Erziehung, im Verhältnis zwischen Erwachsenen und Kindern, aber auch im Verhältnis von Kindern untereinander, gibt es fast täglich Sieger und Besiegte. Dort entsteht die Mentalität des Kampfes, der Konkurrenz und schließlich des Krieges. Montessoris Bücher sind voller Beispiele dazu, und wir selbst erleben sie auch beinahe täglich. Die Mutter und der Vater fühlen sich durch ein Kind gestört oder sind in Sorge, es könnte eine Anforderung nicht erfüllen, und üben Zwang und Druck aus – bis das Kind besiegt ist. Oder sie «setzen Grenzen»: Das kann eine charakteristische Siegergebärde sein, die die Besiegten auf ihr Territorium verweist und aussagt: «bis hierher und nicht weiter»; manchmal hat es auch eine Schutzfunktion. Die Zensuren und mehr noch die Versetzungszeugnisse in der Schule unterscheiden zwischen Siegern und Besiegten. Beim Leistungssport gibt es nur einen Sieger, auch schon der Zweite und Dritte sind (gerade noch ehrenvoll) Besiegte, und alle anderen werden ausgeschieden (welch ein verächtliches Wort).

Wie ernst es Maria Montessori mit diesem Problem war, zeigen die folgenden Sätze aus dem Genfer Vortrag: «Wir waren zutiefst von der Existenz eines echten und furchtbaren Konfliktes betroffen, eines Kriegs ohne Waffenstillstand, der das Kind bei seiner Geburt empfängt und es durch seine gesamte Entwicklung begleitet. Es ist der Konflikt zwischen Erwachsenem und Kind, zwischen Starkem und Schwachem ... Das Kind vollbringt die grausame Anstrengung, sich selbst zu verbergen, indem es in seinem Unterbewusstsein ein ganzes Leben begräbt, das sich entfalten möchte und dessen Bestrebungen fehlgeschlagen sind. Mit einer solchen verborgenen Bürde gliedert es sich in die Irrtümer der Welt ein ... Im Schulkind, das stets entmutigt und getadelt wird, entsteht der Zustand des Misstrauens in sich selbst und der Panik, der als Schüchternheit bezeichnet wird. Diese finden wir beim Erwachsenen wieder in Form der Verzagtheit, der Nachgiebigkeit und der Unfähigkeit zu moralischem Widerstand. Der Gehorsam, der dem Kind in der Familie und in der Schule aufgezwungen wird, ein Gehorsam, der Vernunft und Gerechtigkeit nicht gelten lässt, bereitet den Menschen darauf vor, sich der Schicksalhaftigkeit der Dinge zu unterwerfen. ... unter diesen und vielen anderen Anpassungen, die zu einem Gefühl der Unterlegenheit führen, öffnet sich der Weg zur Ergebenheit den Führern gegenüber.»[35]

Heute würden wir in diesem Zusammenhang von autoritärer Erziehung sprechen. Es sind harte Sätze, von Maria Montessori vorgetragen 1932, als Mussolini in Italien schon an der Macht war und kurz bevor Hitler sie in Deutschland übernahm. Hat sich seitdem nicht vieles geändert, auch in der Erziehung der Kinder? Ist Erziehung immer noch ein «Kampf zwischen dem Erwachsenen und dem Kind»?

Einige Jahre nach Montessoris Genfer Friedensrede haben in den USA K. Lewin, R. Lippitt und R. K. White ihre berühmt gewordenen Experimente über autoritäres sowie *democratic* und *laissez-faire*-Verhalten bei Jugendlichen durchgeführt. Dabei sind sie zu grundsätzlich gleichen, wenn auch erweiterten Ergebnissen gekommen, indem sie bei jedem dieser Führungsstile eine andere Verhaltensreaktion bei den Jugendlichen beobachten konnten. Beim autoritären Führungsstil, der ähnlich beschrieben wird wie von Montessori, ist die Reaktion meistens die Unterwerfung und manchmal die Rebellion, aber niemals die Kooperation. 1950 ist dann die große Untersuchung von Th. W. Adorno und anderen namhaften Autoren über «The Authoritarian Personality» («Der autoritäre Charakter») erschienen und hat Montessoris empirisch noch nicht genau belegte Thesen generell deutlich bestätigt, wenn auch natürlich sehr viel ausdifferenzierter. Der «autoritäre Charakter», wie er dort untersucht und beschrieben wird, liefert ein starkes Potenzial zum Krieg. So war diese Untersuchung eine wichtige Teilantwort auf die Frage, wie es zu den großen Kriegen hatte kommen können. Der von Montessori beschriebene Kampf zwischen dem Erwachsenen und dem Kind, bei dem das Kind fast immer unterliegt, hat seine vielleicht schärfste Ausprägung in dem Roman von Heinrich Mann «Der Untertan» gefunden, ein Buch, das ich den Pädagogikstudenten oft zum Studienbeginn empfohlen habe.

Was könnte heute anders geworden sein? In großen Wirtschaftsbetrieben sind die hierarchisch autoritären Führungsstile öfter durch so genannte sanfte Führungstechniken ersetzt worden, weil man den Wert der Arbeitskraft der Menschen zu schätzen und zu nutzen gelernt hat: «Das Gold in den Köpfen der Mitarbeiter». Nicht viel anders dürfte es in der Erziehung sein. Das harte autoritäre und aggressive Verhalten hat in den Familien, Kindergärten und Schulen aufs Ganze gesehen abgenommen, wenngleich nicht übersehen werden darf, dass zum Beispiel in Deutschland der größere Teil der Kinder noch immer «körperlich gezüchtigt» wird, was das auch heißen mag.

Aber ist mit der sanfteren Erziehung die Macht der Erwachsenen und der pädagogischen Institutionen, den Lebensweg der Kinder zu steuern, verschwunden? Manchen ist das alles sogar viel zu sanft, und sie warnen vor den Gefahren einer «Schmuse- oder Schmeichelpädagogik». Das jedoch wollte Montessori nicht, und ihre Pädagogik ist weder weich noch nachgiebig, sondern sie erwartet sehr viel an Arbeit und Leistung vom Kind und vom Jugendlichen. 1945 hatte sie – wie erwähnt – in Indien das Friedensthema erneut aufgenommen, nun unter dem in deutscher Sprache etwas provozierenden Titel «Abrüstung in der Erziehung».

«Wissen Sie nicht, dass die menschliche Natur viel Böses enthält? – … ich habe es so oft sagen hören. Aber das Kind ist nicht schlecht. Es hat einen natürlichen Auftrag: den, zu wachsen und Reife zu erlangen. … die Frage der wahren Erziehungsreform ist gleichzeitig komplizierter und einfacher. Es ist eine Frage von Hass oder Liebe. *Das Einzige, was wir wirklich tun müssen, ist, unsere Grundhaltung gegenüber dem Kind zu ändern und es zu lieben mit einer Liebe, die an seine Personalität glaubt* und daran, dass es gut ist; die nicht seine Fehler, sondern seine Tugenden sieht, die es nicht unterdrückt, sondern es ermutigt und ihm Freiheit gibt. … Wenn wir das Kind lieben, werden wir gewahr, dass es missachtet und vergessen worden ist in einer Welt, die so reich ist in ihrem Überfluss mannigfacher und schöner Dinge.»[36]

Was ist dabei Friedenserziehung? Es ging Maria Montessori nicht in erster Linie darum, den Frieden zu predigen, selbst wenn sie es in ihren Reden immer wieder getan hat. Der Frieden sollte praktiziert werden, und zwar zuerst im Verhältnis zwischen Erwachsenen und Kindern. Das hieß für sie nicht, die Kinder einfach tun zu lassen, was sie wollen. «Dann würden wir die Welt auf den Kopf gestellt sehen.» Aber wenn sich in der Erziehung dieses Verhältnis von Erwachsenen und Kindern ändern würde, wenn es uns Erwachsenen gelänge, dem Kind und Jugendlichen zu helfen, sich von uns unabhängig zu machen, um selbst seinen Weg zu gehen, und wir ihm doch Mut und Hoffnung geben und manchmal auch ein wenig Schutz bieten könnten, und zwar in Liebe und Vertrauen, so würde der «neue Mensch» heranwachsen, von dem Montessori so oft gesprochen hat. Dieser «neue Mensch» sei sich seiner selbst und der menschlichen Gemeinschaft der Völker so sicher, dass er keinen Krieg brauche.

Wie oft ist Furcht vor der Stärke der anderen Grund oder Anlass zu Kampf oder Krieg gewesen. Seiner selbst sicher zu sein und keine Angst vor anderen zu haben dürfte eine entscheidende geistige Voraussetzung für den Willen zum Frieden sein.

Montessori wusste selbst, dass ihr von anderen häufig vorgeworfen wurde, sie habe zu viel Vertrauen in das Gute im Menschen. Ihre Antwort: «Nein, ich bin nicht zu vertrauensvoll. Ich habe genug Erfahrungen gemacht, die mich Pessimismus lehrten; aber dieses hier ist keine Vision, es ist Wirklichkeit.»[37]

Es fällt nicht leicht, Maria Montessori darin zu folgen. Aber sollten wir denn die Hoffnung aufgeben und den Mut verlieren? Ist es nicht realistisch gedacht – es mag wiederholt werden –, dass jedes neugeborene Kind eine neue Chance zum Frieden ist?

Manches können wir in der Erziehung bei entsprechender innerer Einstellung bewirken, und es fordert nicht einmal große Mühe, sondern nur ein hohes Maß an Achtsamkeit, um zu vermeiden, dass es Sieger und Besiegte gibt – vor allem keine Besiegten. Der Wettkampf ist allen Behauptungen zum Trotz keine besonders gute pädagogische Methode, wenn es dort Gewinner und Verlierer, Stärkere und Schwächere gibt. Konkurrenz verhindert Kooperation. Zwar kommen Kinder nicht um die Erfahrung herum, auch mal Verlierer zu sein, und sie müssen lernen, das zu verarbeiten, aber Schwächere brauchen im menschlichen Zusammenleben zunächst Schutz und Hilfe, nicht Demütigung und Vernichtung. Wir können ein Klima der Toleranz und Harmonie schaffen, in dem die Kinder täglich erleben, dass Konflikte, die es unter Menschen wohl immer gibt, sich verbal und in Ruhe lösen lassen. Kinder sollten erfahren, dass genau wie die Erwachsenen auch Kinder Recht haben können, dass nicht immer alles schwarz oder weiß ist, es nur ein krasses Entweder-oder gibt. Dazu gehört auch, dass nicht alle Probleme sofort und womöglich mit Gewalt gelöst werden müssen, sondern wir es aushalten können, ein Problem eine Zeit lang in der Schwebe zu halten. Nicht immer wird es uns Erwachsenen gelingen, den Kindern dabei ein Vorbild zu sein, aber wir sollten dann ihre Kritik akzeptieren, woran Montessori immer wieder erinnert hat.

Das alles ist nicht leicht für Erwachsene, doch es wird leichter mit der von Montessori gemeinten veränderten Grundhaltung den Kindern gegenüber, die wir selbst als Kinder aber wohl nur in seltenen Fällen erlebt haben. So gesehen ist die ganze Pädagogik Maria Montessoris Friedenserziehung, die Erziehung von jungen Menschen, die den Kampf, den Krieg nicht mehr brauchen, um sich ihres Wertes bewusst zu werden.

«Unsere Hoffnung auf den zukünftigen Frieden liegt nicht in den Belehrungen, die der Erwachsene dem Kind erteilen kann, sondern in der normalen Entwicklung des neuen Menschen.»[38] Montessoris Redeweise vom «neuen Menschen» ist von den Nationalsozialisten missbraucht worden; wir sollten ihr Pathos hier nicht überbewerten. Sprachlich etwas nüchterner betrachtet, meinte Montessori vor allem, wir Erwachsenen könnten und müssten dem Kind eine Umwelt schaffen, in der es einerseits sein soziales Empfinden entwickeln und andererseits seine eigenen Fähigkeiten ungehindert und normal entfalten kann. Es soll seine persönliche und seine soziale Aktivität aufbauen, sich selbst verwirklichen und dabei auch sich selbst disziplinieren können: «So kräftigt es sich und, stark geworden, wird es mehr tun, als wir von ihm zu hoffen wagten … und es wird auf dem Grund seiner eigenen Seele forschen und lernen, sich selbst zu erkennen.»[39]

Maria Montessori hatte die unerschütterliche Hoffnung, dass durch eine andere Erziehung, eine Erziehung, in der die nachwachsende Generation Unabhängigkeit und Macht über sich selbst gewinnen würde, sie sich ihrer selbst gewiss sein und die Kraft und den Mut dazu aufbringen könnte, die vereinte Menschheit zu organisieren: «Die Einzige Nation (La Nazione Unica) und der bessere Mensch: Das sind die beiden großen Realitäten … Die Menschen, die diese neue Welt verwirklichen müssen, sind anders als wir; vielleicht ist sie bereits im Entstehen, ohne dass wir uns dessen bewusst werden. Überall erblicken wir deutliche Zeichen dafür …»[40]

Wenn Maria Montessori alle die jungen Menschen noch erlebt hätte, die – wie sie selbst vorgeschlagen hatte – nach der Schulzeit in alle Welt reisen, soziale Dienste leisten, andere Kulturen und andere Glaubenswelten kennen lernen, würde sie sich in ihrer Hoffnung bestätigt sehen, auch wenn es manche bittere Gegenbeispiele gibt. Montessoris Auffassung war, dass wir keine Demokratie und Freiheit unter den Menschen erwarten können, wenn wir sie dazu erziehen, sich der Macht zu beugen und zu unterwerfen. Wirkliche Freiheit beginnt, das war ihr tiefster Grundsatz, am Anfang des Lebens und nicht erst, wenn wir erwachsen sind.

Die Inschrift auf ihrem Grabstein – aus dem Italienischen übersetzt – lautet: «Ich bitte die lieben Kinder, die alle Möglichkeiten haben, mit mir zusammen am Aufbau des Friedens in den Menschen und in der Welt zu arbeiten.»

2 Die sensiblen Phasen der Entwicklung und die Stufen der Erziehung

Wer sich heute intensiv mit Kindern beschäftigt, weiß, dass sich deren Entwicklung in Phasen und manchmal in deutlichen Schüben vollzieht. Aber dieses Wissen ist noch ziemlich neu. Zwar hat es schon früh Ansätze gegeben, die Entwicklung von Kindern in Phasen einzuteilen, so etwa im 17. Jahrhundert bei dem berühmten Theologen und Pädagogen Johann Amos Comenius. Aber im Prinzip galten die Kinder als kleine, noch unvollkommene Erwachsene ohne eigene Würde und Rechte. Sie sollten auf kürzestem Wege erwachsen werden, und so zeigen alte Bilder die Kinder auch meistens in – entsprechend kleiner – Kleidung für Erwachsene. Doch als man darauf aufmerksam wurde, dass sich die kindliche Entwicklung in verschiedenen Abschnitten oder Phasen vollzieht, zeigte sich, dass jede dieser Phasen ihren eigenen Sinn und ihren eigenen Reiz, ihre eigenen Probleme und auch ihre eigene Schönheit hat.

Erst um die letzte Jahrhundertwende entstand ein breites Interesse am Kind. Das «Jahrhundert des Kindes» (Ellen Key) schien begonnen zu haben. Damit trat auch die Entwicklungspsychologie mit ihren wohl bedeutendsten frühen Repräsentanten Sigmund Freud und Jean Piaget auf den Plan. Eine ganze Reihe von Phasentheorien der kindlichen Entwicklung (William Stern, Charlotte Bühler, Oswald Kroh u. a.) ist entstanden und etwa zeitgleich damit auch die von Maria Montessori. Aber Montessoris Theorie unterscheidet sich in einem wichtigen Aspekt von den anderen, denn nur sie hat so deutlich das Besondere der «sensiblen Phasen» herausgearbeitet. Von den dreißiger Jahren an hat Montessori mit viel Sorgfalt diese sensiblen Phasen beschrieben und mehr und mehr ausdifferenziert. Von ihrer anthropologischen Grundüberzeugung her waren die sensiblen Phasen Ausdruck des von innen wirkenden Bauplans der werdenden Persönlichkeit.[41] Ob nun der holländische Biologe Hugo de Vries durch seine Entdeckung sensitiver Perioden beim Wachstum von Tieren Montessori erst auf den Gedanken mit den sensiblen Phasen in der Entwicklung der Kinder gebracht hat, mag dahingestellt bleiben. Montessori hat sich öfter auf die Parallelen zu den Theorien von de Vries bezogen, aber vielleicht hat er ihr auch nur den passenden Begriff geliefert.

Mit dem Begriff der «sensiblen Phasen» ist bei Montessori gemeint, dass es in der Entwicklung des Kindes Phasen, Perioden mit einer besonderen Empfänglichkeit, also Sensibilität für bestimmte Lernvorgänge und Umwelteinflüsse gibt.

Um das zu verstehen, hilft es zunächst, zwischen Reifen und Lernen zu unterscheiden. Reifeprozesse gehen «von Natur aus» vor sich, es sind also Reflexe, Ausbildungen von Organfunktionen, physische Wachstumsvorgänge usw. So gibt es – Heinrich Roth hat das Ende der sechziger Jahre durch viele Versuche bewiesen gefunden – «ungelernte Leistungsformen, die reifen und nicht gelernt werden»[42]. Die sensiblen Phasen sind – wie Roth das nennt – «Angebote der Natur», jetzt und zu genau dieser Zeit besonders leicht bestimmte Lernerfahrungen zu machen und Fertigkeiten zu erwerben. Ein Musterbeispiel, das auch Montessori wiederholt beschrieben hat, ist das Lernen der Sprache: Es gibt eine frühe Reifephase, während deren ein kleines Kind jede Sprache lernen kann, und etwas später noch eine sensible Phase für das Lernen von fremden Sprachen neben der Muttersprache. Das Reifen und das Lernen müssen also zeitlich miteinander übereinstimmen, damit das «Angebot der Natur» nicht versäumt wird. *Sensible Phasen sind optimale Lernphasen für ganz bestimmte Funktionen,* die Umwelt zu beherrschen, sich mit ihr auseinander zu setzen.

Die Kehrseite war jedoch für Montessori nicht minder wichtig: *Solche sensiblen Phasen gehen wieder vorbei.* Sie können verpasst und dann für das Kind nicht mehr genutzt werden. Ein drei- oder vierjähriges Kind lernt eine fremde Sprache wie von selbst, das zehn- oder zwölfjährige braucht dazu – wie jeder weiß – eine Methode und einen Lehrer, also Unterricht. An weiteren Beispielen wird das noch genauer zu zeigen sein.

Für Montessori waren vermutlich die Berichte des französischen Arztes Itard über seine Erziehungsversuche mit dem wilden Jungen von Aveyron[43] ein besonders drastisches Beispiel dafür, dass mit dem Verpassen sensibler Phasen bestimmte Lernmöglichkeiten so gut wie unwiderruflich verloren gehen können. Aber sie war sich zugleich darüber im Klaren, dass die menschliche Natur flexibler ist als die der Tiere und dass Menschen auch später noch lernen können, allerdings mit größerem Aufwand an Energie und Methode.

Im Übrigen kann jeder von uns bei Kindern mit einiger Aufmerksamkeit solche sensiblen Phasen beobachten.

> «Die innere Empfänglichkeit bestimmt, was aus der Vielfalt der Umwelt jeweils aufgenommen werden soll und welche Situationen für das augenblickliche Entwicklungsstadium die vorteilhaftesten sind.»
> *M. M.: Kinder sind anders, S. 52–53*

Montessori war der Auffassung, dass das Kind seine wesentlichen Erfahrungen jeweils während seiner sensiblen Phasen macht, dass es während dieser Phasen entscheidende Orientierungen und Grundfertigkeiten erwirbt. Aber das ist kein passiver Prozess des bloßen Aufnehmens und keine Instinktreaktion, wie lange vermutet wurde. «Die sensiblen Phasen der menschlichen Kindheit repräsentieren eine intelligente Antwort auf die Umwelt», so die amerikanische Montessori-Pädagogin Paula Polk Lillard. Das Kind verändere sich in diesem Prozess, das Erwerben von Fähigkeiten werde zu einem Prozess der Selbstorganisation des Kindes. Das höre sich bei Montessori alles noch etwas geheimnisvoll an, aber heute könne man – so Polk Lillard – mit den neuen technischen Möglichkeiten diese Vorgänge der Selbstorganisation im Gehirn beobachten. «Das Kind verändert die Physiologie seines Gehirns durch die Interaktion mit der Umwelt in spezifischen Phasen der Entwicklung.»[44]

Montessoris Auffassungen zu den sensiblen Phasen sind im Übrigen schon lange durch die wissenschaftlich genau geprüften Befunde des Psychologen Jean Piaget zu wesentlichen Teilen bestätigt worden. Der Piaget-Experte David Elkind hat in fünf Punkten Übereinstimmung zwischen Montessori und Piaget festgestellt:

- Beide waren der Auffassung, dass aus der Interaktion des Organismus mit der Umwelt – also aus der *Wechselwirkung* – Wachstum und Entwicklung des Menschen als Produkte entstehen.
- Beide waren der Auffassung, dass sich die Entwicklung in einer *Abfolge*

von Stadien vollzieht, die in Beziehung zum Lebensalter stehen. In Einteilung und Benennung unterscheiden sie sich jedoch.

- Beide sehen in der *Selbstregulierung/Selbstorganisation* des Kindes einen wichtigen Teil des Erziehungsprozesses.
- Beide sehen in der sorgfältigen unvoreingenommenen *Beobachtung* des Kindes das wichtigste Mittel, um zu ermitteln, welche Aspekte oder Teile der Umwelt jetzt für das Kind und seine Entwicklung von entscheidender Wichtigkeit sind.
- Beide legen mit großem Nachdruck Wert darauf, dass die *eigene Aktivität des Kindes* die Basis jeder wirksamen Erziehung ist. «Auf allen Stufen der Entwicklung wächst Intelligenz aus der aktiven Auseinandersetzung des Kindes mit seiner Umwelt und aus der reflektierenden Abstraktion von seinen eigenen Handlungen.»[45]

Selbstverständlich hat Elkind auch Unterschiede vermerkt, denen ich aber weit weniger Gewicht beimesse als den Übereinstimmungen. Elkind hat vor allem den Unterschied zwischen der «Praktikerin Montessori» und dem strengen «Wissenschaftler Piaget», hervorgehoben. Inzwischen ist in der Nachfolge und Kritik Piagets unter anderem festgestellt worden, dass er sich in seinen Versuchen doch wohl zu einseitig auf kognitive Prozesse konzentriert habe und die Stufenabfolge zwar im Grundsatz richtig sei, aber nicht genügend Raum für individuelle Unterschiede lasse. Wenn das zutrifft, könnte das eher noch für Montessoris mehr aus der Praxis gewonnene, inhaltlich nicht so scharf abgegrenzte Phaseneinteilung sprechen. Im Übrigen ist jede Phaseneinteilung nicht strikt auf die Altersangaben zu fixieren, sondern es handelt sich dabei um abstrahierte Durchschnittsnormen, die freilich geeignet sind, im Einzelfall frühzeitig auf Normabweichungen aufmerksam zu machen.

Maria Montessoris Theorie der sensiblen Phasen ist ebenso wie die der Stufen der Erziehung im Laufe der Jahre aus der Praxis wie aus ihrer theoretischen Arbeit allmählich entstanden. Einzelne Aspekte sind zwar schon früh aufgetaucht, aber die komplette Theorie der sensiblen Phasen hat Montessori erst in ihren späten Werken «Kinder sind anders» und «Das kreative Kind» präzise ausformuliert. Die Stufen der Erziehung hat sie zunächst nur lose, später aber direkt mit den Phasen der Entwicklung verknüpft: «Die aufeinander folgenden Ebenen der Erziehung müssen den aufeinander folgenden Persönlichkeitsphasen des Kindes entsprechen. Unsere Methoden sind nicht nach bestimmten Prinzipien ausgerichtet, sondern nach den

Eigenarten der verschiedenen Altersstufen. Daraus ergibt sich die Notwendigkeit mehrerer Erziehungsebenen.»[46]

Somit ist es eine durchaus folgerichtige Weiterentwicklung ihrer Gedankengänge, beide Linien miteinander zu verbinden. In der amerikanischen Montessori-Pädagogik ist diese Verknüpfung längst vollzogen. Dort ist häufig die Rede von den «planes of education», also den Stufen der Erziehung, in welche die sensiblen Phasen als die eine Reihe von Komponenten hineingehören. In der deutschen Diskussion werden die sensiblen Phasen jedoch meistens gesondert behandelt.[47] Der Grund mag unter anderem darin liegen, dass die deutsche geisteswissenschaftliche Pädagogik immer noch relativ wenig direkte Verbindung zur Psychologie hat.

Hier in diesem Buch allerdings werden beide Linien zusammengeführt: die sensiblen Phasen als Stadien der Reife und die Stufen der Erziehung. Dabei sei dick unterstrichen, dass nach unserer heutigen Vorstellung Reifung und Lernen nur gedanklich voneinander getrennt werden können, sie faktisch jedoch immer wechselseitig aufeinander wirken und sich ergänzen und nur so die Entwicklung der Kinder zu erklären ist. Die Entwicklung des Kindes ist nicht ohne die natürlichen Reifungsvorgänge denkbar. Aber sie ist auch nicht unveränderbar vorprogrammiert, sondern durch Lehr- und Lernprozesse, also durch Erziehung lenkbar, beeinflussbar.[48]

Die sensiblen Phasen in der Entwicklung — **Stufen der Erziehung**

Zeit, allg. Charakteristik	*Inhaltliche Sensibilitäten*	*Pädagogik/Institutionen*
Erste Phase 0–6 Jahre		
formativ, labil, schöpferisch-konstruktiv, Entwicklung der Basis für Persönlichkeit und Intelligenz		
Teilphase 0–3 Jahre		
Aktivität und Reaktivität der unbewussten Intelligenz = «absorbierender Geist», Entwicklung von Potenzialitäten durch Erfahrungen / Auseinandersetzungen in der Umwelt	• Bewegungen: Hand – Gleichgewicht – Laufen • Ordnung (ordo, Struktur): Orientierungsfunktion – äußere Ordnung: Anreiz zum Handeln – innere Ordnung: Erkennen von Beziehungen • Sprache: Bewegung – Gehör	**Familie / Kinderkrippe** – Beobachten und Fördern der Bewegungen: Kopf heben, rollen, kriechen, sitzen, gehen – Schaffen einer ständigen, Anreize zum Tun liefernden äußeren Ordnung; die innere schafft sich das Kind selbst – Sprechen mit dem Kind (auch mehrsprachig). Koordination von Bewegung, Orientierung und Sprache beobachten.
Teilphase 3–6 Jahre		
Analyse und Verknüpfung der absorbierten Umwelteindrücke. Vom unbewussten zum bewussten Arbeiten, Realisierung und Perfektionierung der bisherigen Erwerbungen	• Entwicklung des Bewusstseins durch Aktivitäten • Analyse, Vervollkommnung, Anreicherung bisher absorbierter Errungenschaften • Soziale Integration in Kleingruppen (Kohäsion)	**Kinderhaus** – «Sinnesmaterial» zur Übung (und zur Funktionsprüfung) aller Sinne. Vorstrukturierungen für den «mathematischen Geist» des Kindes. – Übungen des praktischen Lebens – Übungen der Stille und der Bewegung

Zeit, allg. Charakteristik	*Inhaltliche Sensibilitäten*	*Pädagogik/Institutionen*
Zweite Phase 6–12 Jahre		
stabil, Forscher- und Abenteuerneugier, Dominanz sozialer und moralischer Sensibilität. Beurteilung eigener und fremder Handlungen, Empfindlichkeit für Gerechtigkeit und Konkretheit des sozialen und moralischen Handelns	• Erweiterung des Aktionsradius: geistig, in den Vorstellungen, sozial, kulturell • Übergang zur Abstraktion, Erweiterung des Weltbildes, «Keim der Wissenschaften» • Entstehung sozialen und moralischen Bewusstseins, Sensibilität des Gewissens, für Gerechtigkeit, soziale Organisation, Regelverhalten	**Schule des Kindes** «Kosmische Erziehung» – Ganzheitlicher fächerübergreifender Unterricht – Individueller Weg jedes Kindes – altersgemischte Gruppen – Enge Verbindung von praktischer und theoretischer Arbeit, viel forschendes Lernen außerhalb der Schule – Selbständigkeit, Initiativlust, soziale Verantwortung
Dritte Phase 12–18 Jahre		
formativ, labil, soziale Sensibilität verbunden mit dem Bedürfnis nach Selbständigkeit in den sozialen Beziehungen. Zustand der Erwartungen, schöpferisch-produktives Arbeiten, Expressivität	• Bedürfnis nach Schutz und Geborgenheit (Pubertät) • Bedürfnis nach Selbständigkeit, Achtung und Würde der Person • Bedürfnis, eigene Rollen in der Gesellschaft zu begreifen und zu ergreifen	**Erdkinder** «Erfahrungsschule des sozialen Lebens» – Bauernhof: Produktion – Geschäft: Vertrieb, Warentausch, Kommunikation – Gästehaus: Dienstleistung – Schule: Fortführung und (wissenschaftliche) Erweiterung der «kosmischen Erziehung»

Die vier Stufen der Entwicklung

1950, also kurz vor ihrem Tod, hat Maria Montessori in einem ihrer Vorträge ihre Entwicklungspsychologie noch einmal zusammenfassend dargestellt. Das scheint ihr besonders wichtig gewesen zu sein, und es ist ihr wohl darum gegangen, ihre ganzheitliche Sichtweise von der Entwicklung der menschlichen Existenz zu verdeutlichen. Es fällt auf, dass sie dazu nun anders als früher ausdrücklich den Begriff der «Entwicklung» (development) verwendet.[49] Sie hat für diesen Vortrag auch zwei Schaubilder gezeichnet, die heute noch in Perugia aufbewahrt werden und die Camillo Grazzini ausführlich kommentiert hat.[50]

Es folgt eine Kurzfassung des Vortrages, um die vorhergehende Übersicht zu ergänzen. Einige Überschneidungen liegen in der Natur der Sache.

In ihrem Vortrag hat Montessori den Lebensrhythmus in vier aufeinander folgenden Phasen von jeweils sechs Jahren beschrieben. Dabei bezeichnet sie die erste und die dritte Phase als *«formativ»*, die zweite und vierte als *«stabil»*. Zur Verdeutlichung hat sie im Schaubild die erste und die dritte Phase rot, die zweite und vierte blau markiert, sodass die Folge von rot – blau – rot – blau entsteht: denn die Entwicklung des heranwachsenden Menschen verläuft in wechselnden Schüben und nicht linear.

Kleinkindalter 0 bis 6

Das Kleinkindalter ist eine schöpferische, «formative» (rote), also aufbauende, noch «labile» Phase, in der sich das kleine Kind die Grundlagen für die Intelligenz und den Charakter seines Lebens schafft.

Nach der physischen Geburt ist dies ein neuer «embryonaler» Zustand. Das Kind bezeichnet Montessori jetzt, da es ohne Verhaltensausstattung für das Leben geboren wurde, als einen «geistigen Embryo», der sich unbewusst seiner Umwelt anpasst und dabei sich selbst aufbaut.[51]

3

Bei der Hälfte des Sechserschrittes, also beim dritten Lebensjahr des Kindes, liegt eine Zäsur. Das Leben des Kindes beginnt wiederum neu. Aus ihm wird jetzt ein «bewusster Arbeiter», die bisherigen unbewusst assimilierten Erwerbungen werden jetzt bewusst realisiert und perfektioniert.

Die Gesellschaft hat auf den spezifischen Charakter dieser Entwicklungsperiode in der Weise reagiert, dass sie in den meisten Ländern die Kinder bis zum sechsten Lebensjahr noch vom Schulwesen ausschließt. Es muss erst die «Schulreife» vorhanden sein. Für Kindergarten und Vorschule wird der Einschnitt bei drei Jahren berücksichtigt.

Kindheit 6 bis 12

Die Kindheit ist eine «stabile» (blaue) Phase des ruhigen, gleichmäßigen Wachstums. Die Kräfte und Möglichkeiten der Kinder sind nach Montessori in diesem Alter so groß, dass ihre Leistungsfähigkeit oft unterschätzt wird und ihnen unnötige Grenzen gesetzt und Restriktionen auferlegt werden. Das Kind ist «hungrig» auf Kenntnisse und das Verstehen der Welt, wie sie von der Natur und den Menschen geschaffen wurde. Die Kinder bilden soziale Gruppierungen durch «Kohäsion»[52]: Zum Beispiel ist die Lebensform der Pfadfinder eine adäquate Antwort auf die Entwicklungsbedürfnisse in dieser Phase. Nicht die Enge des Hauses, sondern der Kosmos ist ihre Welt.

Die Gesellschaft bietet in der Schule nicht genügend oder nicht die richtigen Herausforderungen. Auch die enge Bindung an die Familie sollte jetzt allmählich gelöst werden.

Jugendalter 12 bis 18

Das Jugendalter stellt wieder eine «formative» (rote) Phase der Unruhe und Labilität dar. Für uns ist sie mit dem Signalwort «Pubertät» verbunden. Nach Montessori ist es eine schwierige und kritische Zeit, aber wie schon die erste ist es eine «schöpferische» Phase, in der neue Beziehungen, Rollen und Orientierungen aufgebaut werden müssen. Die Jugendlichen brauchen Schutz und Geborgenheit und streben gleichzeitig nach Selbständigkeit und Achtung ihrer Person. Wegen der starken physischen Veränderungen haben sie ein großes Bedürfnis nach körperlicher Aktivität und praktischer Arbeit. Die Kinder brauchen nicht mehr das Haus mit den schönen kleinen Möbeln, sondern nun werden sie «Erdkinder» mit dem Drang hinaus in die Natur, zu experimentieren und soziale Erfahrungen zu machen.

15

Bei der Hälfte dieser «formativen» Phase liegt wiederum eine Zäsur.

Ab fünfzehn Jahren wird ein höherer Grad an psychischer und physischer Stabilität erreicht. Auch die Umwelt stellt zum Teil andere Anforderungen wie den Eintritt in die Berufsausbildung oder eine weiterführende Schule, selbstverständlich mit regionalen oder nationalen Unterschieden. Die Pubertät verändert ihren Charakter.

Die Gesellschaft reagiert mit ihrem Schulsystem nicht auf die so verschiedenen Entwicklungsphasen der Kinder und Jugendlichen. Das Schulsystem steigert seine Anforderungen linear, während die Entwicklung sich durchaus nicht linear vollzieht. Montessori hat diese Art von Schulsystem energisch kritisiert. So entstehen bei den Sechs- bis Zwölfjährigen eher Unterforderungen, bei den Zwölf- bis Fünfzehnjährigen kommt es zu inadäquaten Forderungen. Diese Altersgruppe wird wie kaum eine andere mit so genanntem Grundlagenwissen «voll gestopft», und für keine Altersgruppe ist das so «ermüdend» und abstumpfend wie für diese.

Reife/Erwachsenenalter 18 bis 24

Dies ist eine «stabile» (blaue) Phase, denn die «Formung» ist abgeschlossen: Wenn der junge Mensch die verschiedenen Erziehungsphasen und Entwicklungsprobleme durchlebt und erfahren hat, müsste er jetzt seine eigene Wahl zu treffen wissen sowie seine Möglichkeiten und Verantwortlichkeiten kennen. Er muss seine Unabhängigkeit verwirklicht haben und die Versuchungen der Macht und des persönlichen Vorteils überwunden haben. Er sollte sich als Individuum seinen persönlichen Weg und seine ökonomische Existenz suchen und aufbauen und sich doch zugleich in die Gesellschaft eingliedern, um auf seine Weise an der Weiterentwicklung der Kultur und eines humanen menschlichen Daseins mitzuarbeiten. Er sollte ein Erwachsener sein, der sich auf neue Situationen und Umstände einstellen und an der humanen (= kosmischen) Mission auf dieser Erde teilnehmen kann.

Für Montessori entspricht diese Phase mehr oder minder der Zeit der Universitätsstudien. Aus den Universitäten gehen die künftigen Erzieher und Führungskräfte hervor. Aber nicht die Wissensvermittlung sei das Wichtigste, sondern der «Wert der Personalität». «Ein Mensch mit einem Diplom … hat eine Orientierung mitbekommen … und er weiß sehr wohl, dass er eigentlich sein ganzes Leben lang studieren muss.» «Eine Kultur, die immer wächst und nie zu Ende kommt, erfordert eine permanente Erziehung.»[53]

Die erste Stufe der Entwicklung und Erziehung 0 bis 6 Jahre

Die erste Teilphase: Familie/Kinderkrippe 0 bis 3 Jahre

Die erste – «formative» – Stufe der Entwicklung und Erziehung des Kindes ist die wichtigste für das gesamte Dasein des Menschen. Darin sind sich wohl alle Fachleute – Ärzte, Psychologen, Pädagogen – einig, und das wissen heute auch die meisten Eltern. Mehr noch: Zu keiner Zeit im späteren Leben lernt das Kind so viel, nimmt so viel an Eindrücken in sich auf und entwickelt so viel an Grundlagen für das spätere Leben wie im ersten Lebensjahr. Für Maria Montessori – und nicht nur für sie[54] – war zudem die Zeit unmittelbar nach der Geburt von besonderer Bedeutung.

Nicht ohne Pathos hat sie geschildert, was auf das Neugeborene eindringt, wenn es unvermittelt den Körper der Mutter verlassen hat: «Die härteste und dramatischste Prüfung im Leben des Menschen ist die, sich plötzlich an eine Umgebung anpassen zu müssen, die sich völlig von der unterscheidet, in der er bisher gelebt hat, plötzlich Funktionen übernehmen zu müssen, die er nie zuvor ausgeübt hat, und das in einem Zustand unsagbarer Schwäche, in dem er sich befindet ... Warum habt ihr mich in diese schreckliche Welt geworfen? Was soll ich tun? Wie werde ich auf diese ganz andere Art leben können? Wie werde ich mich an diese erschreckende Menge von Geräuschen gewöhnen können, ich, der ich doch vorher nicht das leiseste Flüstern vernommen hatte? Wie werde ich diese äußerst schwierigen Funktionen übernehmen können, die du, meine Mutter, für mich erfüllt hast? Wie soll ich verdauen und atmen? Wie soll ich diesen schrecklichen Klimawechsel überstehen, ich, der ich in deinem Leib mich einer immer gleichen Wärme erfreut habe?»[55]

Im Unterbewusstsein nehme das Kind dies wahr, und es habe möglicherweise so etwas wie Angst. Sigmund Freuds «Trauma der Geburt» taucht in diesem Zusammenhang wiederholt bei Montessori auf. Darum müsse dieses kleine Kind beschützt und es müsse ihm schon bei der ersten Anpassung an die «Außenwelt» geholfen werden. Doch die Realität sehe oft anders aus: «Sobald das Kind geboren ist, nimmt es jemand auf die Arme, wäscht es, zieht es an und hält es unters Licht, um besser die Farbe seiner Augen erkennen zu können, behandelt es eher wie ein Ding und nicht wie ein beseeltes Wesen.»[56]

Das war das Entscheidende für Montessori: dass auch das ganz kleine Kind schon ein beseeltes Wesen ist. Die Rücksicht auf die psychische Befindlichkeit des Kindes dürfe nicht hinter dem erreichten Stand der medizinischen Hygiene zurückstehen. Montessori hat viele Ratschläge gegeben, wie die Mutter in den ersten Tagen mit dem Kind umgehen solle: im Prinzip so, dass der Unterschied zum Zustand vor der Geburt zum Beispiel in der Temperatur, in der Helligkeit und dem Geräuschpegel nicht so krass sein sollte und erst ein allmählicher Übergang in die neue Welt hergestellt wird.

In den Einzelheiten mögen heute Mütter und Väter oder wer sonst den Säugling betreut, das anders sehen. Aber diese Ruhe, diese «Schutzzone» während der ersten Tage brauche das Kind – so Montessori – zum einen, weil es zwar den Körper der Mutter verlassen, sich aber psychisch noch nicht von ihr getrennt habe. Zum anderen könne das Kind so in Ruhe seine ersten Erfahrungen in dieser Welt machen, und es könnten sich die «Potenzialitäten» entfalten, mit denen sich das Kind aktiv der Umwelt anpassen und sie schließlich «erobern» kann – ein Wort, das Montessori in diesem Zusammenhang gern verwendet hat. «Es handelt sich nicht nur um einen schwierigen, sondern um einen für die ganze Zukunft entscheidenden Moment. In dieser Periode findet eine Art Erwachen von Potenzialitäten statt, die dann die enorme schöpferische Arbeit des Kindes leiten müssen: des geistigen Embryos.»[57]

Wie schon erwähnt hat Montessori zwischen dem pränatalen, also dem vorgeburtlichen physischen Embryo, und dem postnatalen, also nachgeburtlichen «geistigen Embryo» unterschieden:

«Somit durchläuft der Mensch zwei embryonale Perioden: Die eine ist pränatal und ähnelt der der Tiere, und die andere ist postnatal und tritt nur beim Menschen auf: Dadurch erklärt sich das Phänomen, das den Menschen vom Tier unterscheidet: die lange Kindheit.»[58]

«Die Tiere werden geboren und sind mit allem fertig ausgestattet: der Art der Bewegungen, der Geschicklichkeit, der Auswahl der Nahrung, den der entsprechenden Art eigenen Formen der Verteidigung ... Der Mensch hat im Gegensatz zum Tier keine fest koordinierten Bewegungen. Er muss alles aus sich selbst aufbauen: Er hat nicht Ziele, sondern er muss sie suchen.»
M. M.: Das kreative Kind, S. 65 und 67

Montessori war sich darüber im Klaren, dass das Menschenkind im Unterschied zu den Tieren keine fertige Verhaltensausstattung besitzt. Aber was dann? Sie hat mit der Theorie der Potenzialitäten ihre eigenen Beobachtungen gestützt und gedeutet: «Das Kind geht vom Nichts aus in dem Sinne, dass es weder psychische Eigenschaften noch vorbestimmte treibende Fähigkeiten besitzt; sondern es trägt Potenzialitäten in sich, die seine Entwicklung bestimmen, indem es den Charakter seiner Umwelt annimmt.»[59]

Das heißt nichts anderes, als dass dieses kleine Kind sich zunächst einmal an seine Umwelt anpassen muss. Und erst im Verlauf dieser Anpassung baut es sich ganz allmählich und Schritt um Schritt selbst als Person auf. Aber es muss das alles selbst vollbringen. Denn niemand kann das kleine Kind erziehen, auch die Eltern können es nicht nach ihrer Absicht und ihren Zielen lenken und leiten. Für Eltern ist das ein ungewohnter Gedanke, aber dies ist wiederum eine der wichtigen Einsichten Montessoris: Das kleine Kind «lernt» aus seiner Umwelt, indem es diese Umwelt Stück um Stück «absorbiert». Zu der Umwelt gehören auch die Eltern, Geschwister und wer noch am Leben des Kindes teilnimmt. Mit dem Begriff des «Absorbierens» oder «absorbierenden Lernens»[60] ist die «Assimilation»[61], das unbewusste Aufnehmen aus eigenem Antrieb gemeint, die Dinge aufsaugen wie ein Schwamm: Gefühle, Liebe, Ablehnung, Gewohnheiten, Wahrnehmungen mit allen Sinnen. «Die Eindrücke dringen nicht nur in seinen Geist ein, sondern formen ihn.»

Es sei schwierig, meinte Montessori, diese Fähigkeit des kindlichen Geistes zu begreifen, «aber es handelt sich zweifellos um eine privilegierte Geistesform»[62], zu der der Erwachsene keinen Zugang hat außer durch Beobachtung von außen. In der neueren Psychologie ist von «Prägungen» die

Rede; von der Selbstorganisation der Intelligenz hatte Paula Polk Lillard gesprochen. Planmäßige, absichtliche Erziehung ist jedoch noch nicht möglich, nach Montessori etwa bis zum dritten Lebensjahr noch nicht. Es würde allzu leicht Unterdrückung daraus, auch wenn sie «eingehüllt ist in den Mantel der Liebe».

«Das Kind braucht eine ihm entsprechende Umgebung, damit alle seine Fähigkeiten sich durch Übung entwickeln können. Das Kind muss, um ein reifer Mensch zu werden, vom ersten Tage seines Lebens an eine ungeheure Arbeit leisten. Es muss den Gebrauch seiner Glieder erlernen und Erfahrungen über alle Dinge seiner Umwelt sammeln. Es tut dies einem Gesetz der Natur folgend, und wir dürfen ihm die notwendigen Mittel für die lange und schwere Arbeit des Wachsens nicht vorenthalten.»[63]

Der Psychologe Rolf Oerter spricht heute von einer «Entwicklungsnische» für das Kind.[64]

Montessori hat in ihrem Vortrag «Das Kind in der Familie» drei Grundsätze für die Mutter (und den Vater) aufgestellt:

«I. Man muss alle Formen der vernünftigen Betätigung des Kindes achten und sie zu verstehen suchen.»

Freilich, die Zeichen geistiger Selbsttätigkeit seien oft von sehr feiner Natur, und man müsse sich auch innerlich darauf vorbereiten, um sie erkennen zu können. Als Beispiel erzählt sie von einem drei Monate alten Säugling. Die Kleine hatte offenbar ihre Händchen entdeckt und war bemüht, sie zu betrachten. Aber die Arme waren zu kurz, sodass sie sich anstrengen und sogar etwas schielen musste. Man gab ihr etwas zu halten, zu betasten. Das interessierte sie aber nicht, sie öffnete die Hand und ließ den Gegenstand fallen. Stattdessen versuchte sie, Verschiedenes in der Nähe und Ferne zu fassen, mal mit, mal ohne Erfolg. Und sie sah ihre Händchen an, wie wenn sie fragen wollte, wieso das manchmal gelingt und manchmal nicht. Vermutlich hatte sich ihre Aufmerksamkeit auf die Funktion des Greifens und nicht auf die des Festhaltens konzentriert.

Ein halbjähriges Mädchen bekam eine Klapper in die Hand, hielt sie ein Weilchen fest und ließ sie dann fallen. Die Mutter gab ihr die Klapper wieder und der Vorgang wiederholte sich mehrmals. Die Beobachterin merkte dann, dass die Kleine genau hinsah, wie sie die Finger nicht wie vorher alle auf einmal, sondern nacheinander Finger für Finger löste, um die Klapper fallen zu lassen. Während sie vorher die ganze Hand geöffnet hatte, war sie nun intensiv mit der Funktion der einzelnen Finger beschäftigt. «Die kluge Mutter beschränkte sich auf das geduldige Aufheben der Klapper. Sie nahm Anteil an der Tätigkeit ihrer kleinen Tochter und erkannte die tiefe Bedeutung des Wiederholens einer Übung.» Hätte sie es nicht getan und ihr die Klapper einfach weggenommen: «Eine überaus feine und natürliche Art des Kindes, seine Intelligenz zu entwickeln, wäre unterdrückt worden.»[65]

«II. Man muss den Tätigkeitsdrang des Kindes so weit wie möglich unterstützen, es nicht bedienen, sondern zur Selbständigkeit anregen.»

In der ersten großen Phase von null bis zu etwa sechs Jahren wird die Intelligenz, «das große Werkzeug des Menschen», geformt, und es werden die wichtigsten psychischen Fähigkeiten entwickelt. Dabei ist das Kind zu einem enormen Maß an Willensanspannung in der Lage. Lange bevor es sprechen oder laufen kann, beginnt es selbständig zu handeln. Es greift nach dem Löffel, um allein zu essen. Das gelingt vielleicht noch nicht, aber die Erwachsenen, die ihm helfen wollen, werden zurückgeschoben. Erst wenn sein Aktivitätsdrang befriedigt ist, nimmt es Hilfe an. Das Kind mag rundum beschmiert sein, aber das strahlende kleine Gesicht zeigt das Glück über die gelungene Anstrengung. Montessori meint, dass von den Erwachsenen dieses Opfer für eine intelligente Leistung gebracht werden sollte. Und wenn das Kind schließlich allein sauber isst, stelle das «einen Triumph des kindlichen Geistes dar»[66].

Im Übrigen verstehen die meisten Kinder etwa im Alter zwischen einem und zwei Jahren, auch wenn sie selbst noch nicht richtig sprechen können, schon viel von dem, was man ihnen sagt und ihnen an Anregungen gibt, dies oder jenes selbst zu tun oder hier besonders vorsichtig zu sein. Der Gehirnforscher John C. Eccles sagt es so: «Ein zwei Jahre altes Kind besitzt bereits ein Gefühl für Sprache hinsichtlich der Bedeutung und Intention.»[67]

«III. Das Kind ist äußerlichen Einwirkungen gegenüber viel empfänglicher, als wir glauben: Wir müssen in unseren Beziehungen zu ihm sehr behutsam sein.»

«Meistens bemerken wir erst dann, dass wir ein Bedürfnis des Kindes nicht befriedigt haben, wenn uns seine Tränen darauf aufmerksam machen, und dann beeilen wir uns, den kleinen Weinenden zu trösten.»[68]

Ein kleines Kind kann sich eigentlich nur durch Weinen und Lachen oder Lächeln ausdrücken, kurz nach der Geburt nur durch das Weinen. Das ist nicht nur für Montessori, sondern auch für die dreißig Jahre jüngere Kinderärztin und Pädagogin Emmi Pikler ein wichtiges Thema. Weinen deutet bei Montessori möglicherweise darauf hin, dass dem Kind sein Bedürfnis nach Aktivität versperrt worden ist, das glückliche Lächeln dagegen auf ein «befriedigtes geistiges Bedürfnis». Vielleicht ist aber auch seine Ruhe und Gleichmäßigkeit gestört, oder es «stürmt eine Menge verworrener Eindrücke auf es ein, die meist so schnell aufeinander folgen, dass das Kind nicht die Zeit hat, sie aufnehmen zu können. Das Kind weint dann, so wie es weint, wenn es Nahrung braucht oder wenn es zu viel gegessen hat ...»[69] Nach Emmi Pikler könnte es dem Baby zu kalt oder zu warm sein, könnte es hungrig sein, oder die Kleidung könnte drücken oder scheuern. Das seien Gründe, die man ändern könnte und sollte. Aber beide sind sich einig darin, dass man gegen das Weinen an sich gar nichts tun sollte. Denn wenn das Kind erst erfahren hat, dass es sich «alles erweinen» kann, beginnt – so Montessori – das «ermüdende Ringen zwischen Erwachsenen und Kind. Man wiegt das Kind, man schläfert es ein» ... und bemerkt zum Beispiel nicht «die ersten Anzeichen, dass es ein geselliges Wesen sein möchte»[70], dass es am Leben der Erwachsenen teilnehmen möchte. Besonders abends, wenn die Familie zusammenkommt und es «spannend» zu werden verspricht, soll das Kind ins Bett. Wen wundert es, dass es nun umso mehr weint.

Auch ein anderes Beispiel Montessoris halte ich für wichtig. Wenn man einem Kind, dem etwas wehtut, sagt: «Da ist ja gar nichts», oder: «Das ist ja nicht so schlimm», leugnet man seinen Eindruck, sein Gefühl von Schmerz, für den es eigentlich Bestätigung und Teilnahme haben möchte.

Solche Beispiele sind selbstverständlich keine Rezepte, die immer und überall gelten. Sie sollen lediglich dazu anregen, das eigene Verhalten den kleinen Kindern gegenüber immer wieder in Gedanken durchzuspielen und sie genau zu beobachten. Von allgemeinerer Gültigkeit ist hingegen dieser Satz Montessoris: «Es ist nicht notwendig, vor den Kindern vollkommen zu erscheinen, es ist aber notwendig, dass wir vor ihnen unsere Fehler erkennen und ihre Bemerkungen geduldig hinnehmen. Wer diesen Grundsatz anerkennt, wird sich gleichsam bei den Kindern entschuldigen, wenn er ungerecht gewesen ist.»[71]

Sensible Phase der Bewegung

Über die Bedeutung der sensiblen Phasen in der Entwicklung wurde schon gesprochen: Es sind optimale Lernzeiten, während deren bei geringer Anstrengung jeweils bestimmte Fähigkeiten erworben werden können. Montessori hat drei solche sensiblen Phasen hervorgehoben: Bewegung, Ordnung und Sprache. Wie wichtig die Bewegung besonders für die Entwicklung der Intelligenz ist, wurde bereits im Kapitel «Die Verbindung von Medizin und Pädagogik und woran es unserer Pädagogik häufig mangelt» ausgeführt. Hier geht es jetzt speziell um die frühkindliche sensible Phase der Bewegung.

Das Neugeborene hat großen Bewegungsdrang; es bewegt sich fast unablässig, teils unkoordiniert, teils aufgrund seiner Reflexe. Der Such- und Saugreflex beispielsweise ist zunächst für das Überleben wichtig. Der Säugling muss sich aber auch sogleich eine ganze Reihe von Bewegungen aneignen: das Strecken der Arme und Beine, im Kampf gegen die Schwerkraft die Bewegungen des Kopfes stabilisieren und schließlich den Kopf heben können. Dann kommt das Rollen vom Bauch auf den Rücken und wieder zurück, die Koordination von Sehen, Greifen, Loslassen mit den Händen. Die nächsten Fortschritte sind das Robben und Kriechen bis zur Fähigkeit, aufrecht zu sitzen. Gänzlich wird die Schwerkraft beherrscht, wenn das Kind stehen und gehen kann. Doch, wie Montessori sagt: «Auch beim Kind müssen sich noch vor den Bewegungen psychische Entwürfe bilden. Somit liegt der Beginn der kindlichen Tätigkeit auf psychischem Gebiet und nicht in der Bewegung. ... die Bewegungen müssen nach der Anleitung des psychischen Lebens geschaffen werden.»[72] Der Philosoph Karl R. Popper meinte im Gespräch mit dem Gehirnforscher Eccles, ein Säugling habe «schon auf dieser Stufe Erwartungen oder ein angeborenes Wissen, ... ohne das die einlaufenden Sinnesdaten sich niemals zu Wahrnehmungen, Erlebnis und Erkenntnis kristallisieren würden. Ich nehme an, dass die in den allerersten Lebenstagen einlaufenden Sinnesdaten ziemlich chaotisch sind und nur allmählich organisiert und gedeutet werden.»[73]

Ausgangspunkt für eine neue Errungenschaft des ganz kleinen Kindes ist zunächst wohl noch ein Reflex; er wird im andauernden Üben ersetzt durch die körperliche Beherrschung dieser einen Bewegung, die dann auch vom Willen gesteuert werden kann. Schwierig wird es allerdings, wenn ein Reflex, zum Beispiel der zum Robben, nicht «abgearbeitet» wird und verschwindet, weil das Kind irgendwie daran gehindert wurde und nun schon andere Fähigkeiten da sind, vielleicht durch forcierte Übungen der Eltern.

Dann macht sich die Kopplung der Motorik an das Gehirn bemerkbar, denn es werden im Kopf die verschiedenen motorischen Systeme der Reflex- und Willenssteuerung gleichsam durcheinander geworfen, die «sensomotorische Integration» ist gestört. Die Folge können Unruhe, Überaktivität, Lernstörungen sein. Wahrscheinlich hilft da am ehesten der von Montessori generell bei Fehlern vorgeschlagene Weg, nämlich noch einmal zu dem Punkt zurückzugehen, an dem der Fehler seinen Anfang hat, hier also bis zum Robben, und dann mit dem Kind die einzelnen Schritte nochmals abzuarbeiten.[74]

Von «großer Bedeutung für die Entwicklung des Kindes ist seine *eigene spontane Bewegung.* Das Kind kann nur aufpassen oder denken, wenn es sich bewegt.»
(M. M.: Grundlagen meiner Pädagogik, S. 13)

«Je mehr das Kind Herr über seinen Körper wird, desto mehr erweitert sich auch sein Aktionsradius. Es macht Erfahrungen mit angenehmen und unangenehmen Eigenschaften der Dinge, die es in seine Handlungen mit einbezieht. Es gewinnt räumliche Vorstellungen. Es erfährt Grenzen und Begrenzungen.»[75]

Aber nicht nur das: Als Erwachsener kann man sich kaum noch vorstellen, wie sehr sich das Gesichtsfeld erweitert, wenn das Kind plötzlich auf seinen Füßen steht, wenn es weglaufen und selbst in die Welt hineingehen kann. Montessori fand, das sei wie «die Befreiung aus einem zweiten Gefängnis»[76]. Das Kind erobert sich ein großes Stück Unabhängigkeit.

Mit dem vergrößerten Aktionsradius braucht das Kind mehr Gelegenheiten und Herausforderungen zur Aktion, auch um seine Motorik weiter zu verfeinern und zu koordinieren. «Die Umgebung des kleinen Kindes muss die Welt sein, die Welt, die es umgibt, alles in ihr ... Es muss unter den Menschen leben, deren Gebräuche und Gewohnheiten es sich aneignen soll.»[77] Das in der Familie aufwachsende Kind wird nach Montessori, wenn man es lässt, aktiv an den Tätigkeiten der Eltern teilnehmen oder sie nachahmen, so beim Kuchenbacken, Waschen, Bügeln, Wohnungsaubermachen, Autosäubern, Gartenarbeit usw.

«Man gibt ihm Gegenstände, die im Verhältnis zu seiner Kraft und seinen Möglichkeiten stehen, und eine Umgebung, in der es sich bewegen, sprechen und einer konstruktiven, intelligenten Tätigkeit zuwenden kann. Das alles scheint inzwischen selbstverständlich zu sein, aber als wir diese Auffassung erstmals vortrugen, war man überrascht. Als wir für die Kinder von drei bis sechs Jahren eine Umgebung vorbereiteten, die im rechten Verhältnis zu ihnen stand, damit sie dort als Herren im eigenen Haus leben könnten, rief das Verwunderung hervor. Die kleinen Stühle, Tische, das winzige Essgeschirr und Badezubehör und die realen Handlungen wie Tischdecken, Abwaschen, Kehren und Staubwischen, die Übungen, sich selbst anzuziehen …»[78]

Montessori hatte diese Art der «Übungen des praktischen Lebens» erst für die Kinder von drei Jahren an vorgesehen. Heute gibt es in vielen Ländern, allerdings weniger in Deutschland, auch Montessori-Einrichtungen für kleine Kinder. Wo man die Versuche schon mit kleineren Kindern gemacht hat, zeigt sich, wie gern bereits die Zweijährigen praktische und nützliche Dinge tun.

Für die Kinder im Kindergarten – im «Kinderhaus», wie es bei Montessori heißt – gibt es eine ganze Reihe von solchen «Übungen des praktischen Lebens».

- Es beginnt mit den Übungen, sich selbst an- und auszuziehen. Von Behinderten wissen wir, dass es ein wichtiges Stück Unabhängigkeit für sie ist, wenn sie das selbst können. Nicht anders ist das bei den Kindern, abgesehen von dem immensen Zeitaufwand für die Betreuerinnen, wenn sie die Kinder täglich an- und ausziehen müssten. Aber lernen muss man das.
- Dazu gehört auch, den Frühstücksapfel oder vielleicht die Gurke zu schneiden, die mittags in den Salat soll. Dreijährige können das hervorragend – wenn man es ihnen in Ruhe und langsam gezeigt hat. Kleine Kinder haben ein sehr gutes Gedächtnis für die Nachahmung von funktionellen Bewegungen.
- Eine Standardübung ist das Gießen von einem Gefäß in ein anderes, vielleicht zuerst mit Sand oder Reis und dann mit Flüssigkeiten. Die dazu erforderliche Bewegungskoordination muss geübt werden. Was bei Piaget zu den Reifetests zählt, nämlich eine konstante Menge Flussigkeit in Gefäße mit unterschiedlichem Querschnitt zu gießen (und zu erkennen, dass die Menge konstant bleibt), gehört bei Montessori zu den praktischen Übungen.
- Beim Putzen – Fenster putzen, Metall putzen, Schuhe putzen – ist meis-

tens die pure Bewegungs- und Funktionslust das Wichtigste für die Kinder, weit weniger der eigentliche Zweck. Darum kann dasselbe Fenster selbstverständlich immer wieder geputzt werden.

- Es ist auch nicht so leicht, einem kleinen Kind zu zeigen, wie es eine Kerze anzünden kann. Wie bei all diesen Übungen muss der Erwachsene auch hier zunächst für sich selbst den Bewegungsablauf genau analysieren und sich bewusst machen. Erst dann kann er ihn dem Kind zeigen, möglichst ohne dabei zu reden, damit das Kind sich ganz auf das Zusehen konzentrieren kann.

Spätestens hier muss ich mit dem Einwand besorgter Eltern rechnen: «Messer, Gabel, Schere, Licht sind für kleine Kinder nicht.» Stimmt das? In der Praxis bedeutet das vor allem, dass Sie die Kinder nicht unbeobachtet mit solchen Dingen hantieren lassen sollen. Vieles in ihrem Leben können Kinder selbst ausprobieren, aber da, wo es gefährlich werden könnte, sollte man ihnen geduldig und langsam zeigen, wie man das Messer oder das Streichholz hält. Es ist gefährlicher, wenn Kinder heimlich damit herumspielen. Es nützt auch nichts, den Kindern zum Beispiel stumpfe Werkzeuge zu geben. Verletzungen damit werden schlimmer. Das Bügeleisen aus dem Spielzeugladen ist ebenfalls nicht geeignet, weil es seine Funktion nicht erfüllt. Ein kleines Reisebügeleisen befriedigt die Kinder – nach sorgfältiger Anleitung – viel mehr, weil damit das Tuch wirklich glatt wird. Wenn allerdings eine Mutter dagegen protestiert, dass ihr Kind das Waschbecken im Kinderhaus nach Gebrauch sauber wischt, weil es doch nicht zur Putzfrau ausgebildet werden solle, hört die vernünftige Argumentation auf …

Die «Übungen des praktischen Lebens» – es gibt natürlich noch viel mehr Beispiele – dienen überwiegend dem Training der Feinmotorik und üben nützliche Fertigkeiten ein. Sie zeigen dem Kind auch, dass es etwas von dem, was die Erwachsenen können, ebenfalls kann. Aber die Kinder müssen sich natürlich auch mal tüchtig austoben können. Zu jedem gut eingerichteten Kinderhaus gehört ein Spielplatz und am besten auch ein Freigelände, auf dem die Kinder mit ihren Dreirädern, Tretautos oder Ähnlichem herumfahren können. Es werden viele Ausflüge gemacht, in den Wald oder Park, aber auch dorthin, wo die Kinder etwas vom Berufsleben der Erwachsenen sehen und erleben können, soweit das heute noch anschaulich erfahrbar ist.

Doch das ist schon ein Vorausblick in die Phase der Drei- bis Sechsjährigen. Die sensible Phase für Bewegung ist dann auch noch nicht gänzlich vorbei, aber sie bekommt neue charakteristische Merkmale. Für die erste Teilphase der bis zu Dreijährigen jedenfalls lässt sich zusammenfassen, dass gerade für die ganz kleinen Kinder ein Mangel an Bewegung, die Verhinderung oder Einschränkung von Bewegungen nicht nur zu Mängeln in der körperlichen, sondern auch in der intellektuell-geistigen Entwicklung führen können. So genau wie das heute Kinderärzte und Pädagogen diagnostizieren können, hat Maria Montessori das wohl noch nicht gewusst. Aber die Zusammenhänge hatte sie erkannt – und sie hat gewarnt. Der Philosoph Popper hat 1974 im Gespräch mit dem Gehirnforscher Eccles gesagt: «Wenn wir uns also nicht bewegten, würden unsere verschiedenen Sinne sich niemals integrieren und eine Wirklichkeit schaffen.» Eccles hat die frühe Entwicklungsphase des Kindes so zusammengefasst: «Aus Sehen, Berührung und Bewegung schafft es eine geeinte Welt.» Dies nennt er «Lernen durch Teilnahme»[79]. Nichts anderes ist Montessoris «absorbierendes» Lernen.

Sensible Phase der Ordnung

Es steht in fast allen Montessori-Büchern, aber es sollte vielleicht nochmals betont werden: Mit Ordnung ist hier nicht das aufgeräumte Kinderzimmer gemeint, das viele Eltern so gern hätten. Gemeint ist hier jene Ordnung, die ein Mensch und zumal ein kleines Kind braucht, um sich in seiner Umwelt zu orientieren. Gründliches Aufräumen zerstört manchmal gerade jene im Unterbewusstsein gespeicherte Ordnung, die es uns erlaubt, mit einem Griff etwas wiederzufinden, was mit systematischem Suchen nicht so leicht aufzufinden wäre. Eine solche innere Ordnung als Orientierungsmuster in das Unterbewusstsein «aufsaugen» zu können gelingt dem kleinen Kind am leichtesten in der sensiblen Phase für Ordnung.

«Kleine Kinder zeigen eine charakteristische Liebe für Ordnung. Im Alter von anderthalb bis zwei Jahren bringen sie bereits deutlich, wenn auch in verworrener Form, das Bedürfnis nach Ordnung in ihrer Umwelt zum Ausdruck. Das Kind kann nicht in Unordnung leben, sie verursacht ihm Pein, und diese Pein äußert sich in verzweifeltem Weinen, unter Umständen in einem dauernden Aufregungszustand ... Ordnung bedeutet, die Lage der Gegenstände im Raum erkennen, sich an die Stelle erinnern, wo jedes Ding sich befindet: Das wieder bedeutet, sich in seiner Umwelt zurechtzufinden und sie in allen ihren Einzelheiten zu besitzen.»[80] Im Weiteren müsste es dem Kind dann gelingen, «eine geordnete Einteilung für seine geistigen Bilder zu finden. Dies ist die erste ordnende Handlung des sich bildenden Geistes.»[81]

Montessori hat in ihrem Buch «Kinder sind anders» zur Erläuterung viele Beispiele gegeben, und auch andere berichten von solchen Situationen.

- Montessori beschreibt eine kleine Szene: Eine Familie mit einem sechs Monate alten Kind bekommt Besuch von einer Dame, die ihren Sonnenschirm auf den Tisch im Kinderzimmer legt. Das Kind gerät in Erregung, beginnt dann zu weinen. Die Dame will daraufhin dem Kind den Schirm geben, weil sie denkt, das Kind möchte ihn gern haben. Das aber weint umso mehr und stößt den Schirm von sich. Was tun? Die Mutter nimmt nun einfach den Schirm weg. Schlagartig beruhigt sich das Kind. Die Ursache für die Aufregung war also der Schirm auf dem Tisch gewesen: Ein Gegenstand, der dort nicht hingehörte und das Bild des Kindes von der gewohnten Ordnung der Dinge in seinem Zimmer empfindlich gestört hat.
- Montessori hat mit den Kindern gespielt, berichtet sie, und die hätten beim Versteckspielen ein Kind hinter der Tür gefunden. Dann hätten sie voller Begeisterung Montessori gebeten, sich auch zu verstecken. Die aber versteckte sich hinter einem Schrank. Die Kinder jedoch suchten sie hinter der Tür und seien schließlich ganz enttäuscht gewesen: «Warum hast du nicht mit uns gespielt, warum hast du dich nicht versteckt?»[82]
- Paula Polk Lillard hat von einem noch nicht ganz zweijährigen Mädchen berichtet, das außer sich geriet, als die Mutter eines Tages nicht wie gewohnt ihren Helm zum Radfahren aufgesetzt hatte.[83]
- Eine Studentin aus einem Montessori-Seminar berichtet: Sie habe wie schon oft dabeigestanden, als ihre Schwester deren Säugling wickelte. Diesmal habe das Kind anders als sonst ganz erbärmlich geweint. Schließlich ging der Mutter ein Licht auf: «Du hast doch sonst immer auf der anderen Seite gestanden.» Als sie wieder dort stand, war auch das Weinen vorbei.

Montessori hat gemeint, dass durch die Sensibilität für Ordnung in den Kindern ein innerer Sinn für Ordnung aufgebaut werden kann, und zwar nicht so sehr, um die Unterscheidung zwischen den Dingen zu üben, sondern um die Beziehungen zwischen den Dingen zu erkennen. Das wäre dann das, was wir heute eine ganzheitliche Sicht nennen. Und darum ist es Montessori in der Tat immer wieder gegangen. Denn nur in einer Umwelt, die dem Kind in ihren Beziehungen und Zusammenhängen bekannt ist, vermag es sich zu orientieren. «Um die Außenwelt kennen zu lernen und sich in ihr zurechtzufinden, bedarf das Kind einer Ordnung, die einen Teil seines Lebens ausmacht … In der Familie muss es einen Platz geben, der nur dem Kind gehört, an dem die Dinge immer an derselben Stelle stehen. Es handelt sich hier … um einen geistigen Besitz des Kindes.»[84]

> «Für das Kind ist die Ordnung das, was für uns der Boden ist, auf dem wir stehen, was für den Fisch das Wasser ist, in dem er schwimmt. Im frühen Kindesalter entnimmt der Menschengeist seiner Umwelt die Orientierungselemente, deren er für seine späteren Eroberungen bedürfen wird.»
> *(M. M.: Kinder sind anders, S. 64)*

Ohne das in diesem Zusammenhang näher auszuführen, hat Montessori zwischen der äußeren und der inneren Ordnung unterschieden. Wenn man hier jedoch ihre Gedanken zur Stellung des Menschen im Kosmos – davon wird in der nächsten großen Stufe der Erziehung die Rede sein – hinzunimmt, wird klar, dass sie auch auf jene alte Philosophie zurückgegriffen hat, in der gelehrt wurde, dass sich im Mikrokosmos des einzelnen Menschen – des einzelnen Kindes – die Ordnung des Makrokosmos abbilden werde, also die Weltordnung der Schöpfung. Dieser Gedanke ist heute wiedergekehrt, wenn wir uns unter dem Stichwort der Ökologie die Naturgesetze zu Eigen machen und ihnen gemäß leben wollen.

Im Kinderhaus und in der Familie hat das alles eine sehr praktische Seite. Die Vielfalt und Fülle des didaktischen Materials braucht eine gegliederte Ordnung. Darum gibt es im Kinderhaus offene Regale, in denen alles seinen festen Platz hat, damit alle zum Beispiel die Geräuschdosen gleich finden können. Für das Wohlbefinden des kleinen Kindes ist es von großer Bedeutung, dass es schnell findet, was es sucht, denn es hat nicht genug Geduld, um lange zu suchen. Auch deshalb gibt es die sensible Phase für Ordnung: um schon frühzeitig dem Kind selbst und den anderen das Leben leichter zu machen. Insofern hat die Ordnung, die hier gemeint ist, auch mit dem aufgeräumten Kinderzimmer zu tun. Aber es muss die Ordnung des Kindes sein, in der es sich zurechtfindet und orientieren kann. Die Vorstellungen der Eltern weichen davon oft ab.

Schließlich aber kann diese kleine geordnete Welt ein geschützter Raum gegenüber der für das kindliche Gemüt ziemlich chaotischen gesellschaftlichen Realität sein. Friedrich Fröbel hatte um seinen Kindergarten einen Zaun gezogen, der das Innere gegen das Außen abschirmen sollte. Aber der Zaun hat zwischen den Latten die Möglichkeit, nach draußen zu schauen, anders als eine Mauer. Statt des Zauns ist bei Montessori die Ordnung der vorbereiteten Umgebung der Raum, in dem sich die Kinder frei bewegen können.

Bei dem Stichwort «Ordnung» ist selbstverständlich auch an die gesellschaftliche Ordnung zu denken. Montessori hat das in anderen Zusammenhängen erörtert, aber wichtig war es ihr durchaus: «Die Betreuung des Kindes muss wirklich als eine soziale Frage behandelt werden.» «Das Kind muss sich die Eigenschaften seiner sozialen Gruppe einprägen, indem es sie nach der Geburt aus der Umwelt absorbiert.»[85] Die Eltern sollten das Kind mitnehmen, sobald es aus dem Haus kann, ihm erlauben, so viel wie möglich von der Welt zu sehen. Wenn Besuch kommt, sollten die Kinder dabei sein, «damit es sehen kann, was wir tun, und unser Wort hören kann». «Man sagt, dass Mütter gesprächig sind. Auch das hilft der Entwicklung und der Anpassung an die Umgebung.» Beim Einkaufen, auf dem Markt …, überall sollte das Kind dabei sein, um die Umwelt zu erleben und zu erfahren, um für spätere Abstraktionen und Reflexionen eine breite Grundlage zu haben.

Es fällt auf, dass die Pädagogik sich kaum weiter mit dieser Frage der Ordnung und der Sensibilität des Kleinkindes dafür befasst hat. Auch in dem gerade erschienenen Handlexikon zur Montessori-Pädagogik hat der Herausgeber keinen Platz dafür vorgesehen. Bewegung und Sprache sind demgegenüber sehr aktuelle und viel diskutierte Themen. So ein Wort wie Ordnung dürfte ohnehin nicht bei allen beliebt sein. Aber zu der Anpassungsleistung, die das kleine Kind von seinen ersten Lebenstagen an vollbringen muss, gehört zweifellos das Sicheinfügen in die Ordnung der gegenständlichen Welt im Raum. Doch außerdem, und das sehen wir heute deutlicher als Montessori, gehört auch das Sicheinfügen in die Dimensionen der Zeit dazu. Raum und Zeit stehen heute für das menschliche Leben in sehr viel engerer Beziehung zueinander. Wir müssen lernen, uns in Raum *und* Zeit zu orientieren, sie uns verfügbar zu machen. Beides sind Leistungen der sich entwickelnden Intelligenz und Selbstorganisation.[86] Also müssen wir nicht nur die Ordnung der Dinge, sondern auch Ordnungen der

Zeit, die Regelungen und das Umgehen mit der Zeit hier mit einbeziehen. Wozu sonst nehmen viele Erwachsene heute an Kursen für Time-Management teil?

Im Übrigen liegen die beiden von Montessori getrennt hervorgehobenen Sensibilitäten für Bewegung und Ordnung in der Realität ziemlich nahe beieinander, eine strikte Trennung lässt sich nicht durchhalten. Dennoch ist es nicht unwichtig zu wissen, dass kleine Kinder auf Störungen ihrer Ordnungen, der Bilder, die sie sich gerade von ihrer Umwelt gemacht und in ihrem Unterbewusstsein verankert haben, so aufgeregt reagieren können. Paula Polk Lillard meint, dass Eltern, die das wissen, weniger gereizt und entrüstet reagieren könnten, wenn ihre Kinder darauf bestehen, bestimmte Gegenstände auf ihren gewohnten Platz zurückzustellen. Später geht es dann etwa in der Mathematik ohnehin sehr klar um Ordnungen, und da mögen dann die frühen Prägungen durchaus hilfreich sein.

Sensible Phase der Sprache

Daran, wie kleine Kinder die Sprache lernen, wird vielleicht das «absorbierende Lernen» noch deutlicher als bei der Bewegung und der Ordnung – das «Lernen durch Teilnahme», wie Montessori es auch genannt hat. Niemand lehrt das Kind die Sprache, auch die Mutter nicht, meinte Montessori: «Die einzige Sprache, die der Mensch perfekt erlernt, ist zweifellos die, die er sich in der ersten Periode der Kindheit aneignet, wenn niemand dem Kind Unterricht erteilen kann … Das Kind hat die Sprache selbst geschaffen: Wenn das Kind nicht diese Kraft hätte und sich nicht spontan der Sprache bemächtigen würde, wäre keine Arbeit in der Welt der Menschen möglich gewesen, noch hätte sich die Kultur entwickelt».[87] Sehr früh «merkt das Kind, dass die geheimnisvolle Musik, die es umgibt und die es tief berührt, aus dem menschlichen Mund kommt. Der Mund und die Lippen erzeugen sie mit ihrer Bewegung … Es beobachtet sie intensiv und versucht, die Bewegungen nachzuahmen.»[88]

Der Gehirnforscher Eccles hat ziemlich ähnlich, wenn auch umfassender, über das Neugeborene gesagt: «In wenigen Tagen lernt es, mit seinen Augen zu folgen, und es lernt sogar die Stimme seiner Mutter zu erkennen, und es selbst orientiert sich auch. Natürlich handelt es in Übereinstimmung mit den instinktiven Trieben eines primitiven Organismus, doch es wächst rasch über diese hinaus. Tatsächlich lernt es sehr schnell, viel schneller, als wir uns vorstellen können. Es setzt Gesehenes zur Bewegung seiner

Hände in Beziehung, indem es die ganze Zeit beobachtet und berührt: Berührtes und Gesehenes, Berührtes und Gehörtes vergleicht usw.»[89]

Montessori wiederum fand es geheimnisvoll, dass das Kleinstkind auf viele Geräusche seiner Umgebung keine Reaktion zeigt, wohl aber auf die menschliche Stimme. Sie meint, das sei die spezifische Sensibilität für Sprache, «eine Konzentration der Sensitivität in den Sprachzentren» des Gehirns, und sie vermutet, dass diese Sensibilität sich schon über den Gehörsinn vor der Geburt ausgebildet habe. das Gehör reagiere in dieser Lebensphase «nur auf besondere Laute: Das gesprochene Wort»[90]. Es bestünde also eine besondere isolierte Ausrichtung der Sensitivität. Nicht die Sprache an sich sei es darum, die den Menschen auszeichne, sondern die Fähigkeit, die Sprache selbst hervorzubringen.

Maria Montessori hat die Entwicklung der Sprache – der gesprochenen Sprache, später folgt die Schriftsprache – ausführlich und zum Teil auch kompliziert erläutert. Ich will versuchen, das zusammenzufassen.

Sie war der Auffassung, dass alle Kinder dieser Erde zunächst eine gleiche Sprachentwicklung durchlaufen und alle Sprachen lernen könnten, einfache Sprachen ebenso wie sehr schwierige. Der schon zitierte Neurowissenschaftler Lothar Pickenhain bestätigt das: «Die Anlage für die Sprachentwicklung besitzt als künftiges Kommunikationsmittel der menschlichen Gemeinschaften ein immens großes Repertoire von möglichen Varianten. So umfasst die genetische Anlage für die Sprachentwicklung des Menschen in rudimentärer Form Elemente für die mögliche Entwicklung aller überhaupt existierenden Sprachen. Das betrifft die Entwicklung von Lauten, Phonemen, Grammatik, Syntax usw.»[91]

So könnten Kinder in Asien zunächst sehr wohl den Unterschied zwischen «r» und «l» wahrnehmen, aber da sie in ihrer Sprache kein «r» hören, absorbieren sie es auch nicht. So kommen dann die manchmal bewitzelten «Sprachfehler» zustande, wenn zum Beispiel Studentinnen aus China bei uns Montesso‹l›i-Pädagogik studieren wollen. Wenn eine europäische Mutter mit ihrem noch ganz kleinen Kind nach China oder Japan auswandern würde, könnte das Kind die dortige Sprache leicht lernen, die Mutter würde sich dagegen ziemlich schwer tun.

Montessori sagte: «Ein neugeborenes italienisches Kind, das in die Vereinigten Staaten von Amerika gebracht wird, wird Englisch mit dem typisch amerikanischen Akzent sprechen und nicht ein Wort Italienisch verstehen. Es ist also das Kind selbst, das die Sprache in sich aufnimmt.»[92]

Die meisten Kinder wachsen in einer einsprachigen Umgebung auf, jedenfalls in den ersten Lebensjahren. Sie absorbieren ihre Muttersprache. Diese Entwicklung findet allerdings nicht allmählich und konstant, sondern in Sprüngen oder Schüben statt. Zuerst kommen einzelne Laute, dann in einem neuen Schub Silben und schließlich Wörter, zunächst nur Substantive. Das Bewusstsein hat mit seiner Arbeit begonnen, das Kind hat entdeckt, dass jedes Ding einen Namen hat. Jetzt folgt – wie Montessori sagt – eine Art Explosion der Wörter. Von allem will das Kind den Namen wissen und fragt und fragt. Zu den Substantiven kommen die Adjektive, die sagen, wie die Dinge beschaffen sind, die Konjunktionen, mit denen Substantive zusammengefügt werden können, und so baut sich mit der Sprachgeläufigkeit schon die Grammatik auf, im Unterbewusstsein, versteht sich.

Und das Kind fragt und fragt, und es ist enttäuscht, wenn es keine angemessene Antwort bekommt.

Niederländische Montessori-Pädagogen haben bestätigt gefunden, dass Kinder erst relativ lange die Sprache hören und sich in die sprachlichen Zusammenhänge einleben, ehe sie selbst zu sprechen beginnen. Dies sei auch später beim Fremdsprachenunterricht wichtig zu wissen.

Noch auf etwas anderes hat Montessori hingewiesen: dass die Sprache ein Kommunikationsmittel ist, hat sich dem Kind längst eingeprägt. Aber wenn es den Erwachsenen etwas zu verstehen geben will und es sich noch nicht sprachlich ausdrücken kann, wird es leicht unruhig und wütend. Das kann auch geschehen, wenn das Kind sich schon ein wenig äußern kann, aber zum Beispiel ein unvollständiges Wort verwendet, die Erwachsenen das aber nicht verstehen. Denn Kinder sind nicht nur sensibel für Sprache und Ordnung, sondern auch für Enttäuschungen. Eltern und alle, die mit kleinen Kindern umgehen, sollten das wissen. Von der so genannten Babysprache bei Erwachsenen hat Montessori – wie kaum anders zu erwarten – überhaupt nichts gehalten. Das sei nur ein Nachäffen der noch nicht gelungenen Versuche und Bemühungen des Kindes, richtig zu sprechen. In der Umgebung von Erwachsenen suche sich das Kind aus deren Sprache genau das heraus, was es für sich und seine Sprache brauchen kann. Das mag etwas zu optimistisch sein, aber ihre Empfehlung, die Kinder nicht isoliert, sondern mit den Erwachsenen zusammen leben zu lassen, «damit sie häufig Gelegenheit haben, eine gepflegte Sprache zu hören», dürfte wohl richtig sein.

«In Belgien haben einige Psychologen die Entdeckung gemacht, dass das Kind zwischen zwei und zweieinhalb Jahren nur zwei- bis dreihundert Worte kennt, während es mit sechs Jahren über Tausende von Worten verfügt. Das alles geschieht ohne Lehrer aufgrund spontaner Erwerbung. Nachdem nun das Kind all dies allein gelernt hat, schicken wir es in die Schule und bieten ihm als große Errungenschaft das Erlernen des Alphabets.»
(M. M.: Das kreative Kind, S. 106/7)

«Mit drei Jahren hat das Kind bereits die Grundlagen zu seiner menschlichen Personalität gelegt.»[93] Damit ist aber die sensible Phase für die Sprache noch nicht zwangsläufig zu Ende, wenngleich die nahezu unbegrenzte Variationsbreite an Möglichkeiten nun schon eingeschränkt ist. Aber Eltern, die mit ihrem drei- bis vierjährigen Kind für lange Zeit ins Ausland gehen, können auch erleben, dass dieses Kind sich die neue Sprache zuerst genau anhört und nach einer Weile einwandfrei sprechen kann. Ich kenne hierfür eine Reihe von Beispielen: Ein deutsches Kind im Ausland wächst bei Eltern und Betreuerin deutschsprachig auf. Aber es hört die andere Sprache und absorbiert sie offenbar. Mit den Kindern auf der Straße werden erste sprachliche Kontakte aufgenommen. Als das Kind dann mit gut drei Jahren in ein Montessori-Kinderhaus kommt, lernt es innerhalb von acht Wochen die neue Sprache mit allen grammatischen und Aussprachenuancen, sodass niemand von den Einheimischen mehr merkt, dass dieses Kind nicht in seiner Muttersprache, sondern in seiner Zweitsprache mit ihnen redet. Die Mutter hat es auch in vielen Jahren mit zahlreichen Kursen nicht ganz geschafft, völlig akzentfrei zu sprechen. Allerdings geht es inzwischen jenem Kind beim Lernen seiner Dritt- und Viertsprache nicht anders als den anderen Schulkindern. Die sensible Phase für absorbierenden Spracherwerb ist vorbei, jetzt geht es nur noch mit methodisiertem Unterricht.

Spätestens an dieser Stelle stellt sich generell die Frage nach der Zwei- und Mehrsprachigkeit bei Kindern. Es gibt da etliche Auffassungen und verschiedene Erfahrungen: Erst die Muttersprache lernen und dann die Zweitsprache? Beide Sprachen parallel nebeneinander lernen, was sicher nahe liegt, wenn die Eltern verschiedene Muttersprachen sprechen? Darauf kann hier jedoch nicht eingegangen werden. Aber die Möglichkeiten des absorbierenden Geistes der kleinen Kinder sollten immer mit bedacht werden.

Zum Schluss dieses Abschnittes über die sensiblen Phasen in der ersten Teilphase von null bis drei Jahren muss die Trennung von Bewegung, Ordnung und Sprache zumindest teilweise wieder aufgehoben werden. Die Sprache entwickelt sich nicht ohne Bewegung der «Sprachwerkzeuge». Mehr noch, in der Körper- und Gebärdensprache entwickeln sich Sprache und Bewegung zugleich. Auch mittels der Sprache und nicht nur mit Hilfe der äußeren Ordnung der Dinge bewältigt das Kind das herandrängende Chaos von Bildern und Eindrücken. Die Sensibilität, dieses Absorbieren von Umwelt, umfasst das soziale Klima in seinen positiven Varianten ebenso wie in seinen negativen, als Liebe und Vertrauen ebenso wie als Schmerz und Enttäuschung.

Die zweite Teilphase: «Kinderhaus» 3 bis 6 Jahre

Diese zweite Teilphase mit Montessoris pädagogischem Programm für die Drei- bis Sechsjährigen – also die Kinderhaus-Pädagogik – ist am bekanntesten. Es war der erste gründlich ausgearbeitete Abschnitt und zudem derjenige, der als das Neue, ja Revolutionäre in vielen Teilen der Welt begierig aufgegriffen wurde. Hiermit wurde Montessori berühmt, aber es war auf das Ganze gesehen doch nur ein Teilstück ihrer Pädagogik. Montessoris erstes Buch «Il metodo della pedagogia scientifica» von 1909 handelt hauptsächlich davon, und sie ist später immer wieder darauf zurückgekommen.

Mit dieser zweiten Teilphase der ersten Stufe der Erziehung kommen wir also zu einem Kernstück der Montessori-Pädagogik. Für Maria Montessori beginnt etwa vom dritten Lebensjahr an – für unseren Sprachgebrauch im Kindergartenalter – der große Schritt in der kindlichen Entwicklung *vom Unbewussten zum Bewusstsein.* Bis dahin war der «absorbierende Geist» die treibende Kraft. Die «unbewusste Intelligenz» des Kindes baute sich auf, in der Auseinandersetzung mit seiner Umwelt hatte das Kind Erfahrungen gesammelt und «Potenzialitäten» für seine Zukunft entwickelt. Es hatte unglaublich viel gelernt, aber überwiegend unbewusst. Ein Indiz dafür sieht Montessori darin, dass sich später kaum jemand an die Lernerfahrungen dieser ersten drei Jahre erinnern kann.

Ein wichtiger Bestandteil im pädagogischen Konzept dieser Teilphase ist neben den «Übungen des praktischen Lebens» und den «Übungen der Stille und der Bewegung» das «Sinnesmaterial». Es ist das von Montessori vielleicht am konsequentesten durchdachte didaktische Material, aber wie so oft bei etwas Neuem, war es zugleich am meisten umstritten. Nicht zuletzt wurde die dem Konzept (tatsächlich nur in Teilaspekten) zugrunde liegende «sensualistische» Psychologie kritisiert. Sie geht auf John Locke und französische Traditionen zurück und folgt der Grundregel, dass in den Verstand nur eingeht, was durch die Sinne wahrgenommen wird. In der heutigen Diskussion etwa um die sensomotorische Integration werden Teile dieser Ansätze wieder aufgegriffen. Der schlichte Satz aus einer heutigen pädagogischen Broschüre: «Die Sinne sind der kürzeste Weg zum Gehirn», hat nach wie vor ein gutes Stück Wahrheit in sich.

In Deutschland ist um Montessoris Kinderhaus-Pädagogik und ihr Sinnesmaterial bald die große Fröbel-Montessori-Kontroverse entstanden, bei der es letztlich darum ging, ob die Fröbel-Pädagogik in Deutschland den Vorrang, wenn nicht gar das Monopol behalten sollte oder ob daneben die (ausländische) Montessori-Pädagogik im deutschen pädagogischen Fühlen und Denken akzeptiert werden und in der Praxis bestehen könnte. Unter Konkurrenzaspekten ist man beiden nicht gerecht geworden. Fröbels «Spielgaben», die in manchem mit Montessoris «Sinnesmaterial» verglichen werden können, sind leider heute so gut wie in Vergessenheit geraten. Aber es lohnt sich außer für die Geschichtsschreibung[94] auch nicht, auf diese inzwischen erledigte Kontroverse noch einmal einzugehen. Die Verdienste Friedrich Fröbels und seine große Bedeutung für die Theorie der Pädagogik und die Praxis der Kindergärten werden jedenfalls überhaupt nicht infrage gestellt, wenn man sich intensiver mit der Montessori-Pädagogik befasst.

In der neuen Entwicklungsphase sollen und müssen nun alle die «absorbierten», im Unterbewusstsein verankerten Erwerbungen und Fähigkeiten verarbeitet, bewusst gemacht, analysiert, angereichert und vervollkommnet werden. Montessori hat in ihrem Spätwerk die Zeit zwischen drei und sechs Jahren eine «Periode der aufbauenden Vervollkommnung» genannt.

«Mit drei Jahren ist es, als ob das Leben von neuem beginne, denn zu diesem Zeitpunkt offenbart sich voll und klar das Bewusstsein ... Das Vermögen des Geistes, ohne Anstrengung aus der Umgebung zu absorbieren, dauert noch an; aber das Absorbieren wird durch eine aktive Erfahrung beim

Anreichern seiner Errungenschaften unterstützt; … auch die Hand wird jetzt zum ‹Greiforgan› der Intelligenz … Es (das Kind) ist ständig beschäftigt, glücklich und hat stets etwas mit seinen Händen zu schaffen.»[95]

Vom «gesegneten Alter des Spiels» hat Montessori in diesem Zusammenhang gesprochen, aber sie hat die «Unzahl von Spielzeugen», die die Spielwarenindustrie herstellt, kritisiert. Man sollte stattdessen dem Kind «Mittel zur Verfügung stellen, die seine Intelligenz anregen». In diesem Sinne war also Montessori durchaus für das Spielen, aber sie fand, dass auch dies «Arbeit» des Kindes an sich selbst sei – wir nennen das heute gern Selbstverwirklichung.

In der kindlichen Entwicklung geschieht also etwa vom dritten Lebensjahr an eine deutliche Veränderung, manchmal allmählich, manchmal mit einem kräftigen Schub, ohne dass man die Altersgrenzen allzu genau nehmen müsste. Aus dem «psychischen Embryo» der ersten Lebenswochen und -monate hatte sich in der Anpassung an die Umwelt und in der Wechselwirkung mit ihr Schritt um Schritt der «unbewusste Schöpfer» herangebildet, und nun vollzieht sich der Übergang zum «bewussten Arbeiter».[96] So hat Montessori es ausgedrückt.

Damit entstehen auch neue Sensibilitäten, optimale Lernphasen, die jetzt die handfesteren Bedürfnisse der Kinder steuern:

- durch eigene Aktivitäten das Bewusstsein zu entwickeln und zu erweitern, mehr Unabhängigkeit und Selbständigkeit zu suchen;
- die schon vorhandenen Errungenschaften zum Beispiel an Bewegungen, Ordnung und Sprache zu vervollkommnen und auszubauen;
- sich vermehrt anderen Kindern zuzuwenden und sich dort in «Kohäsionsgemeinschaften» zusammenzufinden (Gruppen mit gemeinsamen Interessen und eher lockerem Zusammenhalt, die aber nicht im strengen Sinne integriert sind).

Das Kinderhaus

Etwa dreijährige Kinder haben zunehmend Lust und Neigung, auch für längere Zeit mit anderen Kindern zusammen zu sein und die Welt anders als nur zu Hause kennen zu lernen, zu erforschen. Diese Einsicht von Maria Montessori ist für uns heute nicht so neu, damals war es einer der Ausgangspunkte für die Einrichtung des «Kinderhauses», der Gesellschaft von kleinen Kindern inmitten der Gesellschaft der Erwachsenen.

Die Welt sollen die Kinder kennen lernen, ihre zukünftige Welt. Das kann so direkt niemand arrangieren, aber Montessori wollte den Kindern verschiedene «Schlüssel zur Welt» geben, sie ihnen gleichsam bereitlegen. Dazu hat sie eine «vorbereitete Umgebung» entworfen. Zugleich sollte diese pädagogisch vorbereitete Umgebung Mittel und Wege zeigen, um die Intelligenz der Kinder anzuregen und weiterzuentwickeln. Und die Kinder sollten sich, weil sich jedes Kind, jede Intelligenz individuell verschieden entwickelt, in dieser vorbereiteten Umgebung nach eigenem Bedürfnis und Interesse frei bewegen können. Sie sollten ihre Arbeit selbst wählen und auch selbst bestimmen können, wie lange sie an dieser oder jener Arbeit bleiben wollen. Dafür hat sich heute das Wort «Freiarbeit» eingebürgert.

Das ganze Kinderhaus ist eine *«vorbereitete Umgebung»*: Der Raum mit den für die Kinder in Größe und Funktion angemessenen Möbeln, mit offenen, übersichtlichen und jederzeit zugänglichen Regalen, mit einer Küche, mit den sanitären Einrichtungen – alles in den Abmessungen passend für die Kinder –, mit einer Umgebung draußen, die viele Bewegungsmöglichkeiten bietet, und nicht zuletzt mit den Menschen, die dort mit den Kindern zusammenleben. In der aktuellen Pädagogik-Diskussion wird es sehr hervorgehoben, wie bedeutsam für das Lernen der «Lernort», also der Raum ist, in dem die Kinder lernen. Montessori war auch darin ihrer Zeit um einiges voraus.

Den im engeren Sinne didaktischen Teil der vorbereiteten Umgebung, das «materialisierte Curriculum», kann man in sechs Hauptbereiche gliedern:

- Materialien für die Übungen des praktischen Lebens
- Materialien für kulturelle Aktivitäten (malen, zeichnen, formen, bauen, musikalische und rhythmische Übungen usw.)
- «Sinnesmaterialien», die die Gesetzmäßigkeiten der realen Welt reflektieren
- Materialien für die Anfänge der Mathematik
- Materialien für die Anfänge des Schreibens und Lesens
- Einrichtungen für die Übungen der Bewegung und der Stille

Im Kinderhaus erleben sich viele Kinder das erste Mal in einer größeren Gruppe, herausgelöst aus ihrer bisherigen Umgebung. Viele Montessori-Pädagogen halten eine Gruppengröße von 25 Kindern mit zwei Erwachsenen, zum Beispiel einer Leiterin und einer Helferin, für günstig. Das Kinderhaus ist deshalb eine Einrichtung, in der soziale Regeln gelten. In einer so großen Gruppe müssen die Kinder lernen, miteinander auszukommen,

sich gegenseitig zu respektieren, sich nicht zu stören und sich darüber zu verständigen, wer sich wann mit welchem Material (und wie lange) befassen darf, weil jedes Material nur einmal vorhanden ist. Das ist für so kleine Kinder eine nicht ganz leichte Aufgabe. Dazu müssen sie zunächst einmal gelernt haben, miteinander zu reden und Konflikte verbal zu lösen. Das braucht seine Zeit.

Dieser Lernprozess wird erleichtert, wenn es sich – sehr wichtig – um *altersgemischte Gruppen* handelt, bei denen immer nur einige Kinder neu dazukommen, während andere von Jahr zu Jahr ausscheiden. Die Kinder regeln dann das soziale Zusammenleben am besten selbst. Jedenfalls gehört eine zielgerichtete Sozial- und Gruppenpädagogik nicht zur Montessori-Pädagogik. Damit ist nicht ausgeschlossen, dass die Erwachsenen regulierend eingreifen, aber das wird längst nicht so oft erforderlich. Selbstverständlich muss der Stil der Konfliktregulierung durch die Erwachsenen genau dem entsprechen, der von den Kindern erwartet wird: verbal, leise, geduldig, verständnisvoll und mit Respekt. Die Art, wie Erwachsene mit Konflikten umgehen, hat für Kinder in diesem Alter Modellcharakter. Die Kinder absorbieren und kopieren spontan das Verhalten der Erwachsenen. Eltern mögen sich mal ansehen, wie sich ihre Kinder in diesem Alter streiten und ob sie dann nicht wie in einem Spiegel sehen, wie sie sich selbst streiten.

Ein ganz anderer Gesichtspunkt ist für die Kinderhaus-Pädagogik ebenfalls von großer Wichtigkeit. Es gehört zu den pädagogischen Grundsätzen und jedes Kind hat den Anspruch darauf, dass die Leiterin ihm – ganz für sich – zeigt, was man mit einem bestimmten Material machen kann und wie man damit umgeht. Es bekommt also seine ganz persönliche Einführung. Wenn andere Kinder dabei zugucken, schadet das nichts. Aber so weiß jedes Kind, dass es mehrmals in der Woche die Leiterin ganz für sich hat. Darauf legen die Kinder auch großen Wert, und es kann durchaus sein, dass sich ein Kind zu Hause beklagt: «Sie hat mir schon ganz lange nichts mehr gezeigt.» Das kann beides heißen: Ich möchte mal wieder etwas Neues lernen, oder ich brauche dringend den ganz persönlichen Kontakt. So kleine Kinder können nicht nur in der Kindergruppe leben, sondern müssen immer mal wieder – bildlich oder tatsächlich – vom vertrauten Erwachsenen auf den Schoß genommen werden.

Was machen währenddessen die übrigen 24 Kinder? Wenn alles gut eingespielt ist, beschäftigen sie sich selbst mit einem anderen Material, erzählen sich etwas mit anderen Kindern, suchen den Kontakt zur Mitarbeiterin, damit die ihnen vielleicht hilft, oder manche tun einfach mal nichts. Sie wissen ja, dass die Leiterin bald auch wieder für sie Zeit hat. Das ist dann der Zustand, den Montessori «*Normalisierung*» genannt hat: Die Kinder verhalten sich ruhig und unaufgeregt, beschäftigen sich nach ihrem eigenen Bedürfnis und verhalten sich wie ganz normale Menschen, vorausgesetzt, dass die vorbereitete Umgebung genügend Anregungen zur selbständigen Beschäftigung bietet.

In ihrem Frühwerk hat Montessori, in direkter Anknüpfung an Séguin[97], großen Wert darauf gelegt, dass die Methode, einem Kind etwas Neues zu zeigen, eine präzise Abfolge hat. In der Montessori-Ausbildung von Erzieherinnen und Lehrerinnen heißt diese Methode die «*Dreistufenlektion*»[98].

- 1. Stufe: Die Leiterin zeigt beispielsweise den größten Würfel des «rosa Turms» (davon später mehr) und sagt: «Der ist groß.» Dann zeigt sie den kleinsten Würfel: «Der ist klein.» Es wird somit eine Assoziation, also eine psychische Verknüpfung von Sinneswahrnehmung und Wort (Begriff) hergestellt. Gegenstand und Wort sollen miteinander verknüpft in das Bewusstsein eingehen.
- 2. Stufe: Die Leiterin nennt erneut den Begriff und sagt: «Gib mir ‹groß›» und dann: «Gib mir ‹klein›.» Das Kind soll die Gegenstände,

hier den großen und den kleinen Würfel, je für sich wiedererkennen und das Erkennen in Bewegung umsetzen (gib mir ...). Der passive Wortschatz wird erweitert und gefestigt; in diesem Fall sind es die Wörter ‹klein› und ‹groß›.

- 3. Stufe: Die Leiterin zeigt auf den Gegenstand und fragt nach dem zugehörigen Wort. Jetzt soll das Kind selbst das Wort nennen, wobei die Leiterin das Wort vielleicht noch einmal wiederholt und das Kind wiederum bittet, den Namen zu sagen. Das Gelernte soll jetzt in den aktiven Wortschatz übergehen.

Bei Montessori heißt das «Die Lektion der drei Zeiten»:

- 1. Zeit: Assoziation von Sinneswahrnehmung und Namen
- 2. Zeit: Wiedererkennen des dem Namen entsprechenden Gegenstandes
- 3. Zeit: Erinnern an den dem Gegenstand entsprechenden Namen[99]

Das sieht wie ein starrer Mechanismus aus. Montessori hat darauf verwiesen, dass sich diese Methode bei Séguins Arbeit mit geistig zurückgebliebenen Kindern bewährt habe. Aber in der Praxis wird nicht selten das Kind schon bei der zweiten Stufe den Namen nennen, also den zweiten und dritten Schritt in einem tun. Dagegen spricht eigentlich nichts, wenngleich eine Lehrerin berichtet hat, dass gerade der zweite Schritt des Wiedererkennens für das Behalten im Gedächtnis besonders wichtig sei. In der Tat befindet sich hier die Stelle für die «sensomotorische Integration»: Gegenstand, Name und Bewegung kommen zusammen. Es könnte aber auch der Schritt auf die zweite Stufe noch nicht gelingen, und dann geht es ohne Frust («Das ist falsch!») nochmal zurück zur ersten Stufe. Wichtig ist aber in jedem Fall die methodische Sorgfalt, mit der hier vorgegangen wird, auch wenn es verschiedene Wege gibt. Wir wissen ja, dass Kinder, die es mit dem Lernen schwer haben, methodisch präziser begleitet werden müssen, und für die vielen Kinder aus anderen Ländern, die bei uns leben, ist das ebenfalls eine Hilfe.

Übungen des praktischen Lebens

Das Kinderhaus wird von Kindern und Erwachsenen gemeinsam bewirtschaftet. Daraus ergibt sich schon ein großer Teil der Übungen des praktischen Lebens. Wie das kleine Kind nach Montessoris Vorstellungen am Leben der Familie weitgehend teilhaben und sich Tätigkeiten wie waschen oder kochen nachahmend aneignen sollte, werden die Kinder jetzt an der

Bewirtschaftung des Kinderhauses direkt beteiligt: fegen, wischen, putzen, bei der Zubereitung des Essens einzelne Aufgaben übernehmen wie Gurken oder Äpfel schneiden, Brötchen backen, Tisch decken, Geschirr abwaschen, Trockentücher waschen und bügeln. Die Liste ist lang, denn es gehört im Prinzip alles dazu, was zur Bewirtschaftung des Kinderhauses erforderlich ist. Was die Kinder noch nicht können, muss ihnen langsam und präzise gezeigt werden, und es muss ihnen selbstverständlich auch geholfen werden, wo es noch nicht gelingt. Eigentlich verläuft alles so, wie es bereits im vorigen Kapitel beschrieben wurde. Nur werden die Anforderungen von selbst allmählich höher, zumal die Kinder jetzt «als Herren im eigenen Haus leben»[100].

Für viele Kinder beginnt das Leben mit der Montessori-Pädagogik erst mit drei Jahren oder noch später im Kinderhaus. Sie müssen sich dann ganz neu in die vielen praktischen Tätigkeiten hineinfinden. Nach meinen Beobachtungen gelingt das jedoch sehr schnell, zumal wenn die anderen Kinder ihnen zeigen, wie man's macht. Für die Fortgeschritteneren gibt es schwierigere und verantwortungsvollere Aufgaben. Bei meinen Besuchen in einem Kinderhaus servierte mir zum Beispiel ein Junge immer eine selbst zubereitete Tasse Kaffee.

Andere Kinder organisieren das Einräumen des Geschirrs in die neu angeschaffte Spülmaschine.

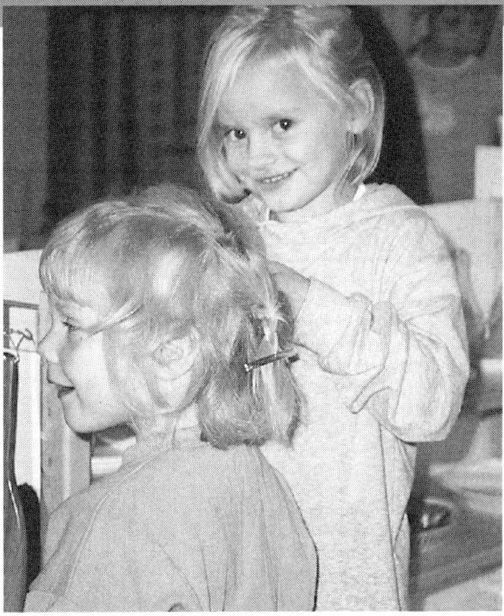

Antriebskraft für die Übungen des praktischen Lebens ist vor allem der natürliche Bewegungsdrang der Kinder. Einerseits werden nützliche Fertigkeiten gelernt, zum anderen werden die Bewegungen geordnet, verfeinert, koordiniert. Auch das vollzieht sich in Schritten oder Stufen. Für jüngere Kinder haben Tätigkeiten wie wischen oder putzen zunächst eher Selbstzweck. Ich habe Kinder Fenster putzen gesehen, bei denen das die pure Bewegungs- und Funktionslust war, denn sauberer hätten die Fenster gar nicht sein können. Erst später achten die Kinder dann mehr auf Genauigkeit, und das Ergebnis wird wichtig. Die Tätigkeiten erweisen sich als nützlich und anwendbar und geben dem Kind das Selbstbewusstsein, etwas zu können, bis sich ihre Arbeiten schließlich als Beiträge zum gemeinsamen Leben in der Gemeinschaft zusammenfügen.

Kulturelle Aktivitäten

Es ist oft an der Montessori-Pädagogik kritisiert worden, dass die Dimension der ästhetischen Kultur zu kurz käme. Montessori wusste das selbst, aber ihr war offenkundig anderes zunächst wichtiger. Im Übrigen ist es eine etwas andere Ästhetik, die zumal in den Kinderhäusern sehr wichtig genommen wird: Ein Kinderhaus muss schön und anheimelnd sein. Die farbliche Gestaltung der Räume und besonders des Sinnesmaterials ist ein bedeutsamer Faktor. Auch die Ordnung im Raum und in den Regalen hat eine ästhetische und nicht nur eine praktische Komponente. Nicht zuletzt gehört die Schönheit der Natur mit Blumen drinnen und draußen im Garten dazu. Außerdem: In Kinderhäusern, die ich kennen gelernt habe, wird viel gemalt, gezeichnet, geformt, gebaut, genäht, gestickt, gesungen, musiziert und manches mehr. Einige der Ergebnisse haben Kinder mir geschenkt. Vielleicht sind die Motive etwas anders, als wir das sonst kennen. Zum Beispiel hat ein Kind an der Staffelei Farbstudien in Rot und Gelb in strengen Linien und nicht in offenen Formen gemalt. Ein Kind hat geometrische Körper in Gips geformt. Ein weiteres Kind hat Dinosaurier mit roten Fleischbatzen und grünen Grashaufen gemalt, um den Unterschied zwischen Fleisch- und Pflanzenfressern deutlich zu machen. Dazu hat es die Namen nicht geschrieben – weil es das noch nicht konnte –, sondern kalligraphisch abgemalt. Die Kinder illustrieren ihre eigenen Geschichten und Erlebnisse und malen und basteln auf vielerlei Weise. Montessori hatte im Übrigen gerade auch das expressive Malen und Zeichnen als eine gute Möglichkeit angesehen, zu einem befreiten Ausdruck zu kommen.

Ein wunderschönes Montessori-Material sind die Holzklötze, aus denen ein «romanischer Torbogen» gebaut werden kann mit jenem Baumeistergeheimnis, das das Einstürzen verhindert. Aus der Geschichte der Kunst und Architektur bekommen die Kinder vor allem in Bildern und Modellen vielerlei Eindrücke, die vorerst auch nicht mehr als Impressionen sein sollen, den Grund für ein ästhetisches Gefühl legen und das Staunen darüber auslösen, was Menschen früher schon an Großartigem geschaffen haben.

Für die Musikpädagogik haben Montessoris langjährige Freundin und Mitarbeiterin Anna Maccheroni und die Pianistin und Mitarbeiterin im Wiener «Haus der Kinder» Elise Herbatschek ein umfangreiches Konzept entworfen und detailliert ausgearbeitet. Es wird oft behauptet, die Musik – ja überhaupt «das Musische» – spiele in der Montessori-Pädagogik keine oder nur eine nebensächliche Rolle, doch das ist durchaus nicht der Fall. Allerdings hat im Laufe der Jahre bei Maria Montessori eine Entwicklung stattgefunden, in der sich das Konzept verändert hat. Zuerst ging es Montessori – noch unter dem Einfluss der Taubstummenpädagogik aus der französischen Tradition – um die Übung des Gehörsinns, die Unterscheidung von Tönen, also um die Gehörsensibilisierung. Dazu kam die rhythmische Erziehung um des musikalischen Rhythmus willen, aber auch um die Feinmuskulatur und die Bewegungskoordination zu trainieren. Das ist später in den Hintergrund getreten, und es ging ihr dann vorrangig um den

Erwerb musikalischer Fähigkeiten und den Zugang zur Musik als Kulturgut. Die Kinder sollten nicht zu spät in ihrer Umgebung anspruchsvolle Musik hören und allmählich Verständnis dafür gewinnen. Die Hörsensibilisierung diente jetzt der Vorbereitung auf die musikalische Bildung, und die Musik wurde nach Auffassung Montessoris für die jungen Menschen ein Weg des Ausdrucks der inneren Persönlichkeit.

In Montessoris Ausbildungskursen hat die Musikpädagogik lange zum festen Bestand gehört, jedenfalls solange Lehrkräfte dafür da waren. Danach ist die Musik aus den Kursen weitgehend verschwunden. Erst vor kurzem haben eine amerikanische und eine deutsche Pädagogin in Archiven das lange Zeit nicht zugängliche und vergessene Material ausfindig gemacht und vermitteln das Konzept jetzt wieder in Kursen an Interessentinnen unter anderem in Europa.[101] Nach meinen Erfahrungen wird in Montessori-Einrichtungen oft gesungen und Musik gehört, in den Schulen wird anhand von Musikbeispielen über Komponisten gesprochen und manches andere mehr.

Das Sinnesmaterial

Die Sinnesmaterialien hat Montessori so konstruiert, dass abstrakte Begriffe in konkrete Formen übertragen werden. Zum Beispiel wird die abstrakte Vorstellung, dass etwas lang/kurz oder groß/klein sei, in konkrete hölzerne Stangen von unterschiedlicher Länge oder Würfel von unterschiedlicher Größe umgesetzt.

Die Kinder haben das in ihren ersten Lebensjahren alles mehr oder minder – je nach Zufall und Gelegenheit – in ihr Unterbewusstsein aufgenommen, «absorbiert», und sie können sich damit zurechtfinden, wahrscheinlich damit umgehen. Nun werden ihre Sinne diese unbewussten Erfahrungen ins Bewusstsein holen, also die Kategorien von Länge und Größe mit den Händen und unterstützt von den Augen wortwörtlich «begreifen». Das wäre dann ein nächster Schritt in der sensomotorischen Integration, die Verkoppelung von Sinneswahrnehmungen und dem Aufbau der Gehirnstruktur. Und zwar geschieht das jetzt in einer bestimmten, durch das Sinnesmaterial vorgegebenen Ordnung, in welcher die wesentlichen Gesetzmäßigkeiten der mit unseren fünf Sinnen wahrnehmbaren Welt repräsentiert sind. Danach – für das Kind vielleicht erst eine ganze Weile später – wird dann als letzter Akt des Umgangs mit dem Sinnesmaterial die Sprache, das Wort, der Begriff mit der sinnlichen Wahrnehmung in

Verbindung gebracht (vgl. die «Dreistufenlektion»). Montessoris Ziel war dabei eine verfeinerte und gesteigerte Aktivität der Sinne. Durch den Kontakt zwischen Sinnen und Bewegung entstünde «eine immer zuverlässigere und reichhaltige Grundlage für die Entwicklung der Intelligenz». Montessori bezeichnete ihr Sinnesmaterial deshalb als «*Entwicklungsmaterial*».[102]

Bei diesen Materialien ging es Montessori zunächst und überwiegend um das Training nur eines Sinnes, und das war der Ansatzpunkt für die meisten Kritiker. Wo bleibt die Ganzheitlichkeit? Dabei ist einiges zu bedenken. In der ersten Phase hatte Montessori einen Teil des Materials von dem französischen Behindertenpädagogen Séguin übernommen und für ihre Zwecke weiterentwickelt. Da Behinderte oft unter dem Ausfall bestimmter einzelner Sinnesfunktionen leiden, erscheint es dabei durchaus vernünftig, auch bestimmte Sinne einzeln zu trainieren. Für die Kinderärztin Montessori war es zudem wichtig, generell zu diagnostizieren, ob alle Sinnesfunktionen der Kinder in Ordnung sind. Davon wird gleich noch die Rede sein. Schließlich wissen wir heute, dass bei uns und unseren Kindern die verschiedenen Sinne unterschiedlich in Anspruch genommen werden. Das Sehen und Hören werden ständig überstrapaziert, dagegen wird vor allem das Fühlen zu wenig herausgefordert. Im Übrigen wird die Ganzheitlichkeit – hier besser Mehrdimensionalität – durchaus nicht aufgelöst, sie wird lediglich auf übersichtliche Einheiten reduziert.

Um von der Arbeit mit den Sinnesmaterialien einen Eindruck zu vermitteln, werde ich einzelne Gruppen der Sinnesmaterialien sowie einige Beispiele etwas ausführlicher vorstellen. Außerdem füge ich einige Zeilen und eins der Gedichte hinzu, die Hans Elsner, einer der bekannten und verdienstvollen Montessori-Pädagogen der ersten Nachkriegsgeneration, zu den Materialien geschrieben hat.[103] *Weit vor der Zeit/die Finger lesen/die Sprache/der Dinge,/die Sprache der Welt.*

Material zur Unterscheidung von Dimensionen

Ziel ist das Erkennen, Begreifen und Begreifen sowie das Benennen der einzelnen Dimensionen *groß/klein; dick/dünn; lang/kurz* und schließlich das Unterscheiden und Umgehen mit den Kombinationen *hoch/niedrig; dick/dünn; groß/klein; schmal/breit.*

groß/klein

Das Material dazu ist der – gelegentlich zum Wahrzeichen der Montessori-Pädagogik stilisierte – «rosa Turm». Er besteht aus zehn massiv hölzernen

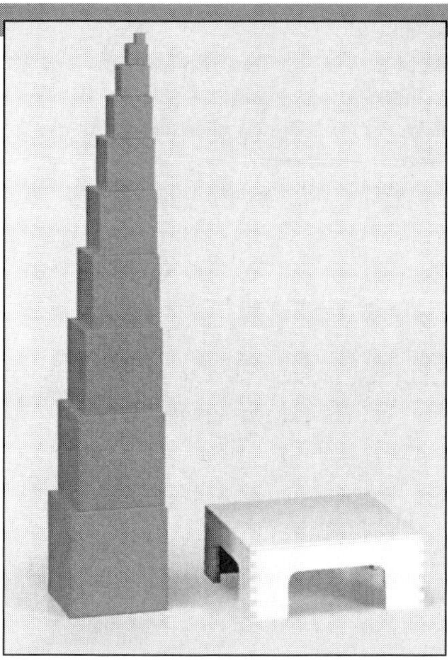

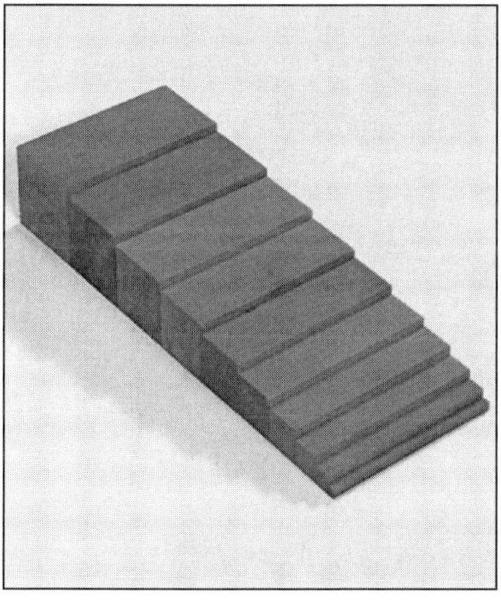

rosa Würfeln (Kuben). Der größte Würfel hat eine Kantenlänge von zehn Zentimetern, der kleinste von einem Zentimeter. Der Turm repräsentiert also das Dezimalsystem in mehrfacher Weise, und die Kinder «begreifen» es mit den Händen, lange bevor sie es im Kopf begreifen. Selbstverständlich kann zuerst der Turm gebaut werden. Mit ein wenig Entdeckerlust und Geduld werden Kinder und Erwachsene bald weitere Variationen gefunden haben und sich gegenseitig zeigen können, in welcher Weise man die Würfel sinnvoll zusammenbauen kann.

Wie bei den anderen Sinnesmaterialien kann auch beim rosa Turm das Kind selbst Fehler im Aufbau kontrollieren. Der kleinste Würfel ist das Kontrollinstrument für den Abstand zwischen den einzelnen Würfeln, wenn die Würfel auf zwei Seiten genau senkrecht stehen. Oder aber der kleinere Würfel muss genau in die Mitte des nächstgrößeren gestellt werden, wozu ein hohes Maß an Konzentration und Handgeschicklichkeit gehört.[104]

Schließlich, wenn das Kind mit dem Turm und seinen vielen Aufbaumöglichkeiten gut vertraut ist, werden die Wort-Begriffe «groß» und «klein» eingeführt, wobei der größte Würfel für «groß» und der kleinste für «klein» steht. Noch schwieriger und reizvoller wird es, wenn man mit dem zweitgrößten Würfel arbeitet, der ja allen nachfolgenden gegenüber groß ist, dem größten gegenüber jedoch klein ist. Daran kann die Relation «größer als» / «kleiner als» per Hand und im Kopf begriffen werden. Auch dazu lassen sich mit einiger Phantasie etliche Variationen herausfinden.

Im Vorausblick auf anderes Material, das später kommt, ist noch nützlich zu wissen, dass der größte Würfel mit seinen tausend Kubikzentimetern in Form und Inhalt dem Tausenderwürfel des «goldenen Perlenmaterials» entspricht, das für die Grundrechenarten zentral wichtig ist. Der kleinste Würfel entspricht der Einer-Perle.

Der rosa Turm

Wie der Stein
in die
ruhende Fläche des Wassers
Kreise schlägt,
so bauen
die Kinder
mit Händen
den Turm
aus hölzernen Kuben
nach dem Maß der Bewegung,
nach der Länge der Kanten,
die zugleich
Gesetz sind
in Freiheit,
die gibt und verlangt.

Welle um Welle
entstehen die Kreise
und tragen
einander,
da hervorkommt
aus dem andern
ein jeder
und wächst.
Wie Kuben
den Turm
Stufe um Stufe
bauen und binden,
so der Spätherbst
die Früchte
entlässt in gültiger Form.

Der größere Kubus
trägt immer
den klein'ren
wie Freunde
im Garten,
wenn die Birnen reif.
So erhebt sich
der Turm
durch die Hand des Kindes,
sie tragen einander,
sie binden die Stufen
und ordnen den Bau.

Hans Elsner

dick / dünn

Diese Dimension lässt sich mit der «braunen Treppe» erfassen. Sie besteht aus zehn massiven, naturholzfarbenen Prismen oder Quadern von zwanzig Zentimeter Länge. Die quadratischen Seitenflächen nehmen wie beim rosa Turm von zehn Zentimeter bis einem Zentimeter ab. Es gibt also einen ganz dicken Quader und einen ganz dünnen. Für kleine Kinderhände sind diese massiven Holzklötze recht schwer, und die Kinder müssen sich wie bei den großen Würfeln des rosa Turms anstrengen, um damit zu hantieren. Das Dezimalsystem ist hier ebenfalls «greifbar» vorhanden. Außerdem passt die braune Treppe in den Abmessungen exakt zum rosa Turm, und so lassen sich mit beiden zusammen reizvolle Form- und Farbkombinationen und vor allem hohe Türme bauen.

Ich bin oft gefragt worden, ob Kinder diese Türme nicht am liebsten «umschmeißen» würden. Eine Mutter, die das auch meinte, habe ich gebeten, ihren Vierjährigen einfach mitzubringen. Mit ihm habe ich einen großen Turm gebaut; die Mutter saß mit gierigen Augen da und wartete auf das «Umschmeißen». Ihr Sohn aber fasste mich bei der Hand und tanzte mit mir um den Turm und sang: «Ich hab 'n großen Turm gebaut, ich hab 'n großen Turm gebaut» und hat dann in aller Ruhe mit mir den Turm wieder abgebaut. Ich habe bisher keine Kinder gesehen, die ihren selbst gebauten Turm umgeworfen hätten, es sei denn aus Versehen. Das «Umschmeißen» muss wohl eine Erwachsenenlust sein.

lang / kurz

Zum Erfahren der Dimension lang / kurz sind die «roten Stangen» da, wiederum zehn Stück; die längste misst einen Meter, die kürzeste zehn Zentimeter. Wie alle diese Materialien sind auch die roten Stangen sehr ange-

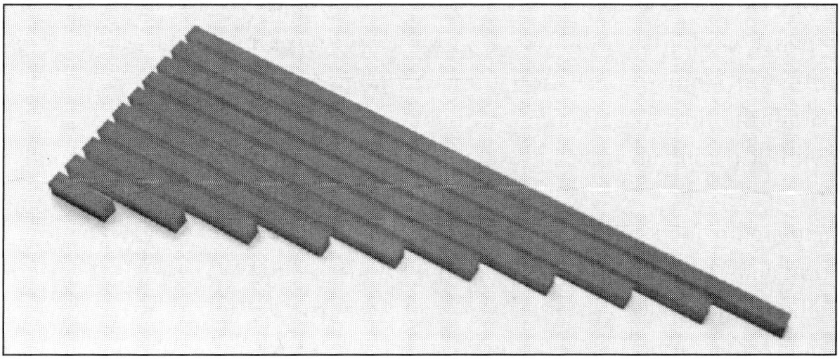

nehm anzufassen, etwa wenn sie in der richtigen Reihenfolge «wie die Orgelpfeifen» von der kürzesten bis zur längsten auf einem Teppich auf dem Fußboden ausgelegt werden. Dabei werden die Längenverhältnisse der einzelnen Stangen untereinander augenfällig und greifbar. Dann sollen die Kinder damit «messen», genau genommen schätzen. Jedes Kind nimmt sich eine Stange, und sie vergleichen untereinander: Ist deine kürzer als meine? Sie sollen Gegenstände im Raum suchen, an die sie ihre Stange genau anlegen können. Oder ein Kind schätzt mit dem Abstand seiner Hände, wie lang die Stange ist, die ein anderes Kind ihm zeigt. Auch hier finden sich viele Möglichkeiten des vergleichenden Messens und Schätzens, und es bildet sich dabei aus, was Montessori den «mathematischen Geist» genannt hat. Natürlich werden im Verlauf der Arbeit auch die Begriffe lang/kurz, länger/kürzer, am längsten/am kürzesten eingeführt und angewendet. Im Übrigen haben die roten Stangen exakt die gleichen Abmessungen wie die blau-roten Stangen, mit denen später der Zahlbegriff eingeführt wird.

hoch/niedrig, dick/dünn, groß/klein, schmal/breit
Diese Kombination von verschiedenen Dimensionen bieten die «Einsatzzylinder». Das sind vier längliche Blöcke aus Naturholz mit Aussparungen (Löchern) für jeweils zehn Holzzylinder, die passgenau in die Löcher eingesetzt werden können. Aber die Hohlräume und die Zylinder verändern sich von Block zu Block. Beim ersten Block verändert sich eine Dimension, das heißt, dass der Durchmesser gleich bleibt, aber die Höhe der Zylinder gleichmäßig abnimmt. Entsprechend werden die Löcher flacher. Bei einem anderen Block verändern sich die Höhe und der Durchmesser usw. in mehreren Variationen. Für die Kinder liegt, wenn sie schon etwas eingeübt sind, ein großer Reiz darin, alle Blöcke zu einem Viereck zusammenzustellen, alle Zylinder herauszunehmen und sie dann – vielleicht sogar mit verbundenen Augen – wieder einzusetzen. Das erfordert viel Konzentration und Geduld. Auch Erwachsene probieren es gern und sind kaum weniger stolz als die Kinder, wenn sie es schließlich geschafft haben. Und meistens gucken dann mehrere andere – Kinder oder Erwachsene – ganz still dabei zu, so faszinierend ist das. Es verwundert deshalb auch nicht, dass Montessori gerade an einem solchen Einsatzzylinder jenes dreijährige Mädchen beobachtet hat, das wie in tiefer Versenkung an die vierzigmal die Zylinder herausgenommen und wieder eingesetzt hat, ohne sich dabei durch irgendetwas stören zu lassen (vgl. Kap. «Das Kinderhaus – Casa dei bambini», S. 176 ff.).

Anzumerken bleibt noch, dass jeder Zylinder einen kleinen Knopf zum

Anfassen hat, von dem sich Montessori sicher zu Recht versprochen hat, dass damit die Feinmotorik für das demnächst fällige Halten eines Schreib- und Malstiftes trainiert würde.

Material zur Unterscheidung von Formen

In der Hauptsache sind hier die geometrischen Formen gemeint. Dafür sind drei große inhaltlich aufeinander bezogene Materialsätze vorgesehen: die «geometrische Kommode» mit flächigen geometrischen Formen, die «konstruktiven Dreiecke» und die «geometrischen Körper». Ich wähle als Beispiel die geometrischen Körper aus.

Die geometrischen Körper sind ein besonders beliebtes Arbeitsmaterial, nicht zuletzt, weil die glatt lackierten blauen Körper so schön anzusehen und angenehm in der Hand zu halten sind. Es handelt sich um neun verschiedene Körper: Kugel, Ellipsoid, Ei, Zylinder, Pyramide, Kegel, Quader, Kubus (Würfel), dreiseitiges Prisma. Beim spielerischen Hantieren ordnen sich bereits einige wichtige Merkmale. Einige Körper rollen, andere kippen, und zwei können rollen und kippen. Diese Wörter können die Kinder schon bald lernen. Vor allem aber kommt es darauf an, die Körper zu betasten, sie auch mit geschlossenen Augen wiederzuerkennen und zu wissen, ob sie rollen oder kippen – oder beides (Überschneidungsmenge) –, und schließlich, wie sie heißen. Beliebt und geeignet ist ein abgewandeltes Memory-Spiel, bei dem die Körper nebeneinander liegen, ein Kind sich das Bild einprägt und nachdem die Körper zugedeckt wurden, sagen soll, welchen Körper ein anderes weggenommen oder hinzugefügt hat.

Einerseits ist erforderlich, dass die Kinder die Formen mit den Augen erkennen und sie sich in ihrem visuellen Gedächtnis einprägen. Andererseits sollten die Kinder – es sei nochmal betont – wie bei den meisten «Sinnesmaterialien» die Form eines Gegenstandes dadurch erkennen und sich einprägen, dass sie ihn mit geschlossenen Augen von allen Seiten berühren und abtasten. Wenn nämlich die Finger oder die Hand einen Gegenstand «umfahren», kommt zu dem Tasteindruck auch der Eindruck einer vollzogenen Bewegung. Montessori hat hier von einem «Muskelgedächtnis» gesprochen.[105] Tatsächlich kommen hier die visuelle Wahrnehmung, der Tastsinn und die Wahrnehmung der Bewegung zusammen und verstärken die «sensorische Integration», von der schon mehrfach als Bedingung für die Ausbildung der Intelligenz die Rede war.

Material zur Unterscheidung von Farben

Alle Kinder zwischen drei und sechs Jahren sollten in unserem Kulturkreis Farben kennen und benennen können. Aber manche können es nicht, weil sie farbenblind, rotgrünblind oder sonst im Farbensehen gestört sind. Da sind die Farbtäfelchen der Kinderärztin Montessori schon vor dem Sinnestraining ein nützliches diagnostisches Hilfsmittel, um auf Störungen aufmerksam zu werden. Wichtig ist die paarweise Zuordnung der gleichen Täfelchen, um zu sehen, ob das Kind darin sicher ist. Ein nächster Schritt kann sein, zu allen Täfelchen die gleichen Farben im Raum wiederzusuchen. Das erfordert viel Probieren und bringt zugleich eine Menge Spaß, zum Beispiel die Kleidung der Leiterin oder der anderen Kinder so genau wie möglich auf ihre Farben hin zu untersuchen. Noch schwieriger und interessanter wird es dann, wenn die Kinder mit Wasser- oder anderen Farben selbst Farbmischungen ausprobieren.

Die Farbtäfelchen können zugleich ein Ausgangspunkt sein – und darin liegt ein großer Reiz – für einen daran anschließenden experimentierenden und gestaltenden Umgang mit Farben. Die Farbtäfelchen bleiben aber immer als Kontroll- und Ordnungshilfe nützlich.

Material zur Unterscheidung von Geräuschen

Die «Geräuschdosen» sind wiederum als diagnostisches wie als didaktisches Material geeignet. Im Umgehen mit diesen Dosen stellt sich schnell heraus, ob ein Kind Hörstörungen hat, um die sich dann ein Arzt kümmern müsste. Wie viele Kinder werden noch immer als «lernbehindert» bezeichnet, nur weil niemand bemerkt hat, dass sie vielleicht jahrelang nicht hören konnten, was in der Schule gesagt wurde. Die Geräuschdosen – zwei mal sechs Holzdosen – sind mit verschieden grob gekörntem Material gefüllt. Beim Schütteln werden damit Geräusche erzeugt, abgestuft auf der Skala von laut/leise. Sechs Dosen haben einen roten, sechs einen blauen Deckel. Zunächst kommt es darauf an, die Extreme von laut und leise herauszuhören. Dann wären die blauen Dosen den entsprechenden roten zuzuordnen, und schließlich ist die Abstufung laut/leise herzustellen, die bei den roten und blauen Dosen gleich ist. Das kann ein Kind tun, oder zwei helfen sich gegenseitig, oder zwölf Kinder suchen sich jeweils ihren Partner. Es gibt noch andere Varianten, die Dosen zu gruppieren. Schließlich werden auch die dazu gehörenden Wörter gelernt: laut, lauter, am lautesten – leise, leiser, am leisesten.

Zu den *Sinnesmaterialien* gehört noch sehr viel mehr: Die Glocken zur Unterscheidung von Tonhöhen auf der Tonreihe C' bis C"; die Tastbretter und der Kasten mit Stoffen zum Unterscheiden von Oberflächen- und Materialstrukturen rau/glatt und grob/fein; die Gewichtsbrettchen zum Unterscheiden von schwer/leicht; die Wärmekrüge zum Unterscheiden von warm/kalt; die Dosen, die mit verschiedenen Duftstoffen gefüllt werden; die Proben zur Prüfung der vier Geschmacksrichtungen süß/sauer und salzig/bitter. Immer geht es zunächst um die Reihung der Abstufungen, die Paarbildung, also die Zuordnung von Gleichem zu Gleichem, und dann um die Weiterarbeit in verschiedenen Variationen.

Anfänge der Mathematik, des Schreibens und Lesens

Eine klare Grenze zu den Sinnesmaterialien lässt sich nicht ziehen; etliche der Sinnesmaterialien enthalten bereits mathematische Grundstrukturen oder dienen dem Training der Feinmotorik für das Schreiben und üben auf vielen Wegen das unterscheidende Sehen für das Lesen. Auch das präzise Fühlen etwa mit den Tastbrettern findet seine Fortsetzung in der Arbeit mit den Sandpapierbuchstaben und Sandpapierziffern, die die erste Stufe des Schreibens bilden. Von daher gibt es in der Montessori-Pädagogik eigentlich auch keine Altersgrenze für den Beginn von Mathematik, Lesen und Schreiben. Das Kind beginnt dann damit, wenn es sich «stark» dafür fühlt, also motiviert ist und sich als genügend vorbereitet empfindet.

Die Mathematik beginnt zum Beispiel schon beim «rosa Turm» und den

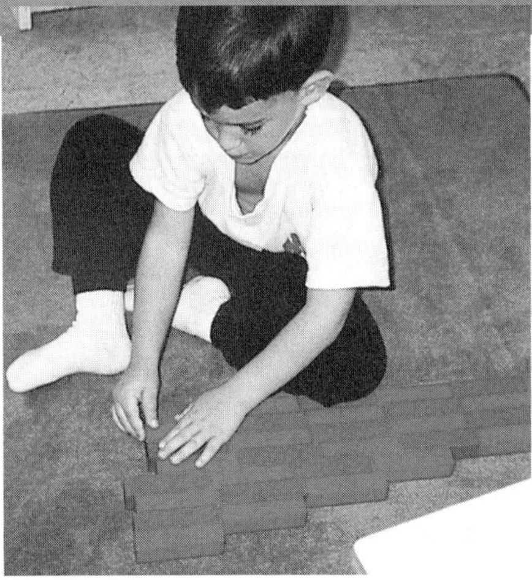

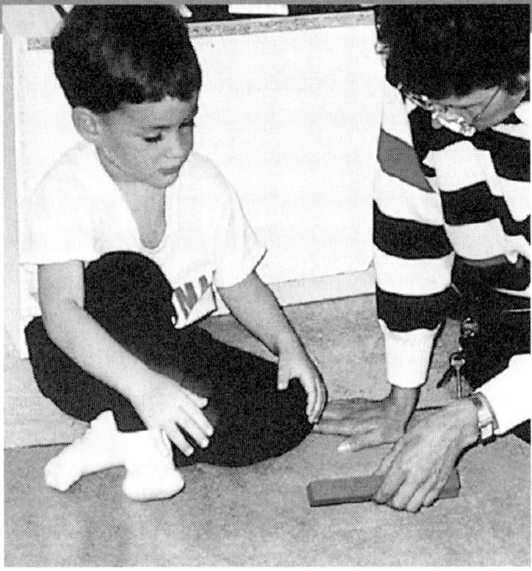

«roten Stangen». Vor allem das Dezimalsystem ist dort vorhanden, und zwar arithmetisch und geometrisch. Die blau-roten numerischen Stangen haben genau die gleichen Abmessungen wie die roten Stangen. Die Farben Blau und Rot wechseln in Abständen von zehn Zentimetern, sodass die Kinder mit den Händen greifend zählen können: Das ist «eins», das ist «fünf» oder «zehn».

Wenn dieses Zählen an den Stangen beherrscht wird – Kinder, die nicht solche Stangen haben, nehmen gern ihre zehn Finger –, werden den Stangen die Ziffern Eins bis Zehn zugeordnet. Bevor die Kinder beginnen, die Ziffern mit einem Stift zu schreiben, werden ihnen die Sandpapierziffern angeboten. Das sind Holzbrettchen, auf denen Ziffern aus Sandpapier aufgebracht sind. Indem die Kinder mit zwei Fingern die Ziffern nachfahren, nehmen sie die Form der Ziffernsymbole durch Sehen mit den Augen und Fühlen mit den Fingern, also mit zwei Sinnen gleichzeitig in sich auf. Dann kommt auf dem dritten Sinneskanal über das Hören der Name «Eins» oder «Fünf» usw. dazu. Bei Unsicherheiten kann wieder auf die blau-roten numerischen Stangen und damit auf das handgreifliche Zählen zurückgegangen werden.

Es sind noch viele Schritte nötig, so etwa das Einführen der Leermenge «null», die Unterscheidung von geraden und ungeraden Zahlen usw. – für jeden Schritt gibt es wieder ein neues Material –, bis mit dem «goldenen Perlenmaterial» die ersten Rechenoperationen (der vier Grundrechenarten) durchgeführt werden können.

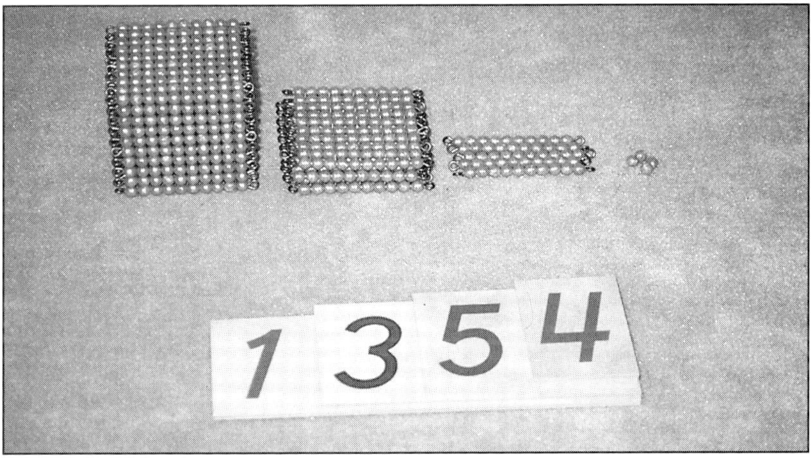

Dieses goldene Perlenmaterial ist das zentrale Material für den Übergang von der ersten Stufe der Erziehung zur zweiten, wir würden sagen, vom Vorschulalter in die Grundschule. Das Material besteht aus:

Block mit 1000 Perlen	Platte mit 100 Perlen	Stange mit 10 Perlen	1 Perle

mit den zuzuordnenden Ziffernsymbolen

1000	*100*	*10*	*1*

Es gibt immer Kinder, die damit schon im Alter von vier oder fünf Jahren anfangen. Daran schließt sich das lineare Zählen an und dann mit Hilfe der Tafeln, die Montessori direkt von Séguin übernommen hatte, der Übergang zum Zahlenraum von 11 bis 99. Das soll in diesem Rahmen genügen, um einen Eindruck zu vermitteln. Um das Vorgehen in allen einzelnen Schritten zu verstehen, ist eine konkrete Einweisung und Ausbildung erforderlich.

Für das *Schreiben* und *Lesen* hatte Montessori eine ganze Reihe von Vorübungen der Feinmotorik vorgesehen. Die Knöpfe an den Einsatzzylindern zum Fingertraining wurden schon erwähnt. Ein wiederum besonders reizvolles Material sind die «metallenen Einsatzfiguren»: zehn quadratische Metallrahmen, aus denen unterschiedliche geometrische Formen ausgeschnitten sind, in die die Einsatzfiguren genau hineinpassen. Zunächst können die Kinder auf unterlegtem Papier die Ausschnitte ausmalen. Dann aber sind die Einsatzfiguren mit dem Stift zu umfahren, und zwar möglichst ohne zwischendurch abzusetzen. Das erfordert schon ein gutes Maß an Geschicklichkeit und Koordination von Auge und Hand. Dass man damit schöne dekorative Bilder herstellen kann, ist ein zusätzlicher ästhetischer Effekt. Aber es gibt noch mehr Übungen zur Feinmotorik, und etliches davon kann man auch zu Hause mit Gläsern und anderen Gerätschaften aus der Küche machen.

Die eigentliche Pointe bei Montessoris Methode, den Kindern das Schreiben und Lesen nahe zu bringen, sind die Sandpapierbuchstaben. Wie bei den Sandpapierziffern sind auch hier Brettchen mit Sandpapier in Form der einzelnen Buchstaben beschichtet. Die Vokale haben eine blaue, die Konsonanten eine rosa Grundfarbe. Damit die Buchstaben mit zwei Fingern «abgefahren» werden können, müssen sie groß genug sein. Dadurch hat Montessori eine Erkenntnis angewandt, die sich Jahrzehnte später die «Erfinder» der Boulevardzeitungen zunutze gemacht haben, dass nämlich leseschwache Leute zwar noch ganz gut mit großen Lettern zurechtkommen, aber kleinen Druck können sie nicht mehr lesen. Auf einer Kinderbuchmesse hatte sich ein Junge, der gerade mit dem Lesen anfing, mehrere Bücher mit interessantem Titel und Buchdeckel ausgesucht und dazu Grimms Märchen. Gefragt, ob er sich für Märchen interessiere, antwortete er:» Nein, aber das kann ich lesen.» Und tatsächlich waren hier die Buchstaben deutlich größer.

Bei Montessoris Methode werden die beweglichen Buchstaben erst allmählich und Schritt für Schritt kleiner. Die ersten Sätze werden noch mit solchen Buchstaben gelegt, und es wird noch eine ganze Weile so durch Aneinanderlegen von Buchstaben «geschrieben». Für die Kinder ist das schon richtiges Schreiben. Wir Erwachsenen schreiben auch nicht mehr so viel mit der Hand, das heißt mit dem Stift, sondern unsere Textproduktion ist vielfach nichts anderes als (maschinelles) Aneinanderfügen von Buchstaben. Auch in Alphabetisierungskursen für Behinderte haben sich die Sandpapierbuchstaben und das Folgematerial bewährt.[106]

Wenn bei den Kindern dann das richtige Schreiben beginnt, ist in der Montessori-Pädagogik ganz wichtig, dass bei den Namen für Dinge auch die Dinge selbst vorhanden sind, also eine gegenständliche Rose, das Bild der Rose und dann der Name der Rose als schriftsprachliches Symbol; nicht anders beim Auto, wo es dann ein Spielzeugauto tut oder beim Opa eine Opa-Puppe. Aber der Abstraktionsvorgang soll deutlich, eben greifbar und sichtbar werden. Entsprechend werden bei Verben die Tätigkeiten real durchgeführt: gehen, laufen, singen, pfeifen, klopfen usw. Eine wichtige Funktion hat das Modell eines Bauernhofes, denn dort können die Kinder (zumal die Stadtkinder) vieles von dem, was sie dann schreiben werden, anfassen, ansehen, einander zuordnen (den Bauern der Bäuerin, das Heu den Kühen und Pferden usw.) und dabei die richtigen Artikel gebrauchen. Sie lernen das schwarze Pferd vom braunen zu unterscheiden, die braune von der schwarzbunten Kuh. Was sie nun wirklich ganzheitlich durchgespielt und erfahren haben, sollen sie dann in Schriftsprache umsetzen.

Auch zum Schreiben und Lesen kann hier nicht der ganze Prozess dargestellt werden. Aber Folgendes scheint mir noch wichtig: Montessori hat beobachtet und im Detail beschrieben, dass bei den Kindern, wenn sie plötzlich entdecken, dass sie schreiben können, so etwas wie eine «Schreibexplosion» losbricht, die große Lust zu schreiben, wo immer dazu gerade Platz ist. Montessori war es sehr wichtig, dass diese große Lust, die Freude der Kinder, etwas Neues zu können, das bisher nur die Erwachsenen konnten, wirklich ausgelebt wird. Es ist schade, dass Lehrerinnen das beim so genannten Schreiblehrgang in der Schule fast nie erleben, weil der lineare Lehrgang nur kleine Schritte und keine «Explosionen» erlaubt. Es liegt zudem auf der Hand, dass mit dem sofortigen Beharren auf der Rechtschreibung die große Lust am Schreiben ganz sicher abgebremst werden kann. Jeder, Kind oder Erwachsener, kann das Wort «Katofel» lesen und weiß, was es bedeutet. Die Schriftsprache dient hier also vorerst wie die gesprochene Sprache als Kommunikationsmedium. Das ist natürlich kein Plädoyer ge-

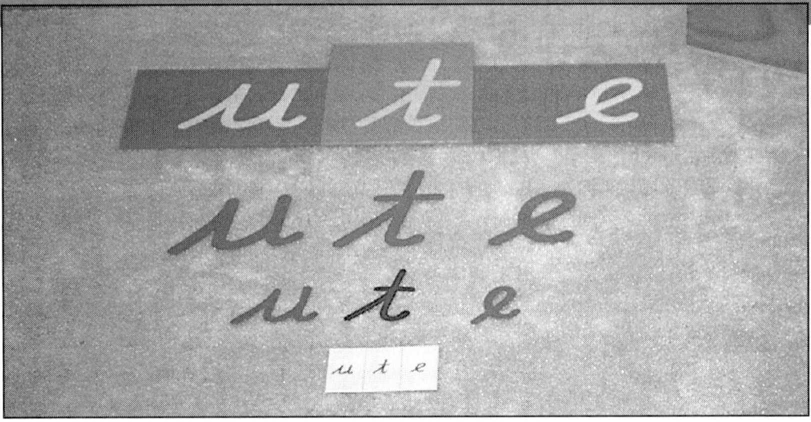

gen die Rechtschreibung, wohl aber dagegen, alles auf einmal haben zu wollen, und dagegen, den Kindern jenes Gefühl des ungeheuren Kraftzuwachses zu nehmen, selbst und unabhängig schreiben zu können.

Damit wird auch die Frage aufgeworfen, ob Kinder schon vor der Grundschule schreiben, lesen oder rechnen sollen oder dürfen. Nach Montessori sollen sie es dann dürfen, wenn sie es selbst wollen, und das ist nach ihren wie unseren Erfahrungen oft schon etwa mit fünf Jahren der Fall. In eigenen Untersuchungen[107] zur Frage, ob Kinder mit fünf Jahren schon schulreif sind, haben wir in großer Breite festgestellt, dass die intellektuelle Reife oft schon da ist, nicht aber die soziale Reife, um im System der Schule zu überleben. In mehreren europäischen Ländern ist die Diskussion über diesen Problemkomplex im Gang.

Übungen der Bewegung und der Stille

Dass Bewegung für die Entwicklung und nicht zuletzt die intellektuelle Entwicklung der Kinder weit wichtiger ist, als wir das lange in der Pädagogik angenommen haben, davon war schon die Rede. Maria Montessori hat als eine der Ersten darauf aufmerksam gemacht. Freilich hatte sie für den Sport und die Gymnastik ihrer Zeit nicht viel Sympathie, das war ihr allzu sehr «körperliche Ertüchtigung». Inzwischen hat sich beim Sport – zum Beispiel durch den «Breitensport» – wie bei der Gymnastik viel verändert. Aber Montessoris Interesse ging schon früh mehr in zwei andere Richtungen. Einerseits sollten Gymnastik und Spiele im Freien ein Mittel sein, «überströmende Energie, also den ‹Überschuss› an Energie, zu verausgaben. Es sollte die sorglose Verschwendung der Kräfte sein, welche die planmäßig gestaltete tägliche Arbeit nicht verbraucht hat», und eben nicht «körperliche Ertüchtigung».

Die Kinder brauchen dafür Platz und Gelegenheit, sich auszutoben. Solche überschüssige Energie reagieren Kinder oft durch Rangeln, Ringen oder Schlagen mit anderen Kindern ab. Genau in dem Augenblick sollte die Möglichkeit vorhanden sein zu sagen: Geht mal eben raus und tobt euch dort aus. Auch später und für die Jugendlichen fand Montessori: «Das Leben in freier Luft und in der Sonne, Bäder und Schwimmsport müssen so viel wie eben möglich getrieben werden …»[108] Für diese Stufe der Erziehung, also bei den kleinen Kindern, bedeutet das, viel draußen zu sein, Ausflüge und vor allem Wanderungen zu machen. Ich habe ein Kinderhaus in Schweden kennen gelernt, dessen Kinder an jedem Mittag und bei jedem Wetter ein bis zwei Stunden draußen gespielt haben. Variiert wurde nur die Kleidung. Die neuerdings eingerichteten *Waldkindergärten* machen zum Prinzip, was bei Montessori jedenfalls ein wichtiger Teilaspekt ist.

Das andere Interesse Montessoris richtete sich auf die Koordination der Bewegungen. Dazu gehören vor allem die schon näher beschriebenen Übungen des täglichen Lebens. Sie erfordern bei zunehmender Schwierigkeit ständige Übung der Geschicklichkeit und der Bewegungskoordination. Der sittliche Zweck ist dabei allerdings nicht der Wettkampf, sondern das «Sozialgefühl», indem «sie in einer Gemeinschaft leben, ohne darauf zu achten, ob sie nun für sich oder für das Allgemeinwohl tätig sind»[109].

Unter dem Gesichtspunkt der Bewegungskoordination sind für Montessori später aber doch auch der Sport und nicht zuletzt und ganz besonders der Tanz wichtig geworden.

Geradezu ein Markenzeichen der Montessori-Pädagogik ist schließlich das *Gehen auf der Linie*. Der Schlüssel zur Koordination der Bewegungen ist das Gleichgewicht des Menschen. Das Gehen auf der Linie soll den kleinen Kindern – und wie sich zeigt, auch den größeren – «helfen, ein sicheres Gleichgewicht zu finden»[110]. Die Linie wird in Form einer großen Ellipse, Längendurchmesser mindestens vier Meter, auf den Fußboden aufgemalt oder anderweitig markiert. Als Erstes müssen die Kinder lernen, auf der Linie vorwärts gehend Fuß vor Fuß zu setzen. Auch für Erwachsene ist das keineswegs immer leicht. Die nächste Schwierigkeit ist, mit den Zehen des einen Fußes die Ferse des anderen zu berühren. Schließlich nehmen die Kinder Gegenstände in die Hand, mit gefärbtem Wasser gefüllte Gläser, angezündete Kerzen oder was immer sonst Spaß macht, es auf der Linie zu balancieren. Passende Musik im Hintergrund kann von der Anstrengung ablenken. Im Übrigen wissen wir, wie gern Kinder auf Balken oder Bäumen balancieren.

Beim Gehen auf der Linie entsteht eine eigentümliche Mischung von Anstrengung und Entspannung, die nicht nur körperlich, sondern auch psychisch den Zustand eines ausbalancierten Gleichgewichts vermittelt. Ich habe mal ein kleines Mädchen beobachtet; das den Eindruck machte, als sei es nicht ganz im Lot. Es wusste wohl selbst, was ihm helfen könnte: Mit seinem Teddy im Arm ging es unbekümmert um alle anderen langsam einige Runden auf der Linie und sah dann so aus, als ginge es ihm nun ein gutes Stück besser.

Kinder mögen *Stille.* Das hatte Montessori beobachtet, und diese Erfahrung machen viele Eltern und Erzieherinnen gegenwärtig. Wie oft kommt sogar ein Kind aus dem Kindergarten oder aus der Schule und klagt: Heute war es wieder so laut. In Montessoris Gedankengängen war die Stille ein Gegenstück zur Bewegung, nämlich die absolute Bewegungslosigkeit. Für uns heute geht es bei der Stille wohl mehr um das Ausschalten von Lärm, wenngleich das gar kein Gegensatz ist, sondern nur ein Verschieben der Akzente. Montessori hat sicher Recht, wenn sie es für irrig hält, dass Kinder die Personifikation von Lärm seien, dass dort, wo Kinder seien, es zwangsläufig auch laut sei.[111]

Es gibt heute eine umfangreiche Literatur über die Stille; das signalisiert generell ein großes Bedürfnis zumindest nach mehr Stille und weniger Lärm. In der Montessori-Pädagogik nehmen die Übungen der Stille einen bedeutsamen Platz ein. Zwei dieser Übungen möchte ich kurz beschreiben.

- Am besten sitzen die Kinder im Kreis. Die Leiterin bittet sie, sich ganz bequem hinzusetzen, die Augen zu schließen und sich nicht zu bewegen. Dann lässt sie die Kinder zum Beispiel die Füße, die Zehen, die Hände, das Ohr fühlen. Die Ähnlichkeit zum autogenen Training ist bis dahin unverkennbar. Aber dann bittet die Leiterin, etwa auf bis dahin nicht wahrgenommene Geräusche zu achten, und schließlich bittet sie die Kinder oder auch jedes einzelne Kind leise zu sich oder auf einen anderen Platz. Sie kann die Kinder leise beim Namen nennen oder vielleicht mit Merkmalen der Kleidung – der Junge mit der blauen Hose und dem rot gestreiften Pullover – bezeichnen. Alles sollte möglichst ohne Geräusch vonstatten gehen. Es mag deutlich werden, dass es auch hier wieder um eine ausgeglichene Balance von Entspannung und aufmerksamer Anspannung geht, also um eine durchaus aktive Stille.

- Bei einer anderen Übung der Stille findet eine aktive Tätigkeit statt. Die Kinder sitzen um ein großes Stück Papier herum und haben die verschiedensten Dinge zum Malen und Kleben zur Hand. Die Aufgabe lautet: «Macht bitte gemeinsam mit dem Material, das ihr dort habt, ein großes Bild. Aber bitte nicht dabei sprechen!» Die Kinder müssen sich dabei oft ziemlich anstrengen, das Schweigegebot einzuhalten, und sie müssen aufmerksam werden auf die Wünsche und Pläne der anderen Kinder. Wenn die Arbeit von Musik begleitet wird, erleichtert das vielleicht das eigene Stillesein. Und die Kinder lernen dabei Musik kennen, die sie möglicherweise sonst so leicht nicht hören würden. Ein schon etwas älteres Mädchen bei der gleichen Übung:» Das war von Beethoven? Echt fetzig, der Mann.» Die Bilder ergeben meistens ein hochinteressantes Abbild des Gruppenprozesses, der sich bei nichtverbaler Kommunikation abgespielt hat.

Auch hier wiederholt sich, was an früherer Stelle schon gesagt wurde: Die Übergänge zur nächsten Stufe der Entwicklung der Kinder und damit der Erziehung sind fließend. Übungen der Bewegung und der Stille tun nicht nur den kleinen Kindern gut. Sie können auch eine Wohltat für die Nerven der Leiterin sein.

Die zweite Stufe der Entwicklung und Erziehung 6 bis 12 Jahre

Die zweite Stufe der Entwicklung und Erziehung der Kinder ist nach Montessori eine «stabile» Phase des ruhigen und gleichmäßigen Wachstums. Montessori hatte in ihrem Schaubild der Stufen der Entwicklung die erste «formative» Phase des Aufbaus der kindlichen Persönlichkeit rot markiert, die jetzt folgende Stufe hat sie dagegen blau gekennzeichnet. Diese zweite Phase ist also keine direkte Fortsetzung der ersten, vielmehr beginnt in der Entwicklung etwas qualitativ Neues, das Vorherige wird in eine neue Dimension hinein ausgebaut.

In diesem Stadium greift in vielen Ländern der Staat nach den Kindern, denn es beginnt die *Schulpflicht*. Die Kinder werden zwar damit von der Erwerbsarbeit und für das Lernen freigestellt, aber sie werden zugleich den Regeln staatlicher Organisation unterworfen.

Montessori-Schulen gibt es häufig als private oder freie Schulen neben dem allgemeinen Schulsystem, aber auch als einzelne «Züge» oder Stufen, die in das allgemeine System integriert sind. Wer eine Montessori-Schule besucht, darf nicht den Anschluss an das allgemeine Schul- und Ausbildungssystem verlieren, ein Wechsel dorthin muss ohne große Schwierigkeiten möglich sein. Darum werden oft Kompromisse geschlossen. Zwar wird international in vielen Schulen durchgängig nach den Montessori-Prinzipien unterrichtet, aber etwa in Deutschland gibt es mancherlei Mischformen. Meistens beginnen die Kinder morgens mit der Freiarbeit und all dem, was für die Montessori-Pädagogik charakteristisch ist. Von der dritten oder vierten Stunde an arbeiten sie dann nach einem fächergebundenen Stundenplan. Oft lässt sich das gar nicht anders organisieren. Zum Beispiel beim Sport, in der Hauswirtschaft, beim handwerklichen Arbeiten, oft auch im Fremdsprachenunterricht kann nicht die individuelle Freiarbeit in der bisherigen Form stattfinden. Aber die meisten Prinzipien der Montessori-Pädagogik können weitergelten, nur eben in modifizierter, altersgemäß weiterentwickelter Form.

In diesem Kapitel wird nicht von der Grundschule im Allgemeinen, sondern nur von den wichtigsten Aspekten der Montessori-Schulen für diese Alters- und Entwicklungsstufe die Rede sein.

Zunächst aber kommt das Kind zur Schule, und das ist sowohl in der Entwicklung der Kinder als auch für die Familien ein großes Ereignis, das auf diese oder jene Weise gefeiert wird. Ein Kind, das zur Schule kommt, muss «schulreif» sein. Manches von dem, was Montessori zur Charakteristik der Sechsjährigen gesagt hat, trifft sich mit unseren Vorstellungen und Maßstäben von Schulreife, aber sie hat nicht diesen scharfen Schnitt gemacht. Für Kinder, die vorher im Kinderhaus waren, ist der Schuleintritt ohnehin keine große Umstellung. Aber die Veränderungen in der Entwicklung stellen sich bei allen etwa in diesem Alter ein.

Die Eltern bemerken die Veränderung bei ihren Kindern oft zuerst daran, dass die Milchzähne ausfallen und die bleibenden Zähne nachwachsen. Die Körper der Kinder werden schlanker, die Beine länger. Ausdauer und Energie nehmen zu. Die Kinder haben Kraft zu Anstrengung und Konzentration, wenn nicht sogar einen handfesten Kräfteüberschuss, ihre intellektuelle Neugier ist enorm. Sie wollen Neues wissen, aber nicht nur, um ihren Wissensbestand zu vergrößern, sondern auch, um die neuen Informationen in Beziehung zu bringen mit dem, was schon in ihren Köpfen ist. Die Amerikanerin Paula Polk Lillard findet diese Auffassungen Montessoris in neueren Erkenntnissen bestätigt: «Die Großhirnrinde (frontal cortex of the brain) ist kein Speicher, sondern befindet sich in ständiger Formung und Umformung (formation and re-formation), in Wechselwirkung nicht nur mit der Außenwelt, sondern auch in den inneren Gehirnbahnen.»[112] Der tiefere Zweck ist die Formung des eigenen Geistes, des Bewusstseins der Kinder durch Erweiterung und Neuorganisation ihres intellektuellen Horizontes.

Drei Merkmale hat Montessori für die Kinder dieser Altersstufe besonders hervorgehoben:

- *Erstens* sind die Kinder ungeheuer wissbegierig, sie wollen ganz und gar wissen, was es mit dieser Welt auf sich hat. Ihre «hungrige Intelligenz»[113] – so Montessori – brauche reichlich Futter. Sie sind nicht mehr zufrieden mit einzelnen und stückweisen Informationen, sie wollen den größeren Überblick gewinnen, Zusammenhänge kennen lernen und Ursachen erkennen. Sie fragen nicht mehr wie noch zuvor nach Fakten und Namen, sondern nach Gründen hinter den Fakten, nach dem «Wie», «Warum» und «Woher», nach den Ursachen und Wirkungen. Ihre Intelligenz hat eine neue Stufe erreicht, die mit Beweisführung und Urteil operiert. Überhaupt treten die Kinder in eine neue Welt ein, die Welt der Abstraktion. Abstrakte Ideen erwecken ihre Neugierde. Und sie fragen nach den

Beziehungen zwischen den Dingen, nach den verschiedensten Phänomen der lebendigen Welt und so auch der menschlichen Existenz. Montessori hat von einer «extrovertierenden Intelligenz» gesprochen, von einer Intelligenz, die sich nach außen richtet.

- *Zweitens* beginnen sich die Kinder in einem ersten Schritt von ihren Familien zu distanzieren. Sie akzeptieren nicht mehr unbefangen, was die Eltern für richtig und falsch, für gut und böse erklären, sondern möchten von sich aus Gründe und Maßstäbe verstehen und ihr eigenes Urteil bilden. Das Kind «gibt unmittelbar schlagfertige Antworten zu allem, was wir sagen, und ist ein Rebell geworden. Oft fühlen sich die Mütter verletzt, weil ihre Kinder – vorher ganz Liebe und Zuneigung – nun impertinent und tyrannisch geworden sind.» In unserer Sprache haben wir das früher Trotzphase genannt. Montessori hat das anders gesehen: «Ein innerer Wandel hat sich ereignet. Aber die Natur ist ganz logisch, indem sie nun im Kind nicht nur einen Hunger nach Wissen und Verstehen weckt, sondern auch einen Anspruch auf geistige Unabhängigkeit, das Verlangen, aus eigenen Kräften Gut und Böse zu unterscheiden und autoritäre Einengung übel zu nehmen.»[114] Es entwickelt sich ein moralisches Bewusstsein und ein hochgradig und leicht verletzbares Empfinden für Gerechtigkeit. Wer mit Kindern dieses Alters über Rechthaben und Gerechtigkeit streitet, wird das unmittelbar erfahren.
- *Drittens* hat Montessori hervorgehoben, dass sich Kinder etwa ab sechs Jahren mehr noch als bisher gern mit anderen Kindern zusammentun, nicht mehr nur in lockeren Spiel- und Arbeitsgruppen, sondern es gewinnen jetzt die Regeln der Organisation an Bedeutung. Zunächst werden durch den Zusammenschluss in der Schule Ansprüche gestellt, aber bald organisieren die Kinder sich selbst in ihrer Klasse, ihrer Schule. Sie bilden Gruppen, in denen es Stärkere und Schwächere, Robustere und Zartere, Schnellere und Langsamere gibt. In dieser Organisation bildet sich die Gesellschaft ab, in der die Kinder leben, und die neue Gesellschaft, in die die Kinder hineinwachsen.[115] Diese Erkenntnis hat Montessori freilich mit einer nachdrücklichen Warnung verbunden: «Wenn Rivalität, Wetteifer und Ehrgeiz während der gesamten Erziehungsperiode ermutigt werden, wie kann man dann von Menschen erwarten, die in dieser Atmosphäre aufgewachsen sind, dass sie mit zwanzig oder dreißig Jahren gut sind, nur weil ihnen Güte gepredigt wird? … Das Gute sollte in der gegenseitigen Hilfe seinen Ursprung haben, die der geistigen Kohäsion entspringt.» Montessori verweist hier auf die Kohäsion, jenen

Zusammenhalt in Gewohnheiten, alltäglichen Ritualen, Normen und Überzeugungen, der das soziale Medium des Kinderhauses war. «Diese Gesellschaft, die sich aus der Kohäsion entwickelt, wie es uns das Kind (im Kinderhaus) offenbart hat, ist die Grundlage aller Organisation.»[116]

Der wichtigste dieser Punkte war für Montessori der erste: die intellektuelle Lernbegierde der Kinder. «Denn Wissen kann nur vermittelt werden, wo Lernbegierde ist.» Und die pädagogische Aufgabe sei es, «der Forschungsbegierde die weiten Felder des Wissens zu eröffnen.»[117] Jetzt sei der richtige Zeitpunkt, bei den Kindern den «Keim der Wissenschaften» zu legen. Dieses große, von der kindlichen Entwicklung her mögliche Ziel kann freilich nur erreicht werden, wenn – so Montessoris damals wie heute revolutionäre Auffassung – bestimmte «fundamentale psychologische Prinzipien» eingehalten werden: «... dass das Kind mittels seiner eigenen individuellen Aktivität lernen muss; und zwar in der zugestandenen geistigen Freiheit zu nehmen, was es benötigt, und ohne Erörterung seiner Wahl.» Noch radikaler fährt Montessori fort: *«Unser Lehren darf nur auf die geistigen Bedürfnisse des Kindes antworten, niemals vorschreiben.»*[118]

Wahrscheinlich ist das am leichtesten in Montessoris eigener Bildersprache zu verstehen: In dieser Entwicklungsstufe liege «der Geist des Kindes wie ein fruchtbares Feld bereit ... zu empfangen, was zur Bildung keimen will». Darum sei das die «Periode, in der die Saat von allem gesät werden kann». Wie viel an Samen ausgesät werden solle, dafür gebe es keine Grenze: «So viele wie möglich!» In keinem Lehrplan könne man das «Ganze der modernen Kultur» und damit das ungeheuer große «Feld für gewählte Aktivitäten» der Kinder zusammenfassen. Die pädagogische Aufgabe liege deshalb «in dem breitwürfigen Säen einer Höchstzahl von Interessenssamen. Diese werden leicht im Geist festgehalten» und wenn nicht gleich, dann «späterer Keimung fähig sein». Es liegt beim Kind, in seinem Interesse, welche Samen jetzt und welche später aufgehen. Aber wie können wir uns das vorstellen?

Dazu sagt Montessori: «Weil die Notwendigkeit ersichtlich ist, dem Kind so viel anzubieten, wollen wir ihm eine Vision des ganzen Universums geben. Das Universum ist eine eindrucksvolle Wirklichkeit und eine Antwort auf alle Fragen.»[119]

Die letzten Sätze enthalten – ganz knapp zusammengefasst – Montessoris Konzept der «kosmischen Erziehung». Sie ist ein wesentlicher Inhalt des pädagogischen Programms dieser zweiten Stufe der Erziehung. Im nächsten Abschnitt wird es genauer aufzuschlüsseln sein.

Montessoris pädagogisches Programm für die Sechs- bis Zwölfjährigen, also für die zweite Stufe der Erziehung, ist in verschiedenen, zeitlich weit auseinander liegenden Epochen entstanden. Nach ihrem ersten Buch über die Pädagogik im Kinderhaus (auf Deutsch später «Die Entdeckung des Kindes») ist 1916 das Buch für die Schule mit dem Titel «L'autoeducazione nelle Scuole elementari» (Die Selbsterziehung in den Elementarschulen) erschienen. Die deutsche Erstausgabe kam zehn Jahre später mit dem Titel «Montessori-Erziehung für Schulkinder I: Betätigungsdrang und Erziehung» heraus, ab 1976 als: «Schule des Kindes. Montessori-Erziehung in der Grundschule». Seit 1917 liegt in englischer Sprache auch der zweite Band «The Montessori Elementary Material. Volume 2 of the Advanced Montessori Method» vor, jetzt kürzer «The Advanced Montessori Method – II». Dieser zweite Band ist auf Deutsch erschienen, und es sind darin sehr detailliert Montessoris Handreichungen für die Schulpraxis von der Grammatik über Lesen, Arithmetik und Geometrie bis zum Zeichnen und Malen und nicht zuletzt der Musik enthalten.[120] Im ersten Band, «Die Schule des Kindes», sind für diese Altersstufe wichtige anthropologische und allgemeintheoretische Beiträge Montessoris zusammengefasst.

Der zweite große Teil der Pädagogik für die Sechs- bis Zwölfjährigen ist die «kosmische Erziehung». Ihre Anfänge entstanden zwar in den zwanziger und dreißiger Jahren, aber Montessori hat sie erst in Indien in den vierziger Jahren ausgearbeitet. Die wichtigsten Texte dazu sind in Deutschland 1988 erschienen. Von daher stellt sich die Frage, wie die beiden Teile zusammengehören. Ist die kosmische Erziehung das umfassende Gesamtkonzept ihrer Pädagogik oder ein Teilaspekt neben den anderen? Richtig ist zweifellos die Feststellung des erfahrenen Grundschulpädagogen Arno Piechorowski, dass vieles vom Inhalt der kosmischen Erziehung in den letzten Jahren auch in der Diskussion über den Sachunterricht der deutschen Grundschule erörtert worden sei. Dennoch ist die kosmische Erziehung Montessoris nicht identisch mit dem Sachunterricht, denn mit der kosmischen Erziehung hat nach Montessoris eigenen Worten ihre Pädagogik eine «zentrale Idee», ich könnte auch sagen, eine human-ökologische Leitlinie.

Zunächst werde ich einige Beispiele aus dem Bereich des Praxisbuches («The Advanced Montessori Method – II») vorstellen und dann näher auf die kosmische Erziehung eingehen. Beides gehört zum Montessori-Gesamtkonzept. Beide Konzepte haben im selben Raum nebeneinander ihren

Platz und arbeiten nicht zuletzt nach gemeinsamen pädagogischen und didaktischen Prinzipien.

Beispiel: Die Wortarten und ihre Symbole

«That awful grammar» – diese schreckliche Grammatik! So hat es Montessori gleich zu Beginn in ihrem Praxisbuch geschrieben. Vielen von uns geht es nicht anders, aber beim Sprachenlernen kommt man nicht darum herum. Montessori hat hier ein Verfahren und ein Material entwickelt, mit dem die Grammatik Kindern und Erwachsenen Spaß machen kann. Als Beispiel werden hier die Wortarten und ihre Symbole beschrieben, wobei über die Methode der Einführung nichts gesagt wird. Selbstverständlich ist das nur ein kleiner Ausschnitt aus dem Bereich Sprache. Davor haben die Kinder schon Lesen und Schreiben gelernt. Danach folgt in der Grammatik die Satzanalyse. Und generell gehören viele Lesetexte und Bücher zu diesem Bereich.

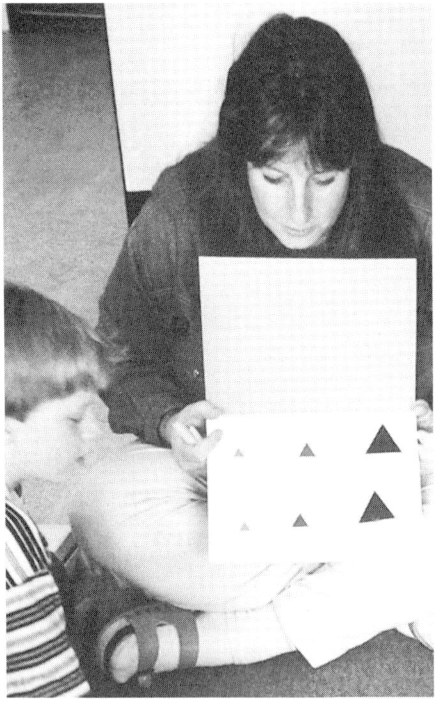

Substantiv (Nomen) *Namenwort, Hauptwort*	*großes schwarzes gleichseitiges Dreieck*
Adjektiv *Eigenschaftswort, Wiewort*	*mittelgroßes dunkelblaues gleichseitiges Dreieck*
Artikel *Begleiter, Geschlechtswort*	*kleines hellblaues gleichseitiges Dreieck*
Verb *Tuwort, Zeitwort*	*große rote runde Scheibe*
Hilfsverb *Hilfszeitwort*	*große rote runde Scheibe mit kleiner weißer runder Scheibe in der Mitte*
Adverb *Umstandswort*	*kleine orange runde Scheibe*
Pronomen *Fürwort*	*großes violettes spitzwinkliges Dreieck*
Präposition *Verhältniswort*	*kleiner grüner «Halbmond»*
Konjunktion *Bindewort*	*längliches rosa Rechteck*
Numerale *Zahlwort*	*mittelgroßes hellblaues gleichseitiges Dreieck*

Die Schwierigkeit beim konventionellen Lernen der Wortarten – Lernen und Zuordnen der Namen – besteht wohl vor allem darin, dass sie nur verbal wie Vokabeln gelernt werden müssen. Diese Schwierigkeit hat Montessori zu einem großen Teil beseitigt, indem sie mehrere Sinneskanäle genutzt hat: Zu jeder Wortart gibt es ein nach Form und Farbe unterschiedliches Symbol.[121] Dieses Symbol aus Papier oder Kunststoff wird der jeweiligen Wortart zugeordnet, und es werden vielerlei Übungen immer in der Assoziation von Wort und Symbol durchgespielt. Dabei sind also das Hören (des Namens), das Sehen (der Form und der Farbe) und die taktile Bewegung (beim Zuordnen) im Spiel.

In der Abbildung auf der vorigen Seite sind die wichtigsten Wortarten dargestellt. Das sind die wichtigsten Wortarten, mit denen sich in ihrer abstrakten Form auch viele Erwachsene schwer tun. Das Gliederungsprinzip dürfte deutlich sein. Die wichtigsten Wortarten sind die Substantive und die Verben; was jeweils zu ihnen gehört, wird durch die Form dreieckig bzw. rund gekennzeichnet. Die Form ist auch symbolhaft: Im Satz ist das Substantiv mit dem schwarzen, fest auf einer Seite stehenden Dreieck etwas Statisches, das rote runde Verb dagegen gibt dem Satz wie ein Rad die Dynamik.

Mit diesem Material lassen sich nun Sprachanalysen ebenso wie Sprachkonstruktionen durchführen. So etwa werden über einem Text Wort für Wort die Symbolplättchen ausgelegt.

Die Kinder lernen mit großem Spaß

Dies ist nur ein ganz kleines Beispiel. In der Praxis nimmt man bald viel längere Texte.

Für Kinder mag allein schon die Betätigung mit den Händen ihren Reiz haben, zudem entstehen dekorative bunte Reihen. Das Bewusstsein verbindet sich allmählich mit den Namen der Wortarten (die sich unterschwellig einprägen) und wendet sich dem Text zu:

- Ist das ein eher statischer (und darum langweiliger) Text mit vielen großen schwarzen Dreiecken (wie oft in der Zeitung) oder ein lebendiger, dynamischer Text mit etlichen Verben (wie die «Bremer Stadtmusikanten»)?
- Sind die Substantive mit Adjektiven näher gekennzeichnet, vielleicht sogar ausgeschmückt, sodass es sich um eine farbige Darstellung handelt?

- Werden Tätigkeiten durch Adverbien näher, anschaulicher beschrieben?
- Wie unterscheidet sich im Bild der Wortartensymbole ein Gedicht oder ein anderer kunstvoll geschriebener Text von einer Reportage oder einem naturwissenschaftlichen Text?

Man kann den Weg auch umgekehrt gehen, indem die einzelnen Wortarten zum Ausgangsmaterial der Konstruktion von Sätzen gemacht werden. Auch das hat einen großen Reiz. Montessori hatte die Vorstellung, dass durch sprachliche Konstruktion mit Hilfe der Grammatik ein tieferes Sprachverständnis und ein genauerer Aufbau der Sprache entstünde als durch Sprachanalysen. Sie meinte, wer etwas aufbaut, befasst sich intensiver mit dem Material als derjenige, der etwas auseinander nimmt.[122] Wir können heute wohl kaum einen Weg dem anderen vorziehen. Wenn allerdings Erwachsene zum Beispiel eine fremde Schriftsprache lernen, arbeiten sie meistens mehr konstruierend als analysierend.[123]

Bei den Kindern in der Grundschule sind selbstverständlich die sprachlichen Beispiele einfach und übersichtlich. Aber nach oben hin gibt es keine Grenzen. Reizvoll ist der Vergleich verschiedener Sprachen. Eine Studentin hat den Anfang eines literarischen Textes in vier verschiedenen Sprachen miteinander verglichen. In einem internationalen Kursus hat eine Gruppe von Lehrerinnen einen einfachen Satz in sechs europäische Sprachen übertragen und mit den Wortartensymbolen strukturelle Unterschiede der Sprachen sichtbar machen können.

Beispiel: Der «mathematische Geist», das Markenspiel und die unterteilten Quadrate

Maria Montessori hat die Auffassung vertreten, das Kind habe neben dem «philosophischen Geist», der sich vor allem in der Sprache repräsentiere, auch einen «mathematischen Geist». Ihr Sohn Mario meinte, dass viele bedeutende Leistungen in der Geschichte nicht zustande gekommen wären, wenn die Menschen nicht ähnlich wie mit der Sprache mit einem «mathematischen Geist» ausgestattet wären.[124]

«Ein Geist ohne mathematische Bildung ist heute dem Menschen zu vergleichen, der das Alphabet nicht kannte zu der Zeit, als alles aus der literarischen Bildung hervorging. Schon im Naturzustand ist der menschliche Geist ein mathematischer: Er tendiert zur Genauigkeit, zum Maß und zum Vergleich.»[125] Maria Montessoris Formulierungen klingen etwas altmodisch, aber die Sache ist höchst «modern». Denn ohne Mathematik, ohne das Denken in mathematischen Modellen kommt heute weder die Technik noch die Philosophie, die Medizin oder die Psychologie aus.

Aber Sprache und Mathematik sind für Kinder nicht in der gleichen Weise zugänglich. Das Kind lernt die Sprache selbst, es absorbiert sie aus seiner Umgebung von den Menschen, mit denen es zu tun hat. Die Mathematik bleibt ihm auf diesem Wege verschlossen, aber es gibt andere Wege. Den Begriff des «mathematischen Geistes» hat Montessori – so schreibt sie selbst – von dem französischen Philosophen und Mathematiker Blaise Pascal (1623–1662) übernommen: «Er behauptete, dass die Form des menschlichen Geistes eine mathematische sei; das Abschätzen der exakten Dinge führt zum Wissen und zum Fortschritt.»[126]

Schon die kleinen Kinder müssen – abschätzend – lernen: Wie hoch sind (für mich) die Treppenstufen oder ist der Tisch, von dem ich mir etwas holen will? Wie groß muss die Öffnung sein, damit ich hineinkriechen kann? Wenn das Kind später lernt, eine Straße zu überqueren, muss es die Breite der Straße abschätzen können und in Beziehung setzen zur Geschwindigkeit des herannahenden Autos und zum eigenen Gehtempo. Eigentlich ist das eine schwierige mathematische Aufgabe. Im psychologischen Sinne muss das Kind diese Aufgabe schon jetzt verstehen, das heißt, es muss seine Bewegungen und seine Gehirnstruktur entsprechend koordinieren («sensomotorische Integration»). Für die mathematische Lösung steht ihm noch ein weiter Weg der Abstraktion bevor, der aber schon längst begonnen hat. Mit ihrem «Sinnesmaterial» hat Montessori versucht, diese Abstraktion zu «materialisieren», das heißt, sie mit materiellen Hilfen in sinnlich erfassbare Schritte aufzugliedern. Mit den roten Stangen («Sinnesmaterial» im Kinderhaus) kann das Kind etwa die Höhe der Stufen, die Größe einer Öffnung oder – besonders reizvoll – die eigene Länge schätzen bzw. messen. Es lernt also die verschiedenen Dimensionen schätzen und messen. Das Material soll ihm gleichsam eine Brücke zur Abstraktion sein.

Die Abstraktion ist, darin hatte Montessori sicher Recht, immer eine individuelle Leistung, sie kann nicht im Klassenverband erbracht werden. Darum weiß auch jedes Kind für sich selbst zuerst, wann ihm der Abstraktionsschritt gelungen ist und es auf die materiellen Hilfen verzichten kann. Das soll an zwei Beispielen erläutert werden.

Das Markenspiel

Bisher hatte das Kind mit dem «goldenen Perlenmaterial» (siehe Kapitel «Das Kinderhaus», S. 102 ff.) gearbeitet. Es konnte aus drei Hunderterquadraten, zwei Zehnerstangen und fünf einzelnen Perlen die Zahl 325 bilden und sie mit sechs multiplizieren oder durch fünf dividieren. Aber immer musste es das Ergebnis durch Abzählen der Perlen gewinnen. Irgendwann wächst es da heraus, und nun bietet das Markenspiel einen nächsten Abstraktionsschritt. Mario M. Montessori hat das einleuchtend beschrieben.

An die Stelle der Perlen treten nun quadratische Plättchen – meistens aus Holz –, auf denen wie bei Briefmarken die runden Zahlenwerte in Ziffern aufgedruckt sind (ursprünglich war es tatsächlich ein Spiel mit Briefmarken). Außerdem sind die Plättchen nach dem gleichen Farbenschema geordnet wie sämtliches Mathematik-Material Montessoris:

- 1 = grün
- 10 = blau
- 100 = rot
- 1000 = grün

Nun können die Zahlenwerte in Plättchen ausgelegt und addiert oder subtrahiert usw. werden. Zugleich wird so die Brücke gebaut zum Aufschreiben der Zahlenwerte und damit zum schriftlichen Rechnen. Man mag das für einen nur kleinen Schritt im Fortschreiten der Abstraktion halten, aber er garantiert nahezu den Erfolg, und das Kind entwickelt so etwas wie sportlichen Ehrgeiz, nun auch bald dieses Material beiseite legen zu können, um die nächste Abstraktion zu probieren. Nichts ist erfolgreicher als der (eigene) Erfolg, lautet ein banaler, aber richtiger Slogan.

Die unterteilten Quadrate

Eigentlich gehören die unterteilten Quadrate in einen Materialsatz für eine fortgeschrittenere Stufe. Ich nehme mir aber die unterteilten metallenen Quadrate heraus, um daran etwas Einfaches, aber Wichtiges zu zeigen. Ich bitte das Kind: Lege das große rote Quadrat hierher. Bitte nimm eines der genau halb so großen Rechtecke und teile so das Quadrat in zwei gleiche Rechtecke, halbiere es also. Lege eins der Rechtecke neben das Quadrat. Bitte halbiere nun dieses Rechteck. Dadurch entstehen zwei gleich große Quadrate. Nun halbiere bitte eins der Quadrate, dann wieder eins der verbliebenen Rechtecke und lege sie jeweils nebeneinander. Das Material ist schnell verbraucht, aber wir können uns Quadrate und Rechtecke aus Papier schneiden. Doch bald werden die so klein, dass wir sie nur noch mit der Pinzette und dann gar nicht mehr hantieren können. Umgekehrt kann ich vom kleinsten Quadrat ausgehen und das Kind bitten, die Fläche des

Quadrats zu verdoppeln, wobei dann wieder ein Rechteck entsteht und dann wieder ein Quadrat und so weiter. Auch hier können aus Papier immer größere Rechtecke und Quadrate geschnitten werden, bis ebenfalls das nicht mehr geht. Das greifbare und anschaubare Ergebnis ist: Es geht immer so weiter, so weit ich denken kann, nach der einen Seite unendlich klein und nach der anderen unendlich groß. Das Gesetz der Unendlichkeit wurde erfahren.

Kosmische Erziehung

Ein besonderer Schwerpunkt für diese zweite Stufe der Entwicklung und Erziehung (6 bis 12 Jahre) ist in der Montessori-Pädagogik die «kosmische Erziehung». Die Wissbegierde der Kinder dieses Alters verbindet sich mit starker Einbildungskraft. Sie wollen alles wissen über diese Welt, und sie sind nun in der Lage, jenseits ihrer konkreten Wahrnehmung in ihrer Einbildungskraft zusammenhängende Vorstellungsbilder von der Welt und ihren Teilen zu schaffen. «Weil die Notwendigkeit ersichtlich ist, dem Kind so viel anzubieten, wollen wir ihm eine Vision des ganzen Universums geben. Das Universum ist eine eindrucksvolle Wirklichkeit und eine Antwort auf alle Fragen ... Das Kind ist befriedigt, wenn es das universale Zentrum seiner selbst und aller Dinge entdeckt hat.»[127]

In der pädagogischen Fachsprache ist der Ausdruck «kosmische Erziehung» außer bei Montessori so gut wie unbekannt. Eigentlich ist er leicht zu erläutern: Ziel ist es, den Kindern den Weg zu zeigen, sich selbst fröhlich und voller Neugier die Welt zu erobern – so wie der Zeichner das auf dem Titel dieses Buches dargestellt hat – und dann allmählich zu lernen, für diese Welt und für sich selbst einen eigenen Anteil an Verantwortung zu übernehmen. Der Kosmos, das ist die ganze Welt, in der wir leben, das Universum, unser Planet Erde, Sonne, Mond, Licht, Tag, Nacht, Luft, Wasser, Feuer, die Pflanzen und die Tiere und selbstverständlich wir Menschen mit unserer Kultur und Geschichte. Nicht zuletzt sollten wir Erwachsene – das war Montessoris dringlichster Wunsch – die Kinder zu der Einsicht und dem Gefühl hinführen, dass in dieser Welt alles miteinander zusammenhängt, voneinander abhängig und aufeinander angewiesen ist, dass Kosmos von alters her eigentlich Ordnung, Harmonie und Schönheit bedeutet.[128]

Dieser Kosmos ist uns Menschen geschenkt und zum sorgfältigen Umgang damit anvertraut; es ist ein großes Privileg, dass wir Menschen auf dieser Erde leben dürfen, auf dem – soweit wir bisher wissen – einzigen bewohnbaren Planeten.

Die kosmische Erziehung hat in der Gedankenwelt Maria Montessoris zwei Eckpunkte. Der erste Punkt ist der *«kosmische Schöpfungsplan»*. Er sollte in uns das religiöse Gefühl der Dankbarkeit gegenüber Gott als dem Schöpfer erwecken sowie Achtung gegenüber den Menschen, die seine Geschöpfe sind. Montessoris Appell zum Frieden ist darin also direkt enthalten. Der zweite Eckpunkt ist die *«kosmische Aufgabe»* der Menschen, nämlich das uns Anvertraute zu bewahren, zu erhalten und es weiterzubauen.[129]

Das ist die ökologische und zugleich humanitäre Aufgabe, wie sie in unserer Zeit inzwischen vielfach formuliert und in Appellen ausdrückt worden ist, am umfassendsten wohl in der «Agenda 21» des Umweltgipfels in Rio 1992. Die Buchausgabe für Kinder mit vielen Beiträgen von Kindern hat den eindringlichen Titel «Rettungsaktion Planet Erde». Aber schon der «Club of Rome» hatte 1979 in seiner ersten, damals großes Aufsehen erregenden Denkschrift «Das menschliche Dilemma – Zukunft und lernen»[130] als eine der dringendsten Forderungen genannt, wir müssten innovativ denken lernen, das heißt komplex anstatt nur linear, antizipatorisch, also in die Zukunft blickend, und partizipatorisch, also sozial mit Blick auf die Mitmenschen, auf die Gesellschaft. Es mag erstaunen, aber ebendies ist auch das didaktische Grundprinzip der kosmischen Erziehung Montessoris.

Das Konzept der kosmischen Erziehung hat Montessori spätestens von den zwanziger Jahren an entwickelt. «Es ging ihr um die Stellung des Menschen in der Welt und im Kosmos, um Einsicht des Menschen in die Interdependenzen der Phänomene der Natur, um die Verantwortung, die sich aus dieser Einsicht für jedes Individuum ergibt, und um die Frage, welchen Beitrag Erziehung leisten könne, um dem Kind und Heranwachsenden zu helfen, seinen Platz in der Evolution und in der Geschichte der menschlichen Entwicklung verantwortungsbewusst auszufüllen.»[131]

Einen ersten Vortrag darüber hat Montessori, soweit das bis jetzt bekannt ist, 1935 in London gehalten. Vor allem aber hat sie das Konzept während ihres fast zehnjährigen Aufenthalts in Indien ausgearbeitet; ihr Sohn Mario hat bei der Konkretisierung intensiv mitgewirkt[132]. Mit der kosmischen Erziehung hat Montessori versucht, ihre Pädagogik unter eine «zentrale Idee» zu stellen. Solch eine Idee muss unvermeidlich den Charakter

einer gedanklichen Konstruktion haben, denn in der Realität ist sie nicht aufzufinden.[133] Laut ihrer «kosmischen Theorie» erkennt Montessori «in der ganzen Schöpfung einen einheitlichen Plan, von dem nicht nur die verschiedenen Formen der Lebewesen, sondern auch die Entwicklung der Erde selbst abhängt»[134].

Diese gedankliche Vorstellung macht es ihr möglich, den Kosmos als eine Ganzheit zu denken, in der alles entsprechend einem immanenten Plan und den Gesetzen der Natur miteinander zusammenhängt und gegenseitig voneinander abhängt. Der Kosmos ist ein nach einer bestimmten Ordnung und Harmonie gebildetes Ganzes. Diese Ordnung zu erhalten ist die Aufgabe des Menschen: «Gott hat dich auf die Erde gesandt, um zu arbeiten und deine Pflicht zu erfüllen!»[135] Aber diese Ordnung und Harmonie kann auch von den Menschen gestört, wenn nicht zerstört werden. Genau an dieser Stelle hat Montessori auf den damals (1945) noch keineswegs so bekannten Begriff der «Ökologie» zurückgegriffen, «eine neue Wissenschaft, die diese Wechselbeziehungen studiert»[136]. In dieser Vorstellung vom Kosmos steht auch nicht mehr der Mensch der Natur als erkennendes und beherrschendes Subjekt gegenüber, sondern der Mensch ist in die Natur integriert, also Teil des Kosmos und damit seiner Ordnung unterworfen. Die Störung dieser Ordnung würde deshalb den Menschen selbst in seiner Existenz bedrohen. Der Mensch ist also Teil des Kosmos, aber er hat nach Mon-

tessori zugleich eine Sonderstellung, denn er hat die «kosmische Aufgabe», den Kosmos zu erhalten, zu bewahren und die Kultur weiterzuentwickeln. Nichts anderes sagt die «Philosophie» der gegenwärtigen Ökologie-Bewegung.

Die kosmische Erziehung ist in der deutschsprachigen Montessori-Diskussion und -Literatur lange vernachlässigt worden. Vor kurzem ist jedoch ein umfangreicher Band über «Die ‹kosmische Erziehung› Maria Montessoris» erschienen mit zahlreichen Beiträgen zur Geschichte, Theorie und Praxis.[137]

Im vorliegenden Buch sollen vor allem praktische Beispiele und didaktische Aspekte vorgestellt werden, um Eindrücke davon zu vermitteln, was mit kosmischer Erziehung gemeint ist.

Ein Anknüpfungspunkt war für Montessori das berühmte Buch des Theologen und Pädagogen Johann Amos Comenius «Orbis sensualium pictus» aus dem Jahr 1654: Vor Comenius – so Montessori – wurde alles Wissen durch das Wort vermittelt; Comenius setzte es in Bilder um. «Er schuf ein Buch mit Zeichnungen, die die ganze Welt darstellten: Pflanzen, Tiere, Steine, Menschenrassen, geographische Karten, historische Ereignisse, Gewerbe, Handel, Medizin ...» Montessori wollte «die eigentliche Idee von Comenius wieder aufgreifen, indem wir den Kindern die Welt selbst darbieten ... Wenn das Kind hinausgeht, ist es die Welt selbst, die sich ihm öffnet. *Lasst uns das Kind mit hinausnehmen und ihm reale Dinge zeigen*, anstatt Gegenstände anzufertigen, die Begriffe darstellen.»[138]

Der erste große Schritt in die kosmische Erziehung ist also der aus den Schulhäusern und Klassenzimmern hinaus in das wirkliche Leben.

Konkret heißt das: viele Ausflüge dorthin, wo andere Menschen leben und arbeiten, ihnen zuschauen, sie fragen und zuhören, was sie berichten, Pflanzen und Tiere selbst pflegen, selbst ausprobieren, wie das Wasser fließt und wie Überschwemmungen entstehen können, welche Kräfte und Wirkungen der Wind haben kann. Die Liste ist endlos. Montessori hat am Beispiel des Waldes verdeutlicht, wie sie das ganzheitliche, komplexe Lernen gemeint hat: «Keine Beschreibung, kein Bild, kein Buch kann das wirkliche Sehen der Bäume mit dem ganzen Leben, das sich um sie herum in einem Wald abspielt, ersetzen. Die Bäume strömen etwas aus, was zur Seele spricht, etwas, was kein Buch und kein Museum vermitteln können. Der Wald, den man sieht, offenbart, dass es darin nicht nur Bäume gibt, sondern eine Gesamtheit von Lebewesen. Und diese Erde, dieses Klima, diese kosmische Macht sind für alle diese Lebewesen notwendig. ... diese Majestät und Mannigfaltigkeit sind Dinge, die man aufsuchen muss und die niemand mit in die Schule bringen kann.»[139]

Ohne Zweifel bringt das vor allem für die Lehrkräfte wesentlich mehr Aufwand mit sich als der Unterricht im Klassenraum. Die Behörden müssten die Lehrkräfte dabei unterstützen und ihnen die Angst vor den – meistens nur geringen – Risiken nehmen, die das Herausgehen aus dem Schulgebäude mit sich bringt, anstatt ihnen immer mehr davon aufzubürden. Mehr noch: Verantwortungsbewusste Kinder, von denen es mehr gibt, als man oft vermutet, müssten in kleinen Gruppen selbst losgehen können, um erkunden zu können, was sie außerhalb der Schule interessiert. Montessoris Appell richtet sich ebenso an die Eltern, teils in den Schulen bei den verschiedensten Unternehmungen mitzuhelfen, teils in der Familie mit den Kindern herauszugehen aus der häuslichen Erfahrungswelt, die elterlichen Berufe zu erkunden und überhaupt die Umwelt zu erforschen. Heute wird davon manches erleichtert durch öffentliche und private Verkehrsmittel und schnelle Kommunikationsmöglichkeiten. Jedenfalls erfahre ich immer wieder, dass nicht nur die Kinder, sondern auch die Lehrkräfte und die Eltern selbst viel Freude an solchen Unternehmungen haben.

Der es mir erzählte, meinte es als Witz: Eine Klasse von älteren Schülerinnen und Schülern schlug ihrem Lehrer eine vierwöchige Studienreise nach Ägypten vor. Die Antwort: Nein, so lange können wir den Unterricht nicht ausfallen lassen, da versäumt ihr zu viel.

«Am Anfang wollen wir ihm die ganze Welt geben»

Dieses Montessori-Zitat weist in eine andere Richtung der kosmischen Erziehung: Man sollte die Kinder nicht mit tausend Einzelheiten füttern, sondern ihnen dabei helfen, sich eine das Ganze umfassende Vorstellung vom Universum zu machen, in dem wir leben. Das freilich ist nicht leicht: «Die Darbietung des Ganzen ist schwerer als die Darbietung der Details.»[140] Zumindest folgende Punkte gehören nach Montessori dazu, um im Kind das Interesse wachzurufen:

- «Was es lernt, muss interessant und faszinierend sein. Man muss Großes bringen. Am Anfang wollen wir ihm die ganze Welt geben.»
- Die Lehrerin muss selbst das Universum lieben und verstehen, und das ist mit Arbeit verbunden.
- Im Kind muss sein Abstraktionsvermögen und seine Lust an der Abstraktion angesprochen werden.
- Der Unterricht muss sich aber auch an die Phantasie der Kinder wenden. «Durch die Phantasie sollte das Bild der Wirklichkeit entstehen ... Die Phantasie (Imagination) ist die große Macht dieses Alters. Und da wir ihm nicht das Ganze bringen können, muss das Kind sich das Ganze in der Phantasie vorstellen.»[141]

Also: Die kosmische Erziehung soll die Einbildungskraft *und* die Abstraktionsfähigkeit herausfordern.

Aber auch das Ganze ist letztlich nicht ohne Details verständlich. Montessori ist deshalb verschiedene auch heute noch interessante didaktische Wege des Aspektewechsels gegangen.

Der eine Weg führt über «panoramaartige» Überblicke: In Geschichten, den «cosmic tales», lernen Kinder die weiten Horizonte des Kosmischen in bildhafter Form kennen, zum Beispiel «Die Entstehung des Universums» (siehe S. 131). Montessoris «cosmic tales» sind keine «Unterrichts-Lektionen», sondern große impressionistische Geschichten, begleitet von einfa-

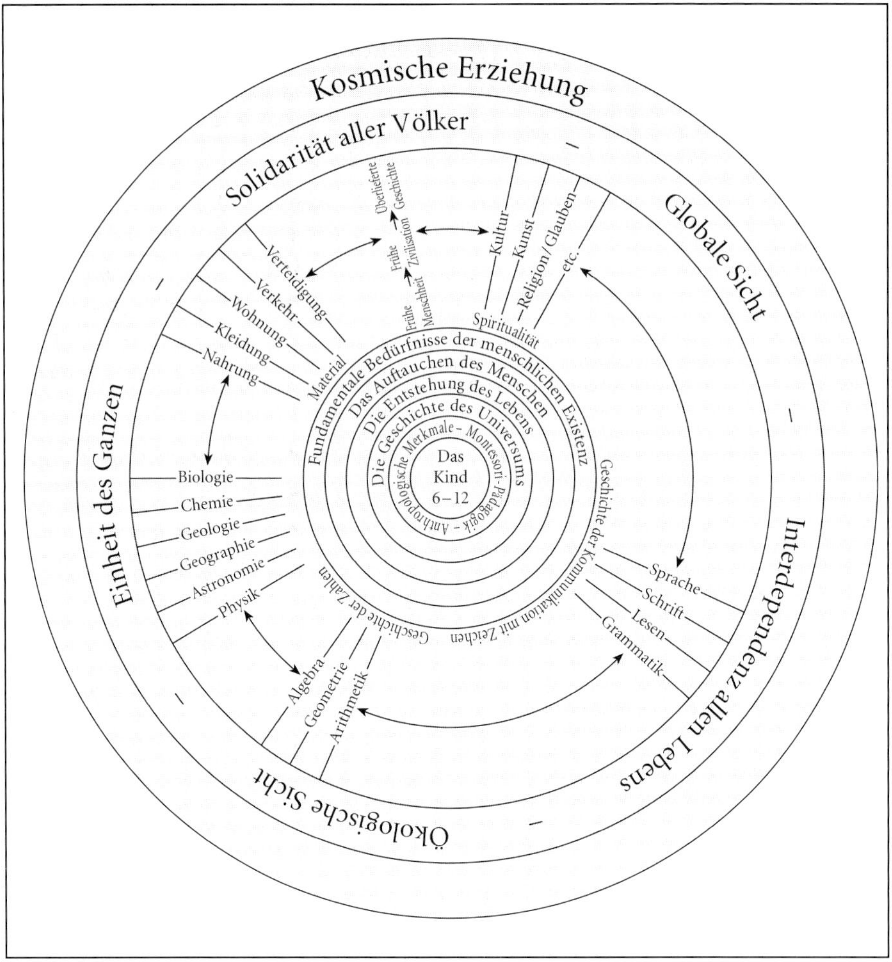

chen Experimenten, Diagrammen, Zeitleisten und Illustrationen. Zweck dieser Geschichten ist auch nicht, dass die Kinder die darin enthaltenen Fakten abfragbar lernen sollen. Im Bewusstsein der Kinder soll vielmehr ein weiträumiges Bild entstehen, um sie so zum Staunen zu bringen und zum Fragen und Forschen zu motivieren. «Eine globale Vision kosmischer Ereignisse fasziniert die Kinder, und ihr Interesse wird bald auf einen besonderen Teilaspekt fixiert werden als Ausgangspunkt für intensivere Studien.»[142] Hier führt der Weg also von der Impression des Ganzen zum genauen Erforschen der Einzelheiten.

Der andere Weg soll ebenfalls zum Ganzen führen, aber hier hat Montessori einen möglichen «Studienplan» charakterisiert: «Das Ganze geben, indem man das Detail als Mittel gibt.» Das Kind mag ein Detail entdecken oder es wird ihm an die Hand gegeben. «Die geringsten Details werden interessant, wenn sie als Teil eines Ganzen dargestellt werden; das Interesse wächst umso mehr, je mehr man von den Details weiß.» Und so «setzt die Untersuchung des Details das Studium des Ganzen in Gang». Auf diese Weise werde auch der «Keim für die Wissenschaften» gelegt. Welche Details das sein sollten, mit denen dieses oder jenes Kind beginnt, kann in keinem Lehrplan festgelegt werden. Das Universum liefert den Lehrplan, es gibt also einen «universalen Lehrplan» (vgl. dazu das Schaubild «Kosmische Erziehung»). Folgender didaktischer Kernsatz Montessoris ist heute wieder sehr aktuell geworden: «Einzelheiten lehren bedeutet Verwirrung stiften. Die Beziehung unter den Dingen herstellen bedeutet Erkenntnisse vermitteln.»[143]

Kosmische Erziehung und die Evolution

Maria Montessoris gedanklicher Hintergrund war – wie schon erwähnt – ein doppelter: Der Kosmos – unsere Welt – ist eine Schöpfung Gottes. Dieser Kosmos aber hat seine eigene, noch keineswegs ganz erforschte Geschichte, die Evolution. Darum spielen Fragen der Evolution an vielen Stellen in die kosmische Erziehung hinein, und die praktischen Beispiele haben oft den entwicklungsgeschichtlichen Aspekt der Evolution.

Heute sind die Vorgänge der Evolution wieder ein wichtiges Forschungs- und Diskussionsthema: Zum Beispiel wird in der schwedischen Universität Uppsala ein großes evolutionsbiologisches Zentrum errichtet, in dem etwa 350 Forscher in mehr als zehn Fachgebieten interdisziplinär arbeiten sollen. In England haben sich Physiker aus so verschiedenen Arbeitsgebieten wie der Astrophysik und der Elementarteilchenphysik zusammengetan und arbeiten auf dem Feld der Kosmologie. «… wir stehen in der Kosmologie heute in einer wirklich aufregenden Epoche. Es scheint, dass die Astronomen den Anfangszustand der Welt, die ersten Minuten und Sekunden, heute so genau beschreiben können, dass die Elementarteilchenphysiker in ihren gewaltigen Teilchenbeschleunigern ungefähr den Zustand am Beginn des Weltalls auf kleinem Raum künstlich zu erzeugen vermögen, als kleinen hausgemachten Urknall.»[144] Die Urknall-Theorie gilt heute als Standardmodell: Das Universum ist demnach durch den Urknall («Big Bang») zu einem bestimmten Zeitpunkt als einmaliges Ereignis entstanden. Auch Maria Montessori hat dieses Modell in ihr Konzept der kosmischen Erziehung aufgenommen.

Montessori-Lehrerinnen und -Lehrer in den USA arbeiten gemeinsam mit Wissenschaftlern kontinuierlich an der Weiterentwicklung der didaktischen Konzepte der kosmischen Erziehung. Von dem amerikanischen Neurophysiologen William H. Calvin ist der eher populärwissenschaftliche Bericht «Der Strom, der bergauf fließt – Eine Reise durch die Evolution» auch in Deutschland erschienen. Gemeint ist der Colorado River auf seinem Weg durch den Grand Canyon; das Buch liefert viel Material für die kosmische Erziehung.[145] Es gibt eine Flut von Aufsätzen, Artikeln und Berichten in Zeitschriften, Zeitungen, Fernsehsendungen und Filmen zu diesem Thema. Im Verzeichnis der 1998/99 neu erschienenen deutschsprachigen Kinder- und Jugendbücher sind mehr als fünfzig Titel zu den Schlagwörtern «Erdkunde», «Umwelt», «Umweltschutz, Naturschutz», «Welt, Weltall» aufgeführt; unter anderen Schlagwörtern finden sich weitere für die kosmische Erziehung einschlägige Titel.[146]

Kosmische Erziehung ist so gesehen heute aktueller als zu Lebzeiten Maria Montessoris. Unsere Kinder stoßen allenthalben auf diese Fragen und Probleme, und deshalb gehören sie auch in einen modernen Unterricht für neugierige, an der Welt interessierte Kinder. In den Wissenschaften wird an den verschiedenen Problemen der Evolution wegen der großen Komplexität überwiegend interdisziplinär und international gearbeitet. Das erleichtert es den Lehrkräften, für die Kinder die ganzheitliche Sichtweise zu erhalten.

Bemerkenswert ist auch, dass in der wissenschaftlichen Literatur am Rande immer wieder die Frage nach Gott, nach einem Schöpfer und der Schöpfung auftaucht und von Mysterien die Rede ist. Der Physik-Nobelpreisträger Steven Weinberg[147] antwortet auf eine Interviewfrage: «Nein. Wir ersetzen Gott nicht. Wir sparen ihn nur aus.» Schon Newton und Kopernikus hätten damit begonnen, «ein Bild der Welt zu entwerfen, das ohne Gott auskommt»[148]. Auch die englischen Physiker Barrow und Silk schließen jene Vorstellungen von einem «Großen Schöpfer» nicht aus, die sich religiöse Denker in der «viktorianischen Zeit» – das war die Jugendzeit Montessoris – gemacht haben. Sie teilen sie nicht, aber sie leugnen sie auch nicht.[149] Maria Montessori hatte versucht, beides miteinander zu verbinden.

Zunächst soll hier nun in einem kurzen Überblick gezeigt werden, wie Maria Montessori und ihr Sohn Mario sich die «Ouvertüre» der kosmischen Erziehung gedacht hatten.

«Cosmic Tales» – Erzählgeschichten zur kosmischen Erziehung

Montessoris «Große Lektionen» sowie die ergänzenden «Schlüssellektionen», wie Paula Polk Lillard sie nennt, sind in der deutschen Diskussion der Montessori-Pädagogik nur wenig bekannt. Einer der Gründe dürfte darin liegen, dass diese Texte nicht von Maria Montessori autorisiert worden sind. Die vor allem durch Ela Eckerts Übersetzung aus dem Amerikanischen bekannter gewordene erste große Erzählgeschichte «Story of the Universe – God who has no Hands» hat Maria Montessoris Sohn Mario aufgeschrieben. Ela Eckert hält den Text aus mehreren Gründen für authentisch, und möglicherweise ist dies die einzige bisher veröffentlichte Erzählgeschichte. Es gibt Texte zu weiteren Erzählgeschichten in verschiedenen Archiven, aber sie werden unter Verschluss gehalten. Offenkundig wurden die Geschichten von Teilnehmern an Maria Montessoris Ausbildungskursen mündlich überliefert und in variierenden Textfassungen festgehalten. Über die Zahl der Erzählgeschichten schwanken die Angaben, meistens wird von fünf solcher Geschichten berichtet. Diese fünf Geschichten werde ich hier vorstellen.

Die Entstehung des Universums: Gott, der keine Hände hat

«Am Anfang gab es nur Chaos und Dunkelheit und Tiefe. Gott sprach: ‹Es werde Licht›, und es wurde hell ...» Und dann wird entlang der naturwissenschaftlichen Entstehungsgeschichte der Erde das Werk der göttlichen Schöpfung erzählerisch aufgebaut bis zu unserer Gegenwart. «... wie einfach (ist) das von Gott gemachte Gesetz! Was heiß wird, dehnt sich aus, wird leichter und steigt auf wie eine Luftblase im Wasser. Was abkühlt, schrumpft dabei zusammen und sinkt hinunter wie ein Sandkorn auf den Boden eines Gefäßes. Aufgrund dieses Gesetzes verwandelte sich die Erde allmählich aus einem Feuerball in die Erde, die wir heutzutage kennen.»[150]

Es ist das eine ziemlich lange, ebenso phantastisch anmutende wie nach Montessoris naturwissenschaftlichem Kenntnisstand präzise Darstellung – ein Stück Literatur besonderer Art.

In dieser Erzählgeschichte «wird deutlich, wie Maria Montessori die naturwissenschaftlichen Prinzipien der Entstehung des Universums und der Erde in einer großen bildhaften Übersicht in Einklang bringt mit der Vorstellung der Schöpfung der Erde durch Gott: Gott ist präsent in allen Phänomenen der Natur. Wissenschaftliche Sichtweise und religiöse Schöpfungsgedanken in Übereinstimmung zu bringen bedeutete für sie keinen Bruch. Vielleicht wurde ihr diese Sicht erleichtert in einem Land, in dem nicht der christliche Glaube, sondern andere religiöse Schöpfungsvorstellungen vorherrschten und wo die Gemeinsamkeiten religiöser Schöpfungsideen besonders deutlich für sie wurden. Mario M. Montessori schildert im Interview mit David Kahn, wie seine Mutter und er (in Indien) die wissenschaftliche Evolutionstheorie studierten und parallel dazu die Schöpfungsgeschichte der Bibel. Ihnen sei dabei die Übereinstimmung, der Einklang klar geworden …»[151]

Der Titel der Geschichte mag stutzig machen. Dazu sagte Mario M. Montessori in dem erwähnten Interview: «… Gott hat keine Hände; wir haben Gott nichts tun sehen. Daher glauben wir, dass Gottes Hände bei der Schöpfung/Entstehung der Welt in jede Substanz, in jedes Lebewesen gegeben wurden … In der Natur kann das Kind erfahren, dass es etwas Ewiges gibt, das überall und immer vorhanden ist und welches das gesamte Universum in einer Weise organisiert zu haben scheint, dass alles durch seine bloße Existenz eine Aufgabe in der Gesamtheit erfüllt.»[152] Wem es widerstrebt, an eine Schöpfung Gottes zu denken, der möge «Gott» ersetzen durch eine Formulierung wie «Kraft der kosmischen Ordnung» – so hat es Peter Gebhardt-Seele vorgeschlagen – oder sogar durch «Naturgesetze». Montessori hatte hier kein Entweder-oder gesehen; für sie selbst galt die Vorstellung vom Zusammenstimmen der Naturgesetze und dem freien Willen des Schöpfers.[153]

Für diesen Zusammenhang lassen sich viele Interpretationsmöglichkeiten denken, und es gehört zu den wichtigen Aspekten der kosmischen Erziehung, mit den Kindern darüber nachzudenken und zu sprechen. Den Kindern sind diese Fragen oft sehr wichtig, denn sie berühren ihre Vorstellungen über ihre eigene Existenz, außerdem fasziniert sie die unfassbare Größe all dessen.

Die Entwicklung des Lebens auf der Erde

Diese Geschichte erzählt von den einzelligen Lebewesen, dann von den mehrzelligen bis zur Entstehung des Menschen. Sie erzählt vom Beginn des Lebens im Wasser und davon, wie Fossilien entstanden sind, und liefert zugleich eine erste Einführung in die Evolutionsbiologie. Die Geschichte wird begleitet von einer Zeitlinie – auf einer Zeitleiste, wie ich sie in mehreren Montessori-Schulen gesehen habe – mit der Einteilung in Paläozoi-

kum (Erdaltertum), Mesozoikum (Erdmittelalter) und Känozoikum oder Neozoikum (Erdneuzeit), auf der sich zunächst noch keine Daten befinden. Auf diese Weise kann markiert werden, wann die ersten Wirbeltiere auftauchten, gefolgt von Fischen und Pflanzen usw. – «beginnend mit dem Königreich der Trilobiten und endend mit der menschlichen Existenz», wie Paula Polk Lillard das so schön beschreibt. Das Ziel sei, den Kindern eine Idee davon zu vermitteln, was alles schon da war, ehe der Mensch auf der Erde erschien. Die Impression soll die Imagination reizen und dazu herausfordern, mehr wissen zu wollen. Für unsere heutigen Kinder – und meistens auch für die Erwachsenen – ist es verblüffend, wie spät in der Geschichte des Lebens erst die Dinosaurier auftauchen.

Die Auswahl dessen, was die Kinder jetzt erforschen möchten und können, ist riesengroß. Darum muss selbstverständlich auch eine große Menge an Material bereitliegen, vor allem Bilder und Nachschlagewerke, Lexika und heute auch Filme o. Ä. Für die populärwissenschaftlichen Zeitschriften ist dieser Komplex ein beliebtes Thema. Die Kinder können suchen, sammeln und Fragen stellen und lernen dabei ganz nebenbei die Grundformen wissenschaftlichen Arbeitens.

Das Erscheinen des Menschen auf der Erde

Mit dieser Geschichte wechselt die Blickrichtung von der Biologie stärker zur Geschichte als Historie. Maria Montessori hatte offenkundig eine Vorliebe für die Vor- und Frühgeschichte. Über das menschliche Wesen schrieb Margaret Stephenson – ähnliche Äußerungen gibt es von Paula Polk Lillard: «Dem menschlichen Wesen wurden nicht wie den Pflanzen, Tieren und chemischen Substanzen eine Reihe von Gesetzmäßigkeiten und Befehlen zur Steuerung ihrer Aktivitäten gegeben, sondern ein Leben, das durch zwei einzigartige Begabungen gesteuert werden konnte, die Tieren und Pflanzen fehlten. Diese beiden Begabungen des Menschen waren Intelligenz und Liebe, oder in anderen Worten Verstand und Wille. Dank dieser beiden Gaben konnten die Menschen Kontrolle über ihr Leben ergreifen und es nach eigenen Vorstellungen formen. Was für ein riesiges Feld öffnet sich damit dem nachdenkenden und fragenden Geist des Kindes. Kein Wunder, dass sein Fragen kein Ende nimmt, es sei denn, es trifft auf einen verständnislosen Erwachsenen.»[154]

Warum Kinder sich spontan mehr für Vor- und Frühgeschichte interessieren, ist eine Frage, die viele beschäftigt hat und doch nicht zufrieden stellend beantwortet worden ist. Es mag darum bei der Beobachtung bleiben, dass es oft so ist. Im Anschluss an diese Geschichte lässt sich nicht nur eine, sondern lassen sich viele Zeitleisten aufbauen, so etwa über den Werkzeuggebrauch der Menschen in den Stein-, Eisen- und Bronzezeiten, über ihre Wohn- und Siedlungskultur, über ihre Religion und Kunst, ihre Kleidung und Nahrung. Für die Kinder entfaltet sich die Vielgestaltigkeit der Menschheitsgeschichte in Raum und Zeit. Eine Studentin in einem Montessori-Seminar, angeregt durch den großen Überblick und die darin markierten Etappen, konzentrierte sich auf die Höhlenmalerei und schrieb darüber ihre Diplomarbeit. Ein Student baute eine Zeitleiste zur Geschichte der Popmusik auf, die er mit Erfolg älteren Schülern vorführte. Wo bei diesen Schülern vielleicht im Sinne Montessoris «ein Samenkorn aufgegangen» ist, würde ich gern wissen. Ich habe oft erlebt, wie intensiv und ausdauernd Kinder und junge Leute an so einem Projekt arbeiten, wenn sie es sich selbst gewählt und die Realisierung selbst ausgedacht haben. Es ist offensichtlich, dass die Sache mit der «Polarisation der Aufmerksamkeit» als einem Höchstmaß an Konzentration nicht in den Bereich der pädagogischen Legenden gehört.

Die Geschichte der Kommunikation in Zeichen

Für Kinder, die gerade das Schreiben und Lesen lernen oder gelernt haben, müsse es einen besonderen Reiz haben – so Montessori – zu erfahren, in welcher Weise die Menschen früher mündliche und schriftliche Kommunikation betrieben haben. Darum wurde in dieser Geschichte zunächst von den Kommunikationssymbolen der Ägypter erzählt, dann von denen der Phönizier und weiter von denen der Hebräer, der Griechen und der Römer, also die Geschichte des heutigen Alphabets. Das Alphabet war für Montessori die Grundlage der Schriftsprache. Gesprochene Sprache und geschriebene Sprache galten für sie als zwei gleichwertige menschliche Kulturleistungen. Mit der Entwicklung der geschriebenen Sprache habe der Mensch in der Evolution eine höhere Existenzform erreicht, «den Menschen mit den zwei Sprachen»[155].

Für Kinder kann dieses Thema auch ohne die originale Erzählgeschichte Montessoris eine große Faszination haben, wenn es ihnen spannend nahe gebracht wird. Mir wurde aus einer Montessori-Schule erzählt, dass einige Mädchen so von den ägyptischen Hieroglyphen fasziniert waren, dass sie das Tagesdatum für eine Weile in Hieroglyphen geschrieben haben ebenso wie ihre Mathematikaufgaben. Die Lehrerin bekam zum Geburtstag eine selbst gebackene Torte mit Gratulation in Hieroglyphen.

Die fünfte Geschichte

Für die fünfte Geschichte finde ich verschiedene Titel. Ela Eckert nennt sie «Die Geschichte der Jäger», Paula Polk Lillard schreibt von der «Geschichte der Zahlen». Es wird davon erzählt, wie Menschen anfingen, zu zählen und zu messen, wie die Sumerer und Babylonier das Zählen und Messen zu Systemen ausgebaut haben, dass die Griechen, Römer und Chinesen die Ziffern eingeführt haben und schließlich warum wir unsere Ziffern arabische nennen im Unterschied etwa zu den alten römischen. Margaret Stephenson hat diese und die vorige Geschichte so kommentiert: «Diese Erzählungen stellen dem Kind die Geschichte des Alphabets vor und wie das Schreiben und Lesen möglich wurde sowie die Geschichte jener anderen Sprache, die man zum Berechnen und Erfinden gebrauchte ... Diese zwei Erzählungen werden das Lesen, das Schreiben und die Mathematik unmittelbar in den Kontext der kosmischen Erziehung rücken und diese Bereiche zu großen Geheimnissen machen, die zum Erforschen und Vergnügen anregen, statt ‹staubtrockene› Fächer zu sein im Stunden- und Lehrplan, auf Textkarten und in Schulbüchern.»[156]

Paula Polk Lillard, die selbst lange Montessori-Lehrerin war, hat diese Erzählgeschichten als wichtige Vorarbeit für alle nachfolgenden Studien, Forschungen und Lernprozesse der Kinder bezeichnet. Man solle möglichst früh damit beginnen entsprechend der zuvor erwähnten Montessori-Maxime: «Am Anfang wollen wir ihm die ganze Welt geben.» Bei so kleinen Kindern sei das in der Tat eine revolutionäre Idee Montessoris gewesen. Aber der Zweck dieser Geschichten sei nichts anderes, als die Einbildungskraft der Kinder anzuregen, und darum wird nichts gelesen und nichts aufgeschrieben, was gelernt werden muss. Im Übrigen sollte der Lehrer oder die Lehrerin nicht den Kindern ihre eigenen Fragen stellen. Das zu vermeiden sei gar nicht einfach, dennoch sollten die Lehrer nur so viel führen und ermuntern, wie es nötig ist, um das Interesse der Kinder hervorzulocken.[157]

Weitere Beispiele zur kosmischen Erziehung aus der Praxis

Geschichte des Universums

Diese Geschichte lässt sich nur erzählen. Der bekannte amerikanische Montessori-Pädagoge David Kahn[158] hat seine Textfassung inhaltlich eng an Montessoris Geschichte von «Gott, der keine Hände hat» angelehnt, aber er hat sie kürzer gefasst. Außerdem ist David Kahns Text nur naturwissenschaftlich-evolutionsgeschichtlich orientiert, den religiösen Aspekt hat er herausgenommen. Dafür folgt in dem gleichen Heft auf Kahns Text eine sehr schöne Kurzfassung der biblischen Schöpfungsgeschichte, die Piet Worm für seine Kinder geschrieben hat. David Kahns Text verkürze ich hier wiederum, indem ich ihn frei übersetze.

Am Anfang, bevor wir *alle geboren waren, bevor unsere Eltern und Großeltern geboren waren und bevor überhaupt Menschen lebten, sogar bevor es die Erde gab, war nichts da, überhaupt nichts. Nichts außer der Größe des Raums, nichts als Dunkelheit und Kälte. Inmitten der Kälte und Dunkelheit entstand so etwas wie eine Wolke, eine wirbelnde Kugel von Gasen, und indem die kleinsten Teilchen aufeinander prallten, explodierten sie. Ein strahlender heißer Feuerball brachte Licht in die leere Dunkelheit und eine ungeheure Hitze, die uns sofort zu Asche verbrennen würde.*

Bald tauchten Galaxien – Sternsysteme – auf mit vielen unendlich weit entfernten Sternen. Sie waren so weit entfernt, dass Millionen von Jahren vergehen würden, allein bis ihr Licht uns erreichen könnte. Einer dieser Sterne war unsere Sonne, die im Laufe der Zeit Klumpen von Energie und Materie um sich sammelte. Daraus entstand unser Sonnensystem.

Unsere Erde war im Sonnensystem anfangs ein roter heißer Ball. Die äußeren Schichten waren aus leichterer flüssiger Materie gebildet, während die schwerere Materie nach den Gesetzen der Schwerkraft zum Zentrum hin absank. Heißes Gas entwich nach außen, und kalte Luft drang nach innen. So begann sich nach Millionen Jahren die kochende Erde abzukühlen. Es formte sich eine feste Kruste von Stein rund um das heiße Zentrum.

Vom Inneren der Kruste her brachen heiße Gase und Lava aus Vulkanen hervor, sie stießen hervor wie flammende Schwerter. Woge über Woge der Lava breitete sich über die krustigen Felsen. Es wehte ein heißer Sturm, aber es fiel nicht ein Tropfen Regen. Als die Kruste langsam hart wurde, stiegen Dampf und Gase auf und legten eine dicke Wolke um die Erde. So konnten die Sonnenstrahlen nicht mehr länger den hitzegeplagten Planeten versengen.

Die ersten Regentropfen verdampften noch. Aber als die Erde endlich genügend abgekühlt war, begann der Regen die Abhänge herabzurinnen und füllte allmählich Spalten und Löcher. Dann regnete es aus den dunklen Wolken immer-

zu, bis die Flüsse zu Strömen anschwollen und aus den Strömen schließlich Ozeane wurden.
Aber niemand hat das alles gesehen, nicht die Steine, die Lava, das Feuer und das Wasser. Nach weiteren Millionen Jahren wurden die Wolken dünner, Sonnenstrahlen konnten sie durchdringen, und dann schien die Sonne auf eine fortwährend sich verändernde Erdoberfläche. Die Kruste begann zu brechen und sich zu falten, und die ersten Berge erhoben sich. Die Berge veränderten sich weiter, als das Wasser die Felsen bearbeitete und Steine in die Meere transportierte. Stück um Stück wurden Steine zu Sand zerstoßen, der auf den Boden der Ozeane geschwemmt wurde. Dort verfestigte er sich wieder zu Stein, und neue Berge entstanden. Sie wurden wiederum zerrieben und abgeschliffen durch die Wellen und reißenden Flüsse, zerbrochen in kleinste Stücke und zurückgespült auf den Grund der Ozeane.
Aber noch immer gab es kein Leben auf der Erde ... nur Felsen und ruhelose Bewegung des Wassers. Erst als sich das Wasser beruhigte und weiterhin die Sonne schien, begann sich langsam das Leben zu rühren, doch unsichtbar für das Auge.

Sonne, Erde und die Planeten

Wohl in jedem Schulatlas finden sich Abbildungen der Planeten und Schaubilder von den Größen, Entfernungen und den Umlaufbahnen der Planeten unseres Sonnensystems. Aber ich habe eigentlich noch niemanden getroffen, dem diese Größenverhältnisse während der Schulzeit oder später zu einem nachhaltigen Erlebnis geworden wären. Montessori hatte Recht damit, dass man etwas erst gegenständlich begreifen muss, bis es im Kopf zu begreifen ist und es sich ins Gehirn «eingräbt». Darum habe ich jene Größenverhältnisse maßstabgetreu im Modell dargestellt.[159]

Das Modell der Sonne *soll bei ihrem tatsächlichen Durchmesser von 1,392 Millionen Kilometern eine Kugel mit dem Durchmesser von rund 140 Zentimetern sein. Da die Sonne aber von ferne wie eine Scheibe aussieht, reicht schon ein sonnengelbes rundes Tuch (das uns ein achtjähriger Montessori-Schüler mit der Nähmaschine genäht hat).*

Die Modelle der Planeten werden durch Perlen oder Kugeln aus Holz oder Styropor dargestellt:

Äquatorialdurchmesser im Modell		***Mittlere Entfernung von der Sonne im Modell***
Merkur	*0,5 cm*	*58 m*
Venus	*1,2 cm*	*108 m*
Erde	**1,2 cm**	**149 m**
Mars	*0,7 cm*	*228 m*
	Innerer Planetenring	
Jupiter	*14,4 cm*	*778 m*
Saturn	*12,1 cm*	*1427 m*
Uranus	*4,7 cm*	*2869 m*
Neptun	*5,0 cm*	*4496 m*
Pluto	*0,6 cm*	*5946 m*

- *Im ersten Schritt werden die einzelnen Planetenmodelle auf die Sonnenscheibe gelegt. Dadurch entsteht der handgreifliche und augenscheinliche Eindruck von den Größenverhältnissen der einzelnen Planeten untereinander und im Verhältnis zur Sonne.*
- *Im zweiten Schritt wird jedem Planetenmodell ein Kärtchen mit den wichtigsten Daten wie Äquatorialdurchmesser, mittlere Entfernung von der Sonne, Umlaufgeschwindigkeit, Zahl der Monde, Temperaturen, Oberflächenbeschaffenheit usw. zugeordnet.*
- *Im dritten Schritt können sich einzelne Kinder ein Planetenmodell mit Kärtchen nehmen und die angegebene Entfernung von der Sonne her abschreiten oder ausmessen. So eine Planetenwanderung kann natürlich nur draußen auf einem langen geraden Weg vor sich gehen. Schon beim inneren Planetenring zeigt sich, dass vom Ausgangspunkt Sonne die kleinen Modelle nicht mehr zu erkennen sind, sondern gerade noch die Kinder, die sie in der Hand halten. Bei den nächsten Planeten würden auch die bald außer Sichtweite geraten, sodass sich nun wohl alle auf den Weg machen. Bis zum Pluto ist ein fast 6 km langer Weg zurückzulegen. Nach einem so langen Gang dürfte der Eindruck von Raum als Weglänge und Zeit, die man brauchte, nicht so schnell in Vergessenheit geraten.*
- *In einem vierten Schritt könnten die Kinder sich noch mehr an detaillierten Informationen über die einzelnen Planeten aus der Literatur zusammentragen und bei einem «Planetentreff» gegenseitig austauschen.*
- *Nicht zuletzt aber sollte herausgestellt werden, dass die Erde derzeit der einzige bekannte Planet ist, der von Menschen bewohnt werden kann. Dies muss dann auch immer wieder erzählt werden. Die Neugier, ob es noch andere belebte Planeten gibt, dürfte bei Kindern, wenn der Gedanke erst einmal aufgekommen ist, kaum geringer sein als bei Wissenschaftlern.*

Entwicklung des Lebens auf der Erde und die archäologische Kommode

Auch für dieses Thema, die Entwicklung des Lebendigen auf der Erde, hatte Montessori eine Erzählgeschichte konzipiert, die die Einbildungskraft der Kinder anregen sollte. Aber die kosmische Erziehung soll ja die Einbildungskraft *und* die Abstraktion herausfordern. Da es selbst uns Erwachsenen unmöglich erscheint, direkt von den großen Jahreszahlen auf bestimmte Zeiträume und deren Relationen zueinander zu schließen, sind didaktische Hilfen erforderlich.

***So lassen sich beispielsweise** die Epochen der Erdgeschichte fiktiv auf die eine Stunde des Zifferblatts einer Uhr übertragen. Um 0 Uhr denken wir uns den «Urknall». Erst nach etwa 45 «Erdminuten» hätten sich dann die großen Ozeane gebildet[160], in denen die ersten organischen Lebewesen entstanden. Darüber sind etwa 5 «Erdminuten» vergangen. Im Verlauf weiterer 5 «Erdminuten» brachen aus den Ozeanen die Erdplatten mit ihren Bergen und Tälern hervor, bis dann auf Teilen der Erdflächen Pflanzen zu wachsen begannen und kleine und große urweltliche Tiere Lebensmöglichkeiten fanden, so auch die Saurier. Erst in der letzten Minute dieser Art von Zeitrechnung taucht die Gattung Mensch auf. Dieses Denkmodell lässt sich gut als runde Scheibe mit farbigen Segmenten für die einzelnen Epochen darstellen und macht die Relationen deutlich, wie «unendlich» lange es gedauert hat, bis Tiere und schließlich Menschen auf der Erde leben konnten.*

Ähnlich anschaulich wird es, wenn man die Zeit vom Beginn der eigentlich geologischen Entwicklung der Erde vor etwa 4,6 Milliarden Jahren – es bildete sich die erste festere Kruste – auf den Kalender eines Jahres zusammendrängt.

*«**Bis zum beginnenden März** ist die Erde noch ganz ohne Leben, in den ersten Märztagen bilden sich die ersten lebenden Zellen. Im August beginnt das Zeitalter des sich entwickelnden Lebens im Meerwasser ... Die Zeit des blühenden Lebens ... dauert von der ersten Hälfte des Novembers bis Jahresende. Die großen Dinosaurier des Erdmittelalters erscheinen nicht vor Mitte Dezember, um schon während der Weihnachtsfeiertage wieder auszusterben. Die Gattung HOMO ist etwa zwei Stunden vor Silvester zu erwarten, und eine Minute vor Jahreswechsel schließlich erscheint der sesshafte Mensch der Jungsteinzeit.»[161]*

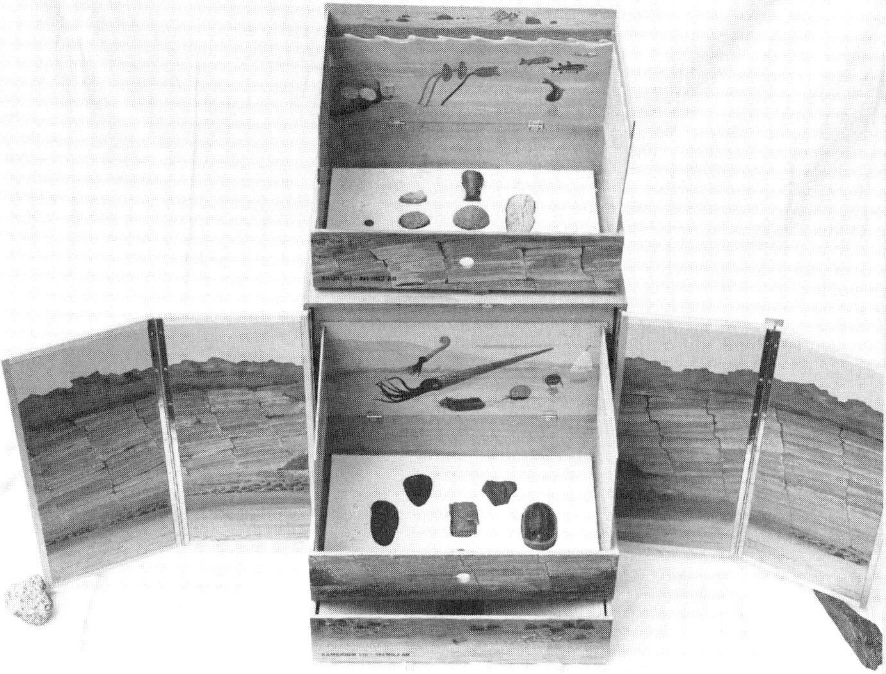

Dies alles ist anschaulich und in Analogien vorstellbar, aber im Sinne Montessoris kann man es noch nicht mit den Händen greifen, um es im Kopf zu begreifen. Dem kommt die *archäologische Kommode* entgegen, die das Paläontologische Museum der Universität Uppsala/Schweden für den Gebrauch in Schulen hergestellt hat.[162]

__Den ersten «Überblick»__ verschafft ein in der Kommode enthaltenes 46 Meter langes (für 4,6 Mrd. Jahre) Zeitband aus festem Kunststoff auf einer Drehtrommel. Aber es ist eben nicht nur ein Über‹blick›, denn dieses Zeitband muss mit den Händen ausgerollt werden, und die Kinder müssen die 46 Meter an dem Band entlanggehen. Erkenntnis und Bewegung werden miteinander verknüpft. Auf dem Band selbst sind die Abschnitte der Erdgeschichte markiert, und der Prozess wird in Stichworten beschrieben. Von ersten Stromatolithen an (Kalkgebilde, die unter Mitwirkung von Blaugrünalgen entstanden sind) wird dann in einer immer dichter werdenden Abfolge von farbigen Bildern auf dem Band die Entwicklung der Lebewesen auf der Erde sichtbar gemacht bis hin zu den letzten Millimetern, als die Gattung Mensch auftaucht. Und dann steht da ein Fragezeichen: Wie wird es weitergehen?

Die Kinder stehen nachdenklich neben diesem langen Band, sie gehen zu diesem oder jenem Abschnitt und staunen und lernen zugleich und fragen selbst: Wie wird es weitergehen?

- ***In der Kommode*** *finden die Kinder Platten, auf denen die großen «Kontinentalverschiebungen» bildlich dargestellt sind. Pfeile zeigen, wie die Erdteile gewandert sind, wie sich erst der Großkontinent Gondwana, in dem Afrika und Südamerika noch eins waren, und viel später das Ein-Land Pangea teilen, indem die einzelnen Erdteile auseinander drifteten. Als 1912 Alfred Wegener erstmals behauptete, dass die Lage der Kontinente und Ozeane sich ständig verändere, fand er wenig Zustimmung. Heute können wir den Kindern mit der «Theorie der Plattentektonik» erklären, dass diese Verschiebungen die Ursache für Erdbeben und Vulkanausbrüche sind. Aber auch die Geschichte, die Ela Eckert*[163] *aus ihrer Montessori-Schule in Schweden erzählt, klärt sich relativ leicht auf. Ein Schüler des 2. Schuljahres behauptete: «Vor langer Zeit lag Schweden am Äquator!» Sein Beweisstück war ein Stein von der Insel Gotland mit fossilen Korallenabdrücken. Es wurde überlegt und nachgeprüft. Das Kartenbild aus der Kommode zeigte, dass vor über 400 Millionen Jahren im Silur die Kontinentalplatte, die heute Europa bildet, am Äquator lag, allerdings noch unter dem Meeresspiegel, und dort lebten verschiedenste Korallen. «Schweden war zu der Zeit zu großen Teilen Meeresgrund in einem warmen Meer» – so steht es auf der Platte aus der Kommode. Und es ist nicht schwer, zum Beispiel auf der Insel Gotland Fossilien von subtropischen Pflanzen und Tieren zu finden.*
- ***In der Kommode*** *liegt ferner eine Plexiglasröhre, die mit Sand bzw. kleinen Steinen ganz unterschiedlicher Körnung und mit Wasser gefüllt ist. Nach dem Schütteln kann man den Vorgang der Sedimentierung gut beobachten und auch, wie lange es dauert, bis sich endlich die feinsten Teilchen abgesetzt haben.*
- ***Nicht zuletzt*** *hat die archäologische Kommode drei Schubladen. Da für Nordeuropa und zumindest für den Ostseeraum die drei erdgeschichtlichen Perioden des Kambriums (570 Mio. Jahre), des Ordoviciums (435 Mio. Jahre) und des Silurs (400 Mio. Jahre) die interessantesten sind, gibt es für jede dieser Perioden eine Schublade mit Bildern der Pflanzen und Tiere und Modelle der für diese Zeit typischen Fossilien.*

Vielleicht darf ich hier eine kleine persönliche Bemerkung einschieben. Für alle diese Dinge habe ich mich bis vor ein paar Jahren wenig interessiert. Erst durch die Beschäftigung mit der Montessori-Pädagogik und zumal der kosmischen Erziehung bekamen diese Fragen der frühen Geschichte eine große Faszination. Ich gestehe es, die alte Dame hat mich posthum «verführt», und plötzlich finde ich so viele Fossilien, aber auch so viele Bücher dazu, dass ich kaum alles verarbeiten kann. Es ist unglaublich reizvoll, für Kinder wie für Erwachsene, diesen Dingen auf den Grund zu gehen.

Beispiele zur Geschichte und Kultur des Menschen

Die Zahl der möglichen Beispiele wird nun nahezu unendlich. Es ist schon so, wie Montessori empfohlen hatte: Wenn man möglichst viele Samenkörner ausgesät hat, kann man abwarten und zusehen, welche aufgehen. Einige wenige von so aufgegangenen Samenkörnern will ich hier als Beispiele nennen. Sie entspringen den eigenen Ideen derjenigen Schüler und Studentinnen, die sie hergestellt haben.

- ***Anwachsen der Erdbevölkerung*** *Die Zeit von der mittleren Steinzeit etwa ab 6000 Jahre v. Chr. wurde in 1000er-Schritten bis heute auf acht große Platten verteilt. Auf den Platten ist mit einfachen Mitteln die Lebensumwelt der Menschen dargestellt, anfangs die Höhlenbewohner am Flussufer, eine Weile später der Übergang zur Sesshaftigkeit mit Ackerbau und Haustieren usw. bis heute mit Hochhäusern, Kernkraftwerk, einem begradigten, aber auch verschmutzten Fluss, von Autos verstopften Straßen, viel Müll usw. Die Bevölkerungszahlen beruhen natürlich großenteils auf Schätzungen. Vor 6000 Jahren gab es vermutlich ca. 10 Millionen Menschen auf der Erde. Dafür liegt bei der ersten Platte eine Perle. Ein Jahrtausend später hat sich die Zahl der Menschen wahrscheinlich verdoppelt, also zwei Perlen. So wächst die Zahl der Menschen in kontinuierlicher Progression allmählich, also vier, dann acht Perlen usw. Erst in unserem Jahrtausend werden es dann plötzlich sechs Milliarden Menschen, und somit gibt es eine lange Kette von sechzig Perlen. Wer hat sich das schon so greifbar klar gemacht? Das hat auch immer Anlass zu nachdenklichen Diskussionen gegeben. Ist die Umweltdarstellung zu pessimistisch? Wie könnte es weitergehen?*
- ***Frühe Hochkulturen*** *Hierzu hat Maria Montessori selbst Anfänge gemacht[164], so vor allem mit der Kultur der Ägypter, die übrigens bei Kindern auf ein unerwartet großes Interesse stößt. In diesen Zusammenhang gehört auch der «romanische Torbogen». Daran wird gut begreifbar, was Montessori damit meinte, dass ohne das Werk der Hände keine menschliche Kultur entstanden wäre. Diese aus vielen einzelnen Bausteinen zu errichtende römische Brücke entschlüsselt das Geheimnis, warum der Torbogen nicht einstürzt, sondern sogar große Lasten tragen kann.[165]*

- ***Die großen Weltreligionen*** *Zu jeder der großen Religionen wurden die kennzeichnenden Symbole sowie Bilder und Texte nach bestimmten Kriterien zusammengestellt. Das alles ist auf viele Karten verteilt, die zunächst einmal (mit Fehlerkontrolle) richtig zuzuordnen sind. Kinder können sich so in eigener Arbeit einen vergleichenden Überblick verschaffen wie auch an einzelnen Stellen nach eigenem Interesse weiterarbeiten.*
- ***Geschichte unserer Stadt in Baudenkmälern*** *Dazu gehören ein auf Pappe oder Holz aufgezogener Stadtplan, meistens nur Innen- oder Altstadt, Fähnchen zum Einstecken mit den Namen der historischen oder auch sonst wichtigen Gebäude und mit den Straßen oder Plätzen, außerdem Bilder dieser Gebäude und Textkarten mit Informationen. Dieses lässt sich, wie fast jedes dieser Beispiele, noch in verschiedener Richtung erweitern.*

Beispiele aus der Natur

Der Baum ist eines der wichtigen Symbole in der Theorie der Evolution. So werden in der Montessori-Pädagogik gern Bäume hergestellt, zum Beispiel für die Tier- und für die Pflanzenwelt oder auch für die Entwicklungsgeschichte einer bestimmten Tierart.

- ***Das Pflanzenreich,*** *dargestellt in einem solchen Baum, zeigt das evolutionäre Heraufwachsen von den einfachsten Pflanzen wie Spaltpilzen und Kieselalgen zu den Sporenpflanzen mit ihren nun schon sehr viel zahlreicheren Verzweigungen zu den farnartigen Pflanzen bis hin zu den Samenpflanzen, die heute den größten Teil unserer Pflanzenwelt ausmachen. Abgesehen von der Systematik, die einen Einblick in den geordneten Aufbau des Kosmos vermittelt, lässt sich an diesem Pflanzenbaum sehr gut untersuchen, welche Pflanzenarten bei uns ausgestorben und welche bedroht sind.*
- ***Maria Montessoris Enkel Mario*** *hat in seinem Buch «Erziehung zum Menschen» im Kapitel «Kosmische Erziehung» den höchst komplizierten Lebenszyklus der Lachse beschrieben. Er hat ihn als «eine ökologische Lektion» bezeichnet – ganz im Sinne dessen, was seine Großmutter als kosmische Aufgabe angesehen hatte.*[166]
- ***Luft und Wasser*** *Auch dazu hat Montessori eine Reihe von Anregungen gegeben. Besonders hervorheben möchte ich jene Passagen, in denen vom Kohlendioxydgehalt in der Luft und im Wasser die Rede ist und von dem «empfindlichen Gleichgewicht», das erhalten werden müsse. Die in deutscher Sprache dazu vorhandenen Texte liefern leider nur Bruchstücke, während die englischen Texte vollständiger sind.*

Du bist umgeben von Wasser. Du kannst ihm nicht entfliehen.
Dein Körper sehnt sich nach Wasser, ohne es würde er sterben.

Als Flüssigkeit bedeckt Wasser 71 Prozent der Erdoberfläche.
Als Gas mag es erscheinen, als eine Sommerwolke oder als dein schwebender Atem an einem Wintermorgen; in festem Zustand wird es als Eiswürfel dein Getränk kühlen; als Eisberg kann es einen stählernen Rumpf zerreißen wie Seidenpapier.
Es löst Metall auf; ermöglicht Ernten; versenkt Schiffe;
es ist zu 70 Prozent Bestandteil deines Körpers.

Wasser ist unser gemeinsames Erbe.
Wir teilen es uns nur über die Jahrhunderte.
Trotzdem sagst du: Es ist nur Wasser.[168]

Es gibt noch weitaus mehr Beispiele. Ich habe wunderschöne Schüler- und Studenten-Arbeiten gesehen von Sternbildern, von der Verbreitung der Indianer im nördlichsten Amerika, von Singvögeln, Schmetterlingen, Muscheln und manchem mehr. Es gehen viele Samenkörner auf, *wenn man es zulässt.* Phantasie, Einbildungskraft, Abstraktion – das sind die Kräfte der Kinder für die kosmische Erziehung. Aber auch Begeisterungsfähigkeit für die Schönheit des kleinen und des großen Kosmos sowie die Leidenschaft, sie zu erhalten und Gefahren abzuwehren, gehören dazu. Eine Spruchweisheit ist in unseren Tagen (wieder?) sehr aktuell geworden: *Wir haben unseren Planeten nicht von unseren Großeltern geerbt, sondern von unseren Kindern geliehen.*

Die dritte Stufe der Entwicklung und Erziehung 12 bis 18 Jahre

Die dritte Stufe der Entwicklung und Erziehung ist nach Montessori – in der Abfolge der Sechsjahresschritte – wieder eine «formative» (rote) Phase [169]. Es ist also eine Zeit der Unruhe und Labilität, des Umbruchs und der Neuorientierung der Kinder, die jetzt Jugendliche werden. Wir sprechen oft einfach von Pubertät, aber auch von Reifezeit. Für die jungen Menschen gibt es eine schwierige und kritische Zeit, aber zugleich eine schöpferische Phase, in der neue Beziehungen aufgebaut, neue Rollen gelernt werden müssen, kurz: in der das Leben als Erwachsener vorbereitet und aufgebaut wird. Auch die dritte Phase der Entwicklung ist nicht nur eine Fortsetzung der zweiten, sondern Montessori hat sie sogar mit der ersten Phase verglichen. Eine neue Dimension der menschlichen Existenz eröffnet sich. Es handelt sich gleichsam wieder um eine Geburt, nämlich die des Erwachsenen.

Fördern und Schützen der Personalität

Die Reifezeit ist für die Ärztin Maria Montessori nicht zuletzt wegen des schnellen körperlichen Wachstums der Jugendlichen eine Zeit besonderer physischer Empfindlichkeit und Anfälligkeit. Es ist auch «das Alter der Zweifel und der Unschlüssigkeiten, der heftigen Gemütsbewegungen und der Entmutigung», öfter auch der wechselnden intellektuellen Leistungsbereitschaft. Was aus dieser Zeit wird, hängt vom Selbstvertrauen des Jugendlichen ab, «von der Kenntnis seiner eigenen Fähigkeiten und deren vielerlei Anwendungsmöglichkeiten». Vor allem aber brauchen die jungen Menschen das «Gefühl der Unabhängigkeit». Da taucht also wieder die Grundlinie von Montessoris Pädagogik auf. *Unabhängigkeit* der kleineren Kinder und nun auch der Jugendlichen. «Das Gefühl der Unabhängigkeit ... muss aus der Geschicklichkeit, sich selbst zu genügen, geboren werden und nicht aus einer vagen Freiheit, die man der gnädigen und großzügigen Hilfe der Erwachsenen verdankt. *Zwei Glauben können den Menschen erheben: der Glaube an Gott und der Glaube an sich selbst.*»[170]

Montessori stand mit solchen Überlegungen in den dreißiger Jahren, als sie das schrieb, nicht allein. Die Psychologie des Jugendalters war damals ein wichtiges und viel erörtertes Thema. Es ist dann weitgehend verschwunden und taucht erst heute wegen der aktuellen Jugendprobleme wieder vermehrt auf. Wenn Jugendliche rechtsextremen Parolen folgen und gewalttätig werden, wird – neben anderem – als Grund dafür der Mangel an Ichstärke und Selbstbewusstsein vermutet, das Bedürfnis, sich einer starken Führerpersönlichkeit anzuschließen. Dazu kommen die Resignation über das Versagen unter dem Druck der Konkurrenz und die pessimistisch gesehenen Zukunftsaussichten. Als Montessori diese Gedanken äußerte, hatte sie schon ihre Erfahrungen mit den italienischen Faschisten und deren deutschen und spanischen Gesinnungsgenossen hinter sich. Es verwundert nicht, dass sie so nachdrücklich auf die Frage nach dem Selbstbewusstein der Jugendlichen eingegangen ist.

Die Charakteristik der dritten Phase und die dazugehörige Pädagogik für diese Altersstufe hat Maria Montessori im Wesentlichen in ihrem «Erdkinderplan» entwickelt. Übrigens ist der Ausdruck «Erdkinder», der sich längst international in verschiedenen Sprachen eingebürgert hat, von Montessori selbst in deutscher Sprache so geprägt worden. Es handelte sich um einen Plan zur Reform der höheren Schule.

In Amsterdam waren die Kinder – wie überall – aus der Montessori-Elementarschule herausgewachsen, und auf Betreiben der Eltern ist 1930 dort ein Montessori-Lyceum (ähnlich einem Gymnasium, es besteht noch heute) eröffnet worden. Maria Montessori hat dann in der Mitte der dreißiger Jahre in Vorträgen ihre eigenen Ideen von einer Sekundarschule unter dem Titel «Erdkinderplan» vorgestellt. Ende der dreißiger Jahre wurde der Plan in englischer Sprache veröffentlicht («The Erdkinder. A Scheme for a Reform of Secondary Education»)[171], nach dem Zweiten Weltkrieg in französischer Sprache, und erst 1988 ist der «Erdkinderplan» in deutscher Sprache herausgegeben worden.

Beim Lesen dieses Plans für die *Reform der Sekundarstufe* – der «höheren Schule» – fällt sofort auf: Hier ist zuerst und vor allem von den Kindern und Jugendlichen, von ihren Bedürfnissen und Problemen die Rede. Wir sind so ganz andere Schulreformpläne gewöhnt, in denen die Organisation, die Lehrpläne und Richtlinien, die Klassenstufen, die Fächer, die Kurse und die Leistungsbewertung den Vorrang haben. Unwillkürlich fällt einem ein, was Gymnasiallehrern gern als ihre Auffassung unterstellt wird:

«Wir unterrichten nicht Schüler, sondern Fächer.» Und in der Tat hat mir ein Gymnasialpädagoge, als ich ihm diesen Text zu lesen gab, gesagt: «So habe ich das noch gar nicht gesehen; bei der höheren Schule denke ich an Bildungsinhalte und an Anforderungen, aber nicht gerade an die Schüler.»

Für Montessori stand hier der Übergang der Kinder zu Erwachsenen in der Pubertät im Vordergrund: Der «Übergang von der Mentalität des Kindes – das innerhalb der Familie lebt – zur Mentalität des Erwachsenen, der in der Gesellschaft leben muss». Dies sei «eine besonders empfindliche Periode»; die Erziehung habe deshalb eine doppelte Aufgabe, nämlich sie müsse «die Entwicklung des jungen Menschen fördern und schützen»[172]. Die gegenüber früheren Entwicklungsperioden «neuen Bedürfnisse des Jugendlichen» seien also einerseits, «beschützt zu sein», und andererseits, «die Rolle des Menschen in der Gesellschaft zu begreifen». Der einzig sichere Weg dazu sei, «die Personalität der Kinder zu fördern», zumal – ähnlich wie heute – niemand mehr den jungen Leuten einen sicheren Weg in Beruf und Gesellschaft vorausplanen noch gar garantieren könne. «Man muss die menschliche Personalität für alle unvorhergesehenen Eventualitäten vorbereiten.»[173] Ich habe oft mit jungen Leuten über das Fördern und Schützen diskutiert. Gegen das Fördern hatte niemand Einwände, wenn es kein autoritäres Führen wäre. Mit dem Beschütztsein verbanden sie eher ablehnende Vorstellungen, wenngleich doch deutlich wurde, dass sie nicht allein gelassen sein wollten. Die Erwachsenen sollten sich gewiss nicht in ihre Probleme einmischen, aber diejenigen, denen sie vertrauen könnten, sollten ihnen «nahe sein», das wäre schon gut.

Nach Montessori braucht der Mensch fünf Qualitäten «in diesem wilden Kampf, zu dem sich das soziale Leben entwickelt hat»:

«Mut
starken Charakter
schnellen Verstand
moralische Grundsätze
praktische Fähigkeiten»[174].

Von fachlichen Qualifikationen ist hier noch nicht die Rede. Die waren selbstverständlich auch für Montessori wichtig, aber sie folgen erst in einem weiteren Gedankenschritt: Auch das ist eine für uns noch etwas ungewohnte Denkweise, obwohl es sich bei den fünf Qualitäten weitgehend um das handelt, was wir heute Basis- oder Schlüsselkompetenzen nennen. Aber gerade für solche Kompetenzen bedarf es der von Montessori immer wieder angemahnten Unabhängigkeit und Selbständigkeit, weil sie kaum vom Lehrer gelehrt, sondern fast nur selbst gelernt und geübt werden können.

Der amerikanische Historiker und Montessori-Pädagoge Larry Schaefer hat in origineller Weise die besondere Seelenlage von Jugendlichen zu charakterisieren versucht: «To Dance with the Adolescent» – Mit den Jugendlichen tanzen, und zwar ganz wörtlich genommen. Von seiner Teenager-Tochter hatte er gehört: «Die Erwachsenen ignorieren uns, sie tun so, als ob wir gar nicht da wären.» Eine Schülerin hatte als Wunsch aufgeschrieben: «Ich hoffe, die Erwachsenen werden mal damit beginnen, Teenager als Menschen zu behandeln, nicht als lästige Plage.»

Larry Schaefer meinte, er könne vielleicht mit diesen Jugendlichen beim Tanzen besser in Kontakt kommen, und besuchte – mit einiger Überwindung – einen Tanzkurs. Die Tanzlehrerin hatte ihn noch gelobt und ermuntert. Aber als es ernst wurde, auf einer Party mit einer seiner Schülerinnen zu tanzen, hätte die nur gesagt: «Mr. Schaefer, you are a terrible dancer» – Sie sind ein schrecklicher Tänzer. Das war für Larry Schaefer ein harter Schlag. Als er darüber nachdachte, erkannte er zweierlei. Erstens: Jugendliche erwarten von Erwachsenen, dass sie ihre Sache können, der Mathematiklehrer die Mathematik, der Kunstlehrer die Kunst, und so muss, wer mit ihnen tanzen will, auch gut tanzen können. Zweitens: Diese Jugendlichen haben einen «eingebauten Detektor für Echtheit» und registrieren alles, was nicht echt, ehrlich und charakterlich einwandfrei ist. «Tanzen» kann man also nur als echte Partner, und das erst könne Jugendliche inspirieren, Erwartungen schaffen und die Partner dazu bewegen, kreativ neue Wege zu riskieren. Larry Schaefer zieht den Schluss: Lasst uns Erwachsenen lernen, wie wir mit der Jugend «tanzen» können. Freilich sei das ein Tanz, bei dem eine Reihe von Regeln eingehalten werden müssten, etwa: Stelle die Interessen der Gemeinschaft oben an, kultiviere einen zivilisierten Umgang, sprich mit deutlicher Stimme, um zu verteidigen, was rechtens ist, und um Einspruch zu erheben gegen das, was falsch ist.[175]

Für das Alter von etwa zwölf bis vierzehn Jahren – wobei ich die Grenzen nicht so eng ziehen würde – nennt Schaefer dann sechs «Entwicklungsqualitäten» und führt damit die Charakteristika weiter, die Montessori für die Sieben- bis Zwölfjährigen angegeben hatte: Nach Schaefer ist dieses Alter

- eine besondere Zeit für Abenteuer, persönliche Herausforderungen und Selbstentdeckung;

- eine sensible Phase, um für etwas einzutreten, anderer Meinung zu sein und sich anderen zu widersetzen, besonders den Eltern, Lehrern und anderen Erwachsenen;
- ein wir-zentriertes Alter; «wir» sind Altersgenossen, Sportkameraden und Freunde;
- eine sensible Phase für Poesie;
- eine Zeit besonders für Arbeit, bei der man sich die Hände schmutzig macht, für Arbeit in der Erde, aber auch für die Entwicklung handwerklicher und künstlerischer Fertigkeiten;
- eine sensible Phase, in der sich Fürsorge und menschliches Mitgefühl entwickeln.

Larry Schaefer hielt seinen Vortrag 1997 als Einleitung zu einem Kongress mit dem Titel «Pathways to Maturity» – Wege zur Reife. Da es darum ging, Montessoris Visionen für die Wege zur Reife wieder neu zu diskutieren, führt uns der Weg direkt zu Maria Montessoris lange aus dem Blick geratenen «Erdkinderplan».

Die «Erdkinder» und ihre «Erfahrungsschule des sozialen Lebens»

Nach Maria Montessori sollte die Pädagogik dieses Lebensabschnitts an den Ursprüngen der Kultur und an der gesellschaftlichen Urproduktion ansetzen. Grundlage sollte also jenes Stadium in der Geschichte der Menschheit sein, «in dem die Völker, als sie sesshaft wurden, eine Ära des Friedens und des Fortschritts eröffneten, während die Nomaden Barbaren und Krieger blieben»[176]. Hier schlägt Montessoris Evolutionsdenken wieder durch. Aber sie hat auch von «allen Kindern unserer Erde» gesprochen, die nicht durch irgendwelche Schranken voneinander getrennt sein sollten. Diese Gedanken lagen dem Namen «Erdkinder» zugrunde.

Sicher hatten Paul Oswald und Günter Schulz-Benesch Recht damit, dass Montessori mit ihrem «Erdkinderplan» eine Art Landerziehungsheim im Sinn hatte. Die Landerziehungsheime von Hermann Lietz, Kurt Hahn, Paul Geheeb, Gustav Wyneken und anderen waren in Deutschland seit der Jahrhundertwende gleichsam die Flaggschiffe der bürgerlichen Reformpädagogik. Als Grundsätze galten: eine «Pädagogische Provinz» auf dem Lande (dabei manchmal kulturpessimistische Stadtfeindlichkeit); gemeinschaftliches Leben von Schülern und Lehrern; gesunde Ernährung, Sport und «musisches Leben»; religiöse und (oder) vaterländische Gesinnung. Auch die sozialistischen Reformpädagogen, zum Beispiel Paul Oestreich und Fritz Karsen in Deutschland oder etwa Anton S. Makarenko in Russland, hatten mehr oder minder ähnliche Vorstellungen. Insofern waren Montessoris Vorschläge nicht ungewöhnlich. Aber manches ist eben doch anders in Montessoris Konzept, und ihre Hauptthesen sind heute durchaus wieder zu diskutieren.

Die «Erdkinder» sollen also mit ihrer Schule in einem Haus auf dem Lande leben. Montessori erinnert dazu an die Tradition der Gründung von höheren Schulen auf dem Lande wie Eton, Harrow oder Cambridge und Oxford.

«Während der schwierigen Periode der Reifezeit ist es wünschenswert, das Kind fern von seinem gewohnten Milieu, seiner Familie, auf dem Lande leben zu lassen, in einer ruhigen Umgebung, im Schoße der Natur.» «Das Leben in frischer Luft, in der Sonne und eine an Vitaminen reiche Nahrung» sind Montessori dabei durchaus willkommen. Aber «es ist nicht das Land an sich», das Montessori meint, «sondern die Arbeit auf dem Lande und die ‹Arbeit› im Allgemeinen, mit dem sozialen Empfinden, das die Produktion und der Gewinn mit sich bringen». Mit anderen Worten: Die soziale und ökonomische Struktur auf dem Lande sind das, was Montessori für pädagogisch reizvoll und wichtig hält. Sie will nicht aus Schülern und Studenten Bauern machen. Vielmehr ist die Landwirtschaft für sie eine der ersten von der Menschheit in ihrer Geschichte geschaffenen Kulturleistungen, eine von den Menschen selbst geschaffene Konstruktion. Das ist von Menschen geschaffene «künstliche Natur», wie der Anthropologe Helmuth Plessner das genannt hat. Diese «künstliche Natur» – die «Urproduktion» – ermöglicht den jungen Menschen wichtige Grunderfahrungen:

- Die Arbeit mit der Erde ist eine Einführung in die Natur und zugleich in die agrarische Kultur. Somit ist sie ein Eintritt in den Studienweg zu den Naturwissenschaften ebenso wie zur Geschichte.
- Die Arbeit in der Landwirtschaft gibt eine «Einführung in den fundamentalen Mechanismus der Produktion».
- Die Landwirtschaft gibt eine Einführung in den «Warenaustausch» als «ökonomische Basis der Gesellschaft»:

Ein «Studien- und Arbeitszentrum» auf dem Lande («oder in einer kleinen Stadt») soll für Mädchen und Jungen «Gelegenheit zur sozialen Erfahrung sein, weil hier ihr Leben nach einem größeren Maßstab eingerichtet ist und ihnen die Möglichkeit zur größeren Freiheit als in ihren Familien bietet».[177]

Den Sozialraum der Familie hält Montessori also für zu eng. Aber sie setzt damit auch eine Alternative zu der ästhetisch-literarischen Bücherbildung der meisten höheren Schulen. An welcher Schule werden neben den Klassikern der Dichtung auch die großen Klassiker der Ökonomie gelesen? Montessori hat hier also schon ein Konzept verfolgt, das auch heute nur mit viel Mühe und gegen mancherlei Widerstand in den höheren Schulen durchgesetzt werden kann, nämlich das ökonomische Denken in den Horizont der Allgemeinbildung einzubeziehen und nicht nur als eine Sache der Fachausbildung anzusehen.

Zu dem Studien- und Arbeitszentrum sollen neben verschiedenen Beschäftigungsmöglichkeiten als Kernstücke gehören:

- der Bauernhof – die Farm – als Stätte der Produktion;
- ein Geschäft als Stätte des Vertriebs und des Warenaustauschs;
- ein Gästehaus oder Hotel als Dienstleistungs- und zugleich als Kontakteinrichtung;
- die Schule im engeren Sinne (mehr dazu S. 157 ff.).

Für Montessori ist diese «Erfahrungsschule des sozialen Lebens» die konsequente Fortführung der Arbeit in den Kinderhäusern. Die Kinderhäuser sind durch die «Übungen des praktischen Lebens», die allmählich zur Routine des praktischen Lebens werden, kleine, von den Kindern mitbewirtschaftete Hauswirtschaften. «Wenn die kleinen Kinder uns bewiesen haben, dass sie fähig waren, ihr Haus sauber und ordentlich zu halten, bei Tisch zu servieren, die Teller zu spülen oder für das Tischgeschirr verantwortlich zu sein, dann wird es für Heranwachsende leicht sein, zu lernen, wie man ein Hotel führt.» Dieses «Wohn-Hotel» kann nach Montessoris Vorstellung auch «dazu bestimmt sein, kurze Besuche der Familie der Schüler aufzunehmen», um «sich über die Lebensweise ihrer Kinder im Heim Rechenschaft abzulegen und zum ökonomischen Ausgleich der Einrichtung beizutragen».[178]

In dem Geschäft sollen die Jugendlichen «die Produkte ihrer Felder und Gärten» verkaufen, aber auch andere Waren, zum Beispiel «von Nachbarn oder Handwerkern, die im gewöhnlichen Handel keinen Platz finden, absetzen». Nicht zuletzt aber soll dieser «Handel» ein Ort der sozialen Kontakte sein, ein individueller «Tauschhandel» von Dingen, Neuigkeiten und Gedanken als «Teil des sozialen Lebens». Das «Geschäft» wird zum sozialen Haus, man trifft sich dort. Man möchte meinen, Montessori habe beobachtet, mit welcher Hingabe unsere heutigen Jugendlichen Verkaufsstände, «Dritte-Welt-Läden» oder Ähnliches betreiben.

Der Bauernhof, der mit den «intensiven Methoden der modernen Landwirtschaft» geführt werden soll, erfordert «eine ganze Menge an wissenschaftlicher und manueller Arbeit» sowie an «Erfindungskraft». Und zu allem gehört «eine genaue und strenge Buchführung». Dieser Bauernhof sollte nach Montessoris Vorstellung ein moderner Wirtschaftsbetrieb sein, in dem sich der Stand der wissenschaftlich-ökonomischen Kenntnis widerspiegelt. Montessori konnte nicht wissen, dass moderne Landwirtschaft heute mit einem Minimum an menschlicher Arbeitskraft betrieben wird. Der Bauernhof in Verbindung mit einer Schule dürfte darum nicht mehr als eine landwirtschaftliche Fachkraft (z. B. Landwirtschafts- oder Gartenbaumeister) beschäftigen. Stattdessen ist ein größerer Geräte- und Maschinenpark erforderlich. Die Arbeit der Schülerinnen und Schüler umfasst deshalb einen relativ großen Anteil an Planung, Kalkulation und Bedienung von Maschinen. Zu beachten ist, dass nur solche Produktionszweige in Frage kommen, die während der Ferien keinen oder nur einen minimalen Arbeitsaufwand erfordern. Im Übrigen gibt es schon etliches an praktischen Erfahrungen dazu, so etwa an den dänischen Produktionsschulen und an einigen Montessori-Schulen in verschiedenen Ländern, auch in Süddeutschland.[179]

Wie steht es mit der *Didaktik* für ein so komplexes Vorhaben, wie es der «Erdkinderplan» ist? Als komplettes System gibt es sie natürlich nicht, aber die einzelnen Teile sind so gut wie alle vorhanden: vor allem die Projektarbeit, die Gruppenarbeit in Werkstätten, Studios, die den Charakter einer «vorbereiteten Umgebung» haben, das Zeigen, Vormachen, Nachmachen und selbständige Weiterarbeiten. Das ganze Repertoire der Montessori-Pädagogik ist anwendbar, außerdem vieles aus der europäischen Reformbewegung und aus der modernen Berufspädagogik. Nur eben muss das alles neu durchdacht und konzipiert werden.

Wer soll und kann das alles machen? Die Lehrerinnen und Lehrer bilden gemeinsam mit den Schülerinnen und Schülern eine «pädagogische Republik». Dazu müssen Fachkräfte kommen, die auch zur Republik gehören: für die Landwirtschaft, für den Handel, die Dienstleistungseinrichtungen, aber auch für Handwerke, Kunst, Musik. Sie müssen auch nicht alle professionelle Lehrkräfte sein, sondern z. B. auch Meisterinnen und Meister aus verschiedenen Berufen.

In der «Erfahrungsschule des sozialen Lebens» ist die *Unabhängigkeit* der Heranwachsenden wieder ein pädagogischer Kernpunkt. Hier geht es jetzt auch um die wirtschaftliche Unabhängigkeit, denn die Schülerinnen und Schüler sollen *selbst Geld verdienen.* Vor allem geht es dabei freilich – wie immer bei Montessori – um die «Arbeit an sich», die Arbeit an sich selbst und in Verbindung damit, «den jungen Menschen in den Stand zu versetzen, dank seiner eigenen Arbeit Geld zu verdienen».

«Die wesentliche Reform besteht also darin, den jungen Menschen in den Stand zu versetzen, seine wirtschaftliche Unabhängigkeit zu gewinnen.» Montessori hat das offenbar ganz ernst gemeint: Diese Unabhängigkeit «ist der Psyche des jungen Menschen nützlicher als seinem materiellen Leben ... Seine Persönlichkeit wird gewinnen aus der Tatsache, dass er auf der einen Seite sich fähig fühlt, im Leben durch seine eigenen Anstrengungen und seine eigenen Verdienste zu bestehen, und dass er andererseits mit der höchsten Realität des Lebens näher in Berührung steht.»[180]

Wo Geld von mehreren verdient wird, muss es auch verteilt werden. Wird das Geld nach Abzug der Gemeinkosten an die jungen Leute verteilt, oder sind sie genossenschaftliche Anteilseigner am Betriebsvermögen, «Unternehmer» unter Anleitung von sachkundigen Erwachsenen? Hier hat Montessori leider zu früh mit ihrem Nachdenken aufgehört.

Was würden Angehörige der Altersgruppe, die es angeht, also die Zwölf- bis Achtzehnjährigen, wohl zu solchen Überlegungen sagen? Wahrschein-

lich würden diejenigen, denen es gut geht, den gewohnten und in der Familie vorgezeichneten Weg für bequem halten, denn den täglichen Service im Elternhaus werden sie nicht gern missen wollen. «Hotel Mama» ist nicht nur ein Roman- und Filmtitel, sondern auch verbreitete soziale Praxis. Lediglich die finanzielle Unabhängigkeit würde sie reizen, denn von den Eltern in Gelddingen abhängig zu sein ist wohl eine der härtesten Zumutungen des Jugendalters.

Bei der Familie liegt auch der am meisten strittige Punkt. Montessori fand, dass sich die Jugendlichen von den elterlichen Familien allmählich ablösen sollten, damit sie sich in ihre neuen Rollen in der Gesellschaft einleben und einarbeiten könnten. Dafür hatte sie das Internat vorgesehen. Aber das stößt bei vielen Eltern auf Widerstand. Mit zwölf bis vierzehn Jahren sind ihnen ihre Kinder noch zu klein und zu jung. Montessori hat in ihrem späten Schema der Stufen der Entwicklung noch eine Zäsur bei 15 Jahren eingeschoben [181], und darauf mögen sich Eltern schon eher gedanklich einlassen. Trotzdem sind die besorgten Bedenken, dass sie die Einflussmöglichkeiten auf ihre Kinder gar so früh verlören, noch keineswegs beseitigt. Eine Gruppe von Müttern, die diese Bedenken hatten, habe ich gefragt, wann sie selbst sich von ihrem Elternhaus gelöst hätten. Daraufhin kippte das Bild gleichsam um: Die Mehrzahl hatte etwa im Alter von sechzehn Jahren das Elternhaus verlassen oder wenigstens die engen Bindungen gelöst.

Für die Jugendlichen zumal der bürgerlichen Mittelschichten kommen freilich noch ganz andere Probleme auf. Sie haben ihre Bindungen in Jugendgruppen, Sportvereinen, haben Musik- oder Tanzunterricht und vielerlei mehr. Darauf müssten sie verzichten, wenngleich eine Internatsschule ebenfalls eine ganze Reihe und noch andere Möglichkeiten der nebenschulischen Betätigung schaffen könnte. In den USA waren gerade diese Fragen ein Grund dafür, den Erdkinderplan nicht in «reiner» Form zu realisieren, sondern Kompromisse zu schließen, insbesondere das Muster des «urban-compromise», also die Erdkinderschule in der Stadt oder doch wenigstens in Stadtnähe.

Dennoch bleibt die Frage: Wie viel können Eltern ihren heranwachsenden Kindern heute noch «für das Leben», für das Lernen sozialer Rollen, an Verhaltensweisen und Werten mitgeben, auch bei bestem Willen und Vermögen? Wie viel mehr lernen – oder lernen auch nicht – die jungen Leute anderswo, nicht zuletzt unter ihresgleichen. Sollte man wieder daran denken, Arbeits- und Studienstätten als Lebensgemeinschaften von Jugendlichen und Erwachsenen zu organisieren? Oder ist das nicht mehr zeitgemäß? Bei den Jugendlichen herrscht ein großer Mangel an Orientierung, emotionalem Schutz, positivem Selbstwertgefühl und Zielvorgaben mit der Chance, sie auch realisieren zu können. Sie leiden an übermächtiger Konkurrenz und an eigenem Versagen. Dies alles warnt vor einem zu schnellen Nein zu solchen Erwägungen. Montessoris «Erdkinderplan» bietet viele gute Anregungen.

Die andere Schule im «Erdkinderplan»

In den «Erdkinderplan» hat Maria Montessori auch ihre Vorstellung von der höheren Schule – der Sekundarstufe – eingebaut. Das ist der «Studien- und Arbeitsplan», der ausdrücklich nicht Schule heißt. Am Beginn steht Montessoris harte Kritik an den höheren Schulen ihrer Zeit, und zwar generell ohne Rücksicht auf nationale Besonderheiten: «Während der materielle Fortschritt außerordentlich schnell das soziale Leben völlig umgeformt hat, steht die schulische Entwicklung, da sie unbeweglich auf einem Stand verharrt, der nicht einmal den Bedürfnissen der Vergangenheit entsprach, heute in einem absoluten Widerspruch zum menschlichen Fortschritt ... Die höhere Schule, so wie sie heute existiert, hat kein anderes Ziel, als die Schüler für eine Laufbahn vorzubereiten, als ob die sozialen Bedingungen, unter denen wir leben, noch immer friedlich und stabil wären.» Stattdessen müsse die Erziehung mitsamt der Schule «die menschliche Personalität für alle unvorhergesehenen Eventualitäten vorbereiten»[182].

Ich möchte hier nicht die ganze Kritik ausbreiten, sondern nur weniges andeuten: Die Heranwachsenden würden durch die Zensuren, mit denen die Lehrer die Arbeit der Schüler abwägen, «wie Grundschulkinder behandelt». Montessori kritisiert die «geistige Hetze» durch den Stundenplan und dass in diesem Plan alles gleich wichtig genommen werde, die «wesentlichen Dinge» ebenso wie die «Details».

Demgegenüber gehen Montessoris Gedanken zur Schule von den Bedürfnissen der Heranwachsenden und nicht von den Anforderungen des Lehrplans aus: «Die Reifezeit ist durch einen Zustand der Erwartung gekennzeichnet, durch die Bevorzugung von schöpferischen Arbeiten und durch das Bedürfnis, das Selbstvertrauen zu stärken.» Die Reifezeit sei «eine entscheidende, empfindliche und Rücksicht heischende Periode ... ein Geheimnis der Schöpfung». Darum sei es «notwendig, dass das Kind selbst uns offenbart, was in ihm vorgeht während dieser Zeit des Wachsens ... muss man ihm solche Bedingungen verschaffen, die es notwendig braucht, um seine Offenbarungen zu machen»[183].

Auf diesem Hintergrund ihrer stets wiederkehrenden Prinzipien hat Maria Montessori einen Studien- und Arbeitsplan entwickelt, der sich in drei große Bereiche gliedert:

- Moralische Pflege
- Leibespflege
- Programm und Methoden

Bemerkenswert ist sogleich, was Montessori unter «*moralischer Pflege*» (in der englischen Fassung: «Attention to social morality») versteht, nämlich die zwischenmenschliche Kommunikation, wie wir heute sagen würden. Es geht also nicht nur um Moral als Sittlichkeit, sondern auch um soziales Empfinden: «... die herzustellenden Beziehungen zwischen den Kindern, den Lehrern und der Umgebung ... Die Lehrer müssen den jungen Personen gegenüber eine sehr große Achtung bewahren ... Niemals darf man Jugendliche wie Kinder behandeln: Sie haben dieses Stadium verlassen, und es ist besser, sie so zu behandeln, als ob ihre Tüchtigkeit größer wäre, als sie tatsächlich ist, und nicht ihre Verdienste zu bagatellisieren und zu riskieren, das Gefühl ihrer Würde zu verletzen.»

Deshalb müsse «der Jugend genügend Freiheit» für individuelle Initiativen gelassen werden, aber damit das «individuelle Handeln sowohl frei als fruchtbar sei, muss es auf bestimmte Grenzen beschränkt und bestimmten *Regeln* unterworfen sein, die in eine notwendige Richtung weisen».

Die Regeln werden allerdings nicht im Einzelnen von den Erwachsenen aufgestellt, sondern wie in der «vorbereiteten Umgebung» und im «Sinnesmaterial» im Kinderhaus sind die Regeln von der Sache her vorgegeben. Also auch hier das Montessori-Prinzip: Die Kinder und die Jugendlichen arbeiten in freier Initiative, aber nach bestimmten Regeln auf ihre Ziele hin.

Zur «moralischen Pflege» gehört nicht zuletzt, dem «Bedürfnis nach Einsamkeit und Ruhe Rechnung» zu tragen. Jugendliche in der Reifezeit brauchen, das war Montessori durchaus wichtig, Möglichkeiten, sich zurückzuziehen, mit sich selbst allein zu sein. Aus einer amerikanischen Farm-School kenne ich Bilder von einer einsamen Bank, einer Laube, einem Baumhaus, die genau diesem Zweck dienen sollten: vorübergehend allein sein zu können.

Der «*Leibespflege*» (in der englischen Fassung «Physical education») möchte die Ärztin Montessori verständlicherweise «besondere Aufmerksamkeit» widmen. Sie ist genauer auf die körperlich-organischen Veränderungen der Jugendlichen während der Reifezeit eingegangen. Darum müssten sich heute z. B. unsere Sportmediziner kümmern, deren Interesse an den Jugendlichen in der Schule – mit Ausnahme der Leistungssportler – nach meinen Beobachtungen gering ist. Bewegung, Körperlichkeit und Sport gehören zu den großen Defizitbereichen in den meisten Schulen – heute genauso wie vor sechzig Jahren.

Besonders wichtig war Montessori auch die Notwendigkeit einer gesunden Ernährung. Dazu wissen unsere Fachleute heute wahrscheinlich mehr,

Studien- und Arbeitsplan

A. «Moralische Pflege»

Menschliche Beziehungen, Achtung voreinander in der Kommunikation, Regeln statt Anordnungen

B. «Leibespflege»

Sport, körperliche Arbeit, Gymnastik, Wandern, Ernährung, Suchtprävention

C. «Programm und Methoden»

1. «Den persönlichen Ausdruck der Jugendlichen öffnen und fördern»
   - Musik
   - Sprache
   - Bildnerisches Arbeiten in verschiedenen Formen

2. «Schöpferische Elemente des psychischen Seins»
   - Moralische Erziehung
   - Mathematik
   - Sprachen (Muttersprache und besonders fremde Sprachen)

3. «Umfassende Bildung» in Natur und Kultur auf der Basis der «kosmischen Erziehung»
   - Geschichte der Erde und der Natur (mit Geologie, Biologie, Physiologie, Anatomie, Astronomie)
   - Geschichte der Menschheit
   - «Menschlicher Fortschritt und Aufbau der Zivilisation» (mit Physik, Chemie und anderen modernen Fach- und Sachgebieten)

aber an den Schulen ist das nur selten ein Thema. Untersuchungen von Studierenden deuten jedenfalls darauf hin, dass ein großer Teil der Grundschüler sich vor allem von Fastfood ernährt.

Bemerkenswert ist schließlich, dass sich Montessori – wie wohl kaum ein anderer Pädagoge zu ihrer Zeit – Gedanken über Suchtbekämpfung gemacht hat. Alkohol und Tabak sollten nicht einfach nur verboten werden. Sie hat auch überlegt, wie man diese Süchte kompensieren könnte. Mit diesem Problem sind wir heute ebenfalls noch nicht viel weiter gekommen, obwohl es immer bedrohlicher wird.

Den dritten Bereich «*Programm und Methoden*» hat Montessori dreifach unterteilt:

- Als erste Untergruppe nennt sie: *Den Weg zu den Möglichkeiten eines persönlichen Ausdrucks öffnen.* Praktische Übungen der Schüler und Anreize von außen her sollen die «Entwicklung der inneren Personalität erleichtern». Nicht das Aufnehmen von Bildungsinhalten steht an erster Stelle, sondern das Freisetzen der inneren Kräfte. Die Wege dazu können über die bildende Kunst, über die Musik, über Sprache und Rhetorik oder die dramatische Kunst, also das Theaterspielen führen. Individuelle Wege sind ebenso möglich wie Gruppenarbeiten. Als Beispiel zitiere ich das *bildnerische Arbeiten:* «Zeichnen, Gestalten, Plastilin usw. mit verschiedenen Zielen: ornamentales Zeichnen, Malen nach der Natur, Schöpfungen der Einbildungskraft usw. Es handelt sich nicht darum, diese Arbeiten als ein echtes künstlerisches Studium zu betrachten; sie sind lediglich dazu bestimmt, den persönlichen künstlerischen Ausdruck der Empfindungen zu erleichtern, verbunden mit einer manuellen Tätigkeit, um die modernen Techniken zu erlernen.»[184]
- In der zweiten Untergruppe geht es darum: *Auf das antworten, was wir als die schöpferischen Elemente des psychischen Seins beim Menschen allgemein betrachten.* Das ist nicht ganz leicht zu verstehen. Im jungen Menschen sind nach Montessori in seiner bisherigen Lebensgeschichte als schöpferische Elemente die Moralität, die Mathematik und die Sprache bereits angelegt. Damit «Bildung» daraus werden kann, müssen sie «verstofflicht» und dadurch erklärbar gemacht werden. Der Unterricht soll hier also nicht erst die inhaltliche Substanz legen – die ist schon da –, sondern er soll «antworten»: Längst Vorhandenes soll nun geordnet, strukturiert und reflektiert werden.

  Die moralische Erziehung schafft «geistige Ausgeglichenheit», vergleich-

bar dem körperlichen Gleichgewicht, ohne das man sich weder aufrecht halten noch bewegen kann.
Bei der Mathematik war Montessori der Auffassung, dass sich im Kind schon früh der «mathematische Geist» bilde (vgl. S. 119 ff.). Hier spricht sie von mathematischer Intelligenz. Ohne mathematische Erziehung könne man unmöglich unsere gegenwärtige Welt begreifen noch an ihrem Fortschritt teilnehmen. Man bliebe so etwas wie ein mathematischer Analphabet. «Also muss die Schule aufgrund dieser vitalen Bedeutung der Mathematik ‹besondere Methoden› anwenden, um sie zu unterrichten, und muss deren Elemente klar und verständlich machen mit Hilfe der Konkretisierung.»
«Die Sprachentwicklung ist ein Teil der Personalität selbst.» Zugleich aber ist die Sprache etwas Gesellschaftliches. Äußere Dinge – Objekte – lernen wir durch die Vermittlung unserer Sinne kennen und haben Wörter für sie. In den Wörtern aber sammeln wir ein Wissen, das die Suche nach neuen Sinnesdaten auslöst.[185] Diese Aspekte müssten in den Unterricht eingehen, um Gedanken auszudrücken und die Verständigung unter den Menschen herbeizuführen. Dazu sei es außerdem dringend notwendig, verschiedene weitere Sprachen zu lernen.
«Den Jugendlichen mit der augenblicklichen Kultur in Beziehung setzen, indem man ihm eine umfassende Bildung vermittelt ...» Unter diesem dritten Punkt hat Montessori einerseits größere Teile ihres Programms der «kosmischen Erziehung» vertiefend zusammengefasst, so das «Studium der Erde und der lebendigen Natur» mit Geologie, Biologie, Kosmographie, Physiologie, Astronomie und vergleichender Anatomie. Andererseits gehört dazu die «Geschichte der Menschheit» mit einer speziellen Bibliothek und möglichst einem eigenen Geschichtsmuseum mit historischen und prähistorischen Bildern und Modellen. Das Wichtigste in der Geschichte der Menschheit sind für Montessori jedoch die Entdeckungen und Erfindungen. Sie sollen – wie die heutigen Didaktiker sagen – gleichsam Schlüsselerfahrungen für die Entstehung der menschlichen Kultur sein. Diese Entdeckungen sollen eingebunden sein in «Bilder des sozialen Lebens», um das Leben der Menschen besser verstehen zu können. Aber auch der Kontakt zwischen den verschiedenen Völkern und Kulturen wird von Montessori besonders akzentuiert.
Wichtig erscheint mir der Ausdruck: «den Jugendlichen mit der Kultur in Beziehung zu setzen». Sie soll ihm nicht «vermittelt», gar «eingetrichtert» werden. Denn von der Geschichte der Natur und der Menschheit

führt der didaktische Weg direkt weiter zu den «Studien, die sich auf den menschlichen Fortschritt und auf den Aufbau der Zivilisation durch die Physik, Chemie und andere Naturwissenshaften beziehen. Diese Studien müssen ganz genau sein und praktischen Experimenten Raum lassen, um den Kindern immer die Möglichkeit zur eigenen Beobachtung und zum eigenen Experiment zu geben.»

Diese Stoffe seien alle viel zu schwierig, um sie sich nur durch Demonstrationen in der Schule aneignen zu können. Das Verständnis müsse im praktischen Umgang auf dem Hintergrund von Theorie entstehen. Darum müssten besondere Gerätesammlungen vorhanden sein. Außerdem sollten die jungen Leute den Umgang mit den Geräten und Maschinen des Alltags gewohnt sein; das sind die landwirtschaftlichen Maschinen des Bauernhofes, aber auch was sonst gebraucht wird. Montessori hat zu ihrer Zeit erwähnt: Schreibmaschine, Rechenmaschine, Druckmaschine, Radio, Fotoapparat, Filmgerät, aber auch Wasch- und Bügelmaschinen usw. Heute würden sich mit Sicherheit auch der Computer und die wichtigsten Funktionen der Informationstechnologie auf ihrer Liste finden. Dahinter stand für sie ein grundsätzliches Problem: «Die Zivilisation hat dem Menschen im Mittel der Maschinen eine Macht gegeben, die seiner eigenen weit überlegen ist ... Die Maschine hat sich beschleunigt entwickelt, während der Mensch im Rückstand verharrte. So lebt der Mensch in der Abhängigkeit von der Maschine, obwohl er sie beherrschen müsste ... Aber auch gerade deswegen wird der Mensch, der eine solche Macht innehat, gefährlich», wenn er nicht kontrolliert mit ihr umgehen kann.

> «Die besten Methoden sind diejenigen, die beim Schüler ein Maximum an Interesse hervorrufen, die ihm die Möglichkeit geben, allein zu arbeiten, selbst seine Erfahrungen zu machen, und die erlauben, die Studien mit dem praktischen Leben abzuwechseln.»
> *(M. M.: «Kosmische Erziehung», S. 154)*

Nicht zuletzt soll die «Erdkinder»-Schule eine Schule für *alle* Kinder sein, «eine Schule für normale Kinder, wo aber die langsamen und zurückgebliebenen Kinder oder solche, die einfach an einem psychischen Gebrechen leiden, ebenfalls geistig schwache und furchtsame Kinder, sicher sein sollen, eine wirksame Hilfe zu finden und eine tatsächliche Besserung zu erreichen».

Schon am Anfang des «Erdkinderplans» hatte Montessori ganz grundsätzlich unterstrichen, dass dies eine Arbeits- und Studienstätte ohne Konkurrenz sein solle: «Arbeit ohne irgendeine Idee von Wettbewerb, sondern eine Chance, individuelle Qualitäten und Talente zu offenbaren.»[186]

Maria Montessoris «Erdkinderplan» ist ganz sicher ein interessantes und wichtiges historisches Dokument der europäischen Reformpädagogik. Aber er ist nicht nur ein Museumsstück, sondern ein Text, der besonders angesichts der heutigen Jugendprobleme Fragen an unser pädagogisches Gewissen stellt. Entstanden in den dreißiger Jahren, hält dieser Text uns nach Ablauf des «Jahrhunderts des Kindes» (Ellen Key) den Spiegel vor, ob und wie wir alle die Zeit pädagogisch genutzt haben.

In den USA, aber wohl auch in anderen Ländern, sind in den vergangenen Jahrzehnten immer wieder Versuche unternommen worden, Montessoris «Erdkinderplan» in dieser oder jener Form zu realisieren. Das war nirgends ein leichtes Unterfangen; es mussten Kompromisse gefunden werden, und manche Schulen sind wieder geschlossen worden. In Amsterdam gibt es eine «Erdkinder»-Schule, in der Nähe von München befindet sich eine im Aufbau; die Bodensee-Schule St. Martin am Bodensee verwirklicht nach dem Marchtaler-Plan eine ganze Reihe von Grundsätzen des «Erdkinderplans», und so werden immer wieder neue Anläufe genommen, denn die Idee erscheint gar zu reizvoll, als dass man sie beiseite legen möchte. In Cleveland, USA, wird jetzt ein neuer Versuch in Gang gesetzt, und drei Montessori-Elementary-Schools in Ohio wollen gemeinsam eine «Montessori Farm School» für Kinder im Alter von zwölf bis fünfzehn Jahren einrichten. Leiter des Projekts ist der Direktor der Nordamerikanischen Montessori-Lehrervereinigung NAMTA, David Kahn. Mit ihm arbeiten eine pädagogische Leiterin und ein «farm manager». Ein neuer Versuch, «to dance with the adolescent».

3 Maria Montessori Ärztin und Pädagogin

«Leben und Werk einer großen Frau»

So lautet der Untertitel der umfangreichen und sorgfältig recherchierten Montessori-Biographie der amerikanische Journalistin Rita Kramer. Maria Montessori gehört – so finde ich – zu den wenigen hervorragenden Frauen, die um die Jahrhundertwende und in der ersten Hälfte dieses Jahrhunderts versucht und darum gekämpft haben, ihre eigenen, anderen Auffassungen zur Geltung zu bringen, entgegen aller von Männern geprägten Tradition. Zu diesen Frauen gehört Ellen Key, die schwedische Pädagogin, die genau zur Jahrhundertwende 1900 mit ihrem Buch «Das Jahrhundert des Kindes» eine unglaubliche Resonanz erfahren und ein Motto geprägt hat. Dazu zähle ich Anna Freud, die sich auf dem gleichen Arbeitsgebiet gegen ihren übermächtigen Vater freikämpfen musste und nicht zufällig das Vorwort zu Rita Kramers Montessori-Biographie geschrieben hat. Dazu rechne ich auch Rosa Luxemburg, die versucht hat, sich gegen eine dogmatische Parteiführung durchzusetzen. Dazu gehört die Malerin Paula Modersohn-Becker, die sich mit einem anderen Pinselstrich und anderen Motiven gegen ihre männlichen Malerkollegen in der Künstlerkolonie Worpswede abgegrenzt hat, ebenso wie Käthe Kollwitz, die vor allem in ihren Zeichnungen das soziale Elend des Großstadtproletariats angeklagt hat. Dazu gehört Bertha von Suttner, die in anderer Weise, aber mit ähnlicher Intensität wie Maria Montessori für den Frieden kämpfte. Einige wären noch zu nennen, aber nicht mehr viele. Allein deshalb lohnt es, sich wenigstens mit den wichtigsten Stationen und Charakteristika im Leben der Maria Montessori zu befassen. Im Übrigen aber gehören Maria Montessoris Leben und ihre Pädagogik ganz unmittelbar zusammen, ihre Lebensgeschichte ist nahezu identisch mit der Entstehungsgeschichte ihrer Pädagogik, und auch deshalb ist es wichtig, ihr Leben zu skizzieren.[187]

Kindheit – Jugend – Studium

Die Berichte über Maria Montessoris Kindheit lesen sich wie eine Biographie besonderer Art. Es ist ein Bild, das aus Erinnerungen zusammengesetzt ist vor allem von ihrer beinahe lebenslangen Mitarbeiterin Anna Maccheroni, aus den Darstellungen Edward M. Standings, aus Erzählungen und Berichten ihres Sohnes und ihres Enkels Mario sowie aus einzelnen Selbstzeugnissen Maria Montessoris. Daraus ist – wie Rita Kramer findet und worin ihr durchaus beizupflichten ist – das Porträt eines Individuums entstanden, «das man wiedererkennen kann».[188]

Daraus mag sich aber auch erklären, dass sich in der frühen Biographie charakteristische Merkmale zeigen, die vor allem für das spätere Leben Maria Montessoris bestimmend gewesen sind: ein entschiedener, zielgerichteter Wille, Selbständigkeit, das Gehen eigener Wege, auch Widerständen entgegen, in ihrem Verhalten «ein wenig selbstgefällig» und mit einem «Pflichtgefühl, das manchmal zur Intoleranz gegenüber anderen führt»[18].

> Montessori ist viel komplizierter und interessanter als die Gipsheilige, zu der ihre ergebenen Anhänger sie gemacht haben. Unter all der fast mystischen Verehrung, der Heiligenlegende, die als Biographie ausgegeben wurde, steckt eine zähe, intelligente Frau, die zumindest in ihrer Jugend Dinge dachte und tat, die niemand vorher in den Sinn gekommen waren.
> *(Rita Kramer, S. 13)*

Maria Montessori wurde am 31. August 1870 in der Kleinstadt Chiaravalle in der Provinz Ancona/Italien geboren. Ihr Vater Alessandro war ein angesehener Revisionsbeamter in der Finanzverwaltung, die Mutter Renilde, geborene Stoppani, stammte aus einer Gutsbesitzerfamilie. Maria blieb das einzige Kind dieser gutbürgerlichen Familie. Die Mutter war nicht nur sehr gebildet, wie sie allenthalben geschildert wird, sondern auch politisch aufgeschlossen, antiklerikal und liberal. Sie gehörte zu den Frauen, die die Schablone der traditionellen Frauenrolle sprengten. «Renilde Stoppani Montessori war eine Frau im Übergangsstadium. Ihr eigenes Leben war konventionell, aber sie ermutigte ihre Tochter, aus der stereotypen Rolle auszubrechen.»[190] Im familiären Umkreis hatte auch der Onkel der Mutter, Antonio Stoppani, Priester und zugleich renommierter Naturwissenschaftler (vor allem Geologe), bedeutsamen Einfluss auf die junge Maria Montessori. Viel später tritt das bei der Entwicklung des Konzepts der «kosmischen Erziehung» deutlich in Erscheinung.

Schon früh wurde Maria von ihrer Mutter angehalten, täglich ein bestimmtes Pensum für die Armen zu stricken, mit armen Kindern zu spielen und mit einem behinderten Mädchen spazieren zu gehen. Ob das Bewusstsein der sozialen Verantwortung, das bereits bei der jungen Ärztin Maria Montessori sehr ausgeprägt war, daher rührt oder ob es dafür noch ganz andere Wurzeln gab, mag dahingestellt bleiben.

Ganz klar aber zeichnet sich ab, dass sie ihren Ausbildungsweg mit beträchtlicher eigener Energie selbst mitgestaltet hat. Als Maria fünf Jahre alt war, wurde der Vater nach Rom versetzt; sechsjährig ist sie in Rom eingeschult worden. Die Eindrücke aus der ersten Schulzeit dürften nicht gerade freundlich gewesen sein, wenn man sich die Berichte über das italienische Schulwesen jener Zeit ansieht. Mit zwölf Jahren erschreckte sie ihren Vater damit, dass sie nun eine technische Schule besuchen wollte, «und wie gewöhnlich setzte sie sich durch»[191], denn sie wurde darin von ihrer Mutter unterstützt. Diese dreijährige Schule hatte in ihrem damals recht modernen Lehrplan einige Ähnlichkeit mit der Realschule, die etwa zur gleichen Zeit in Deutschland als Gegenstück zum klassisch-literarischen Gymnasium aufgebaut wurde. Als Maria dann auch noch das sich anschließende *Regio Istituto Tecnica Leonardo da Vinci* besuchte, mit dem Wunsch, Ingenieur zu werden, durchkreuzte das völlig die konventionellen Vorstellungen des Vaters. Er hatte ihr, wenn überhaupt einen Beruf, dann den der Lehrerin zugedacht. Die Mutter unterstützte die Tochter aber auch hier erfolgreich.

Inzwischen hatte Marias Interesse an den Naturwissenschaften, besonders an der Biologie und an der Mathematik, so überhand genommen, dass sie nun den entschiedenen Wunsch hatte, Medizin zu studieren. Das hatte in Italien noch keine Frau gewagt, aber Maria Montessori hat es durchgesetzt. Ihr Vater allerdings hat sich davon gänzlich distanziert.

Diese Änderung im Berufsziel wird in den Berichten über Montessori, aber auch wohl von ihr selbst, auf eine Art mystisches Bekehrungserlebnis zurückgeführt. Auf der Straße habe sie eine Frau mit einem Baby getroffen, das einen Papierstreifen in der Hand gehalten und sich den genau und ausdauernd angesehen habe. Ihre Freundin Anna Maccheroni hat gemeint, da sei Maria Montessoris Entschluss zur Medizin entstanden, und «mit einer kleinen ausdrucksvollen Handbewegung» habe Montessori, die öfter von dieser Szene erzählt habe, andeuten wollen, «dass seltsame Dinge in uns geschehen, die uns zu einem Ziel führen, das wir nicht kennen»[192]. Auch noch zu anderen Gelegenheiten hat Maria Montessori Lebensentscheidungen nicht rational, sondern eher mit Intuitionen oder wundersamen Erlebnissen erklärt. Sie hat mit Sicherheit mystische Neigungen gehabt, doch für das, was uns heute an Montessoris Pädagogik interessiert, scheint mir das nicht von großer Bedeutung zu sein. Ich werde darum nur noch ausnahmsweise darauf eingehen.

In der Universität in Rom muss es für die Professoren wie für die Studenten schockierend gewesen sein, dass eine junge Frau bei ihnen in den Vorlesungen saß, und sie haben sie ihre Ablehnung auch wohl hinreichend spüren lassen. Maria Montessori selbst aber musste neben den äußeren Widerständen ihre inneren Hindernisse – den unsäglichen Abscheu gegen Skelette, einzelne Knochen und präparierte menschliche Organe – überwinden. In einem von Kramer zitierten Brief hat Montessori ihren Ekel und ihre Verzweiflung geschildert und dass sie schon so weit gewesen wäre, wieder aufzugeben. Aber sie hat durchgehalten. Als Frau durfte sie selbstverständlich nicht allein zur Universität gehen – ihr Vater hat sie oft begleitet, sosehr er für falsch hielt, was sie tat. Auch durfte sie erst abends in den Seziersaal der Anatomie, wenn keiner der Studenten mehr da war, denn dass eine Frau neben Männern an unbekleideten Leichen arbeitete, war undenkbar.

Die Intensität, mit der Montessori ihr Studium betrieb, hat ihr allmählich Respekt verschafft. Im zweiten Jahr ihres Medizinstudiums gewann sie einen Preis von 1000 Lire – auf den heutigen 1000-Lire-Scheinen ist Maria Montessori abgebildet – und dazu ein Stipendium. Sie gab außerdem Nachhilfestunden und war damit für ihr Studium finanziell weitgehend unabhängig – ein Aspekt, der viel später im «Erdkinderplan» wieder eine Rolle spielen sollte.

Maria Montessori ist in politisch bewegten Zeiten aufgewachsen. In ihrem Geburtsjahr 1870 hatte nach langen Kämpfen der nationalen Einigungsbe-

wegung (*Risorgimento*) durch einen Volksentscheid die Vereinigung der italienischen Teilstaaten zu einem Nationalstaat stattgefunden, zu dem nun auch der päpstliche Kirchenstaat Rom gehörte. Von den politischen Spannungen und Problemen, die dadurch entstanden waren, scheint nur wenig in dem vorhandenen biographischen Material durch. Sehr bedrückend muss allerdings das Erlebnis der schrecklichen Armut und der furchtbaren hygienischen Verhältnisse eines großen Teils der Menschen gewesen sein. In der Universität konzentrierten sich – wie so oft in der Geschichte – die politischen und sozialen Spannungen wie in einem Brennspiegel. Rita Kramer hat von starken sozialistischen Einflüssen und Aktivitäten, gerade auch unter den Professoren, berichtet. An politischen Gegenströmungen hat es ebenso wenig gefehlt. Demgegenüber versuchte die staatliche Administration zentralistische Machtpositionen zu behaupten. Alles in allem dürfte das politische Klima während ihrer Studienzeit in einem Menschen wie Maria Montessori ein hohes Potenzial an sozialer Sensibilität und Verantwortung aufgebaut haben.

In den beiden letzten Studienjahren hat Maria Montessori, soweit das zu erkennen ist, verstärkt Kinderheilkunde und dazu Psychiatrie studiert. Dort hat sie auch ihre Doktorarbeit geschrieben: Ein klinischer Beitrag zum Studium der Halluzinationen als Bestandteil des Verfolgungswahns *(Contributo clinico allo Studio delle Allucinazioni a contenuto antagonistico)*.[193] Auch in den nächsten Jahren hat sie neben ihren anderen Tätigkeiten in der Psychiatrie weitergearbeitet.

Der Abschluss des Studiums war wiederum ein ungewöhnliches Ereignis. Der Prüfungsvortrag löste – manchen Befürchtungen zum Trotz – keine Proteste, sondern Ovationen aus, und bei dem Vater siegte endlich der Stolz über die Konventionen. Bei der feierlichen Disputation, in der Maria Montessori die Thesen ihrer Doktorarbeit verteidigen musste, erhielt sie – eine elegant gekleidete, schöne junge Frau – die Anerkennung der schwarz berockten akademischen Männerwelt durch beste Noten. So war Maria Montessori die erste Frau, die in Italien den Doktorgrad der Medizin erworben hatte – am 10. Juli 1896. Einer Freundin schrieb sie kurz danach: «Nun ist alles vorbei. Alle Aufregungen sind zu Ende. Bei dieser letzten Prüfung, die öffentlich war, hat mir ein Senator des Königreichs herzlich gratuliert, um mir die Hand zu drücken. Das war mein bescheidener Rand vom Lorbeerkranz ... Also hier bin ich: berühmt! Andererseits, meine Liebe, ist es nicht sehr schwierig, wie du siehst. Ich bin nicht berühmt wegen meines Könnens oder meiner Klugheit, sondern wegen meines Mutes und meiner Kaltblütigkeit gegen alles. Das ist etwas, was man immer erreichen kann, wenn man will, aber es kostet schreckliche Anstrengung.»[194]

Schon länger war Maria Montessori in der Frauenbewegung aktiv gewesen. Einen Monat nach ihrer Promotion wurde sie zu einer der italienischen

Delegierten für den «Internationalen Kongress für Frauenbestrebungen» gewählt, der im September 1896 in Berlin stattfand.[195] Hier traf sich der radikale Flügel der Frauenbewegung: Anita Augspurg, Minna Cauer, Henriette Goldschmidt, Lina Morgenstern, Marie Stritt sind die bekanntesten deutschen Namen. Die «Dottoressa», wie Montessori nun immer häufiger genannt wurde, hat mehrfach gesprochen und einen großen Vortrag über die feministischen Gruppen und die Fortschritte der Frauenbildung in Italien gehalten, der wie alle ihre Beiträge begeisterten Beifall auslöste. Schon als junge Frau muss sie eine glänzende Rednerin gewesen sein. Für die Presse wurde sie «zur Heldin der Stunde». «Was für eine entzückende emanzipierte Frau!», schrieb der «Corriere della Sera». Maria Montessori aber war empört, an ihre Eltern schrieb sie: «Mein Gesicht wird nicht mehr in den Zeitungen erscheinen und niemand wird es mehr wagen, meinen so genannten Zauber noch einmal zu besingen. Ich werde ernsthafte Arbeit tun.» Sollten die Erfahrungen mit der Presse der einzige Grund für den Rückzug aus der aktiven Frauenbewegung gewesen sein? Hinzu kam mindestens auch der politische Streit zwischen den Anhängerinnen von Reformen und denen der Revolution, in dem sie vergeblich zu vermitteln versucht hat: «... was mich angeht, das ist die Ungerechtigkeit gegen Frauen und nicht ihre politische Partei ...»[196]

Eine Kämpferin für die Würde der Menschen, der Frauen, der Kinder ist sie immer geblieben.

«Ich habe ziemlich lange unter Männern gelebt und habe beobachtet, wie sie mit Frauen umgehen, und ich glaube, unser Ziel sollte sein, mit ihnen Freundschaft zu schließen, aber sie uns nicht zu entfremden.»
(M. Montessori in einem Interview, zit. n. R. Kramer, S. 64)

Ärztin und Pädagogin

Ernsthafte Arbeit leistete Maria Montessori in Rom als Assistenzärztin in der Universitätsklinik, teils in der Chirurgie, teils im Frauen- und Kinderkrankenhaus. Außerdem hatte sie noch eine eigene Praxis. Bei Hausbesuchen hat sie oft neben der ärztlichen Betreuung die Pflege der Patienten – meistens Frauen und Kinder – mit erledigt, ihnen Essen gekocht, sie gewaschen und versorgt.

In diese Zeit fällt auch Montessoris weltweit bekannt gewordenes Erlebnis beim Besuch einer der Irrenanstalten in Rom. Dorthin hatte man schwachsinnige Kinder abgeschoben und wie Gefangene in einem kahlen Raum gehalten, ohne Kontakte nach draußen, ohne Anregungen zur Beschäftigung und nur notdürftig versorgt. Die Wärterin beklagte sich, dass die Kinder mit dem Brot, das sie ihnen gebracht hatte, herumspielten. Montessori wurde klar, dass diese Kinder nicht nur krank, geistig behindert, sondern zunächst entsetzlich vernachlässigt waren. Sie hungerten nicht nur nach Brot, es fehlte ihnen an Möglichkeiten, sich zu beschäftigen, zu spielen, ihre Hände und Augen, überhaupt ihre Sinne zu gebrauchen. Diese «schwachsinnigen» Kinder zeigten Bedürfnisse nach aktiver Betätigung der Sinne, die man ihnen nicht zugetraut hatte. Neben oder noch vor der medizinischen Hilfe war hier pädagogische Hilfe dringend erforderlich. Das war Montessoris Erkenntnis aus diesem Erlebnis, das gar nicht mystisch war, sondern harte soziale Realität.

Was konnte sie tun? Sie suchte nach Literatur und stieß auf die Bücher der französischen Ärzte und Pädagogen Itard und Séguin, die sich Montessori nach ihrem eigenen Zeugnis Zeile für Zeile handschriftlich übersetzt hat.

Jean-Marc-Gaspard Itard, Arzt an der Taubstummenanstalt in Paris, hatte versucht, den um 1800 in den Wäldern von Aveyron gefundenen wilden Jungen von etwa zwölf Jahren zu zivilisieren. Die Autoritäten hatten ihn als unerziehbar aufgegeben, Itard aber nahm an, dass nur die potenziellen Entwicklungsmöglichkeiten nicht genutzt worden seien, und erfand Lernmaterial, geometrische Formen und Buchstaben aus Pappe, mit denen der Junge sich Ordnungsstrukturen einprägen und das Lesen lernen sollte. Voller Hoffnung hatte Itard den Jungen «Victor» genannt, aber die Erfolge waren gering. Die Gründe sind nicht bekannt; lag es daran, dass für die Lernfähigkeit früher Entwicklungsstufen die Anregungen fehlten oder der Junge von Geburt an unheilbar geschädigt war? Aber Itards Berichte über seine Arbeit sind noch heute eine spannende Lektüre für pädagogisch Interessierte. Für Maria Montessori waren sie damals unmittelbare Anregung und Hilfe.[197]

Edouard Séguin war ein Schüler Itards und politisch ein Anhänger der frühsozialistischen Ideen Saint-Simons. Dieser wollte die Fähigkeiten und

Möglichkeiten der breiten Bevölkerung durch bessere Erziehung aktivieren. Besonders interessierten Séguin die «Idioten». Er gründete eine Schule für Idioten, und 1846 erschien sein erstes Buch über die moralische Behandlung, die Hygiene und Erziehung von Idioten und anderen zurückgebliebenen Kindern, das weithin auf große Resonanz stieß. Unter dem Druck der politischen Verhältnisse in Frankreich wanderte er später in die USA aus, wurde dort Leiter der Pennsylvania Training School for Idiots und gründete in New York wiederum eine Schule für geistig und körperlich behinderte Kinder. Von ihm stammt das Konzept der «physiologischen Erziehung», das er 1866 in dem grundlegenden Werk «Idiocy and Its Treatments by the Physiological Method» in den USA zusammengefasst hat. Für seine praktische Arbeit hat Séguin an Itard anknüpfend ein breiter angelegtes Lernmaterial entwickelt, außerdem hat er Gegenstände aus dem Alltagsleben wie Hammer und Schaufel, Kleidungsstücke, Knöpfe und Perlen dazu genommen, um die Motorik und die Sinneswahrnehmung der Kinder zu trainieren. Montessori hat Séguins Material weiterentwickelt und zum Beispiel seine Zahlentafeln direkt übernommen.[198]

Maria Montessori hat sich mit ihrem Griff nach den Büchern von Itard und Séguin in eine lang währende Tradition eines Zweiges vor allem der französischen Medizin gestellt: in die Tradition jener Ärzte, die auch Pädagogen waren.

Immer deutlicher zeichneten sich auf dieser Linie der französischen Psychiatrie und Pädagogik in der ersten Hälfte des 19. Jahrhunderts bestimmte Grundsätze ab, die später in Maria Montessoris Pädagogik eingegangen sind:

- Über die Entwicklung und Übung der Sinne wird der Verstand geprägt (John Locke).
- Über Sinne und Verstand bauen sich auf dem tragenden Grund von Liebe und Barmherzigkeit die Gemütsfähigkeiten auf.
- Der Weg zur Gesundheit, Ordnung und Moral führt über die regelmäßige Arbeit.
- Der Weg zur Selbständigkeit erfordert die individuelle Anleitung.
- Der Unterricht braucht nicht nur Anschauung, sondern *Fass*lichkeit und Be*greif*barkeit.
- Vor aller Erziehung muss die methodisch genaue Beobachtung stehen.

In Séguins Werk erscheint das alles noch einmal gebündelt und zugleich um ein gutes Stück weiterentwickelt. Seine Texte sind heute wieder eine aufregende Lektüre und in den Bibliotheken ständig ausgeliehen. Montessori muss, als sie sich um die englische Fassung von Séguins «Die Idiotie und ihre Behandlung nach physiologischer Methode» bemüht hat, geahnt oder gewusst haben, welchen Schatz sie dort heben konnte. Später hat sie rückblickend gesagt, hier hätten sich drei Ärzte: Itard, Séguin und sie selbst zusammengetan, um eine neue Erziehung ins Leben zu rufen.[199] Montessori hat das Werk ihrer Vorgänger aufgenommen, und sie hat es in eine logische und pädagogische Ordnung gebracht. Sie hat es anwendbar gemacht, und sie hat es auf die Kinder bezogen. Das vor allem war ihre genuine Leistung gegenüber Séguin und allen Vorgängern.

In ihrer Lebensgeschichte müssen wir zunächst jedoch zurückkehren zu der Assistenzärztin Dr. Maria Montessori am Universitätskrankenhaus in Rom. Sie wurde schnell eine weithin bekannte und anerkannte Frau.

1897 hielt Maria Montessori auf einem nationalen Ärztekongress einen Vortrag, in dem sie die mangelnde Fürsorge für gestörte und zurückgebliebene Kinder als eine der Ursachen für ansteigende Kriminalität kritisierte. 1898 erregte ein von ihr publizierter Artikel über soziale Missstände politisches Aufsehen. Wenig später sprach sie auf einem nationalen Pädagogenkongress in Turin wieder mit dem Ziel, besondere pädagogische Betreuung für gestörte und behinderte Kinder zu erreichen. Aber – das war ihr wichtig – schon Séguin habe gezeigt, dass es dafür besonderer pädagogischer Methoden bedürfe: Pädagogen, Kinderärzte und Psychiater müssten zusammenwirken. Die Einrichtung von Sonderschulen werde die Notwendigkeit von Gefängnissen verringern. Ihr Vorschlag an den Kongress, besondere Klassen und Schulen für die auf verschiedene Weise behinderten Kinder einzurichten und die Lehrer auf die Arbeit dort vorzubereiten, wurde in einer einstimmigen Resolution verabschiedet. Kurz danach forderte der Erziehungsminister – ein Medizinprofessor – sie auf, Vorträge für Lehrer und Studenten über die Erziehungsmethoden für zurückgebliebene Kinder zu halten.

Ebenfalls 1898 wurde die nationale Liga für die Erziehung behinderter Kinder gegründet. Montessori gehörte ihr an und wurde bald in das Kuratorium gewählt. 1900 eröffnete die Liga ein medizinisch-pädagogisches Institut zur Ausbildung von Lehrern für geistig behinderte Kinder – *Scuola Magistrale Ortofrenica* –, verbunden mit einer Modellschule. Die Leiterin wurde Maria Montessori. Im Jahr zuvor hatte sie zusätzlich eine Dozentur an der Lehrerbildungshochschule für Frauen in Rom für die Fächer Hygiene und Anthropologie übernommen. Dadurch und nicht zuletzt durch das Lesen Hunderter von Examensarbeiten rückte sie der Pädagogik gedanklich immer näher. Von 1904 an hielt sie als Professorin auch Vorlesungen an der Universität in Rom, aus denen ihr Buch «Pädagogische Anthropologie» entstanden ist.

Außerdem wurde sie häufig zu Vorträgen eingeladen; sie galt als diejenige, die für die Sondererziehung behinderter Kinder eintrat, und sie war nach wie vor die anerkannte Feministin, die für die Rechte der Frauen – und immer auch die Rechte der Kinder – kämpfte. In London hat sie in einem Vortrag die Bedingungen geschildert, unter denen Kinder in den Bergwerken Siziliens arbeiteten, und ihr Aufruf, der Ausbeutung von Kindern durch die Industrie ein Ende zu machen, stieß auf unmittelbare Resonanz. Von Königin Viktoria wurde sie am Hof zu einem privaten Gespräch empfangen – für eine noch nicht dreißigjährige Akademikerin sicherlich ein aufregendes Erlebnis. In Paris besuchte sie Schulen für geistig behinderte Kinder und bemühte sich intensiv darum, sich in die Methoden Séguins einzuarbeiten.

In diese Jahre fällt auch ein anderes wichtiges Ereignis im Leben Maria Montessoris: Am 31. März 1898 wird ihr Sohn Mario geboren. In der Zusammenarbeit mit einem Arzt hatte sich eine Liebesbeziehung entwickelt, und sie wurde schwanger. Nach damaliger Moral hätte er sie heiraten und sie sich heiraten lassen müssen. Aber er ging andere Wege, und sie wollte ihn dann nicht mehr heiraten. Ihren Sohn gab sie zu Pflegeeltern und hat ihm erst viel später seine Vermutung bestätigt, seine Mutter zu sein. Ihr Verhältnis zueinander scheint das nicht weiter belastet zu haben, denn ihr Sohn Mario hat sie bis an ihr Lebensende als Manager und Übersetzer begleitet und später ihr Werk sorgsam gewahrt und weiter ausgebaut. Aber dieses Ereignis wird immer aufs Neue kommentiert und bewertet, offenbar ist es ein reizvolles Thema für solche, die sich gern entrüsten. Übrigens ist es der Kinderbuchautorin Astrid Lindgren nicht anders ergangen. Auch sie musste ihren Sohn einer Pflegemutter übergeben, während sie in Stockholm ihre Ausbildung machte und sich «immer, immer nach ihm sehnte». Aber auch sie wollte den Vater des Kindes nicht heiraten. Als allein erziehende und zugleich berufstätige Mutter konnte sie freilich so wenig wie Maria Montessori leben, denn es gab zu der Zeit weder Tagesheime noch Tagesmütter.[200]

Darüber zu spekulieren, in welcher Weise diese Erlebnisse Einfluss auf die Lebenswerke der beiden Frauen gehabt haben, ist ziemlich müßig. Aber sie haben beide erheblichen Mut und eine für ihre Zeit beachtliche Selbständigkeit bewiesen, indem sie ihr Kind bekamen und doch ihren Beruf nicht aufgaben. Die Behauptung, dass Montessoris Pädagogik ihre lebenslange Bußübung für jenen Fehltritt gewesen sei, ist absurd. Dennoch muss dieses alles für Maria Montessori selbst ein einschneidendes Ereignis gewesen sein.

Keiner der Biographen weiß Genaueres, schon gar nicht über die Gefühle und Beweggründe Maria Montessoris. Offenbar wollte oder konnte sie mit dem Vater ihres Kindes nicht länger zusammenarbeiten. 1901 hat sie das Krankenhaus, die Medizin und das medizinisch-pädagogische Institut für die Ausbildung von Sonderschullehrerinnen und Sonderschullehrern – wie wir heute sagen würden – mitsamt der Modellschule verlassen, und zwar zu einer Zeit, als ihre Arbeit höchste Anerkennung fand.

Sie begann jetzt ein neues Studium in Pädagogik, Hygiene und Experimentalpsychologie, und außerdem arbeitete sie weiter in der Anthropologie. Sie wollte ihre bisherigen Erfahrungen auf eine sichere und breitere Grundlage stellen. Einer der Erfolge an der Modellschule, die sie gerade verlassen hatte, bestand darin, dass etliche der behinderten und gestörten Kinder die gleichen Prüfungen mit dem gleichen Erfolg bestanden wie normale Kinder im ersten Schuljahr der öffentlichen Grundschule. Warum sollten dann nicht auch diese normalen Kinder, wenn man die gleichen Methoden bei ihnen anwendete, zu einer viel günstigeren Entwicklung angeregt werden als in jenen Schulen, in denen alle Freude der Kinder am Lernen erstickt wurde?

In den nächsten Jahren hat Maria Montessori ihre Methode und ihr didaktisches Material in den wesentlichen Zügen entwickelt und ausgebaut, freilich immer wieder in der Erprobung und Beobachtung bei Kindern. Sie war sich auch schon damals darüber klar, dass «nicht das didaktische Material an und für sich» das Wichtigste war, sondern die «lebendige Stimme, die sich an die Kinder wende», die Achtung vor den Kindern und die Liebe zu ihnen, die «Überzeugung, dass wir auf den Geist einwirken … wie mit einem geheimen Schlüssel». Ich halte das nicht für den mystischen Zug in Montessoris Denken, wie Rita Kramer[201] gemeint hat. Offenkundig ging es Montessori darum, dass das Material ein Mittel zur Entwicklung der Kinder sei, das Entscheidende aber blieben die menschliche Zuwendung und der gegenseitige Respekt zwischen Erwachsenen und Kindern. Was sollte daran mystisch sein?

Diese Jahre im Leben Maria Montessoris sind wissenschaftsgeschichtlich hochinteressant, aber hier soll mehr die Praxis im Vordergrund stehen.

Montessori hat sich sehr um diese Praxis gekümmert. In der Funktion einer Beauftragten für Schulhygiene kritisierte sie die ungesunden, zu engen, zu großen oder zu kleinen Schulbänke, sie entwickelte Regeln für gesunde Schulmahlzeiten, sie wies auf die Bedeutung der Körpersprache hin. Welche Pädagogen kümmerten sich damals schon um so «abgelegene» Dinge? Auch heute tun das nicht viele.

> Der anmutig vornüber geneigte Kopf der Frau (auf einer Fotografie) «ist in Wirklichkeit nichts anderes als die Haltung der Sklaverei. Die Frau, die zu kämpfen beginnt, die Frau, die die geheimnisvolle und mächtige Stimme des menschlichen Konflikts zu vernehmen anfängt und in die unendliche Welt des modernen Fortschritts eintritt, erhebt das Haupt – und die Schönheit verschwindet nicht, sondern sie wird durch diese Haltung gesteigert, die heute schon von einem Großteil der Menschen eingenommen wird: von den Arbeitern, seit sie die sozialistische Propaganda hören, und von den Frauen in ihrem feministischen Streben nach Freiheit. Ähnlich ist es in der Schule. Wenn wir kleine Kinder dazu bringen wollen, den Kopf in der Orientierungsstellung zu halten, brauchen wir ihnen bloß ein Gefühl der Freiheit, der Freude und der Hoffnung einzuflößen.»
> *(Montessori, zit. n. R. Kramer, S. 125/126)*

Manches von dem, was Montessori damals gesagt, geschrieben und getan hat, kommt uns heute befremdlich, wenn nicht unsinnig vor, nicht zuletzt die zu der Zeit an den Universitäten verbreitete Anthropometrie (Vermessung des menschlichen Körpers und besonders des Schädels mit Rückschlüssen auf Intellekt und Charakter). Sicherlich hat sie dabei genaues Hinsehen und Beobachten gelernt und dass man viel über jedes einzelne Kind wissen muss, ehe man Forderungen an es stellt. Aber über all das hinaus hat sie sich ein Lebensprogramm aufgebaut: «Der Lehrer muss die neue Aufgabe übernehmen, mit Hilfe des Arztes das zu bessern, was mit dem Kind nicht in Ordnung ist, und das normale Kind vor den Gefahren der Entkräftung und Verunstaltung zu bewahren, die ihm ständig drohen.»[202]

In dieser Phase hatte Maria Montessoris Lebensprogramm zumindest drei Eckpunkte:

- Die Emanzipation und soziale Lage der Frauen und der Kinder.
- Die Kenntnis und Beobachtung der physisch-psychischen Entwicklung des Kindes auf der Grundlage medizinischen Wissens.
- Die Pädagogik als Entwicklungshilfe für behinderte und «normale» Kinder.

Maria Montessori hatte also eine breite und solide wissenschaftliche Grundlage, als sie die Gelegenheit bekam, die Theorie in die Praxis umzusetzen.

Das Kinderhaus – Casa dei bambini

Die Gelegenheit zur Realisierung ihrer Ideen ergab sich, als Maria Montessori von einer römischen Baugesellschaft gefragt wurde, ob sie bereit wäre, in einem notdürftig fertig gestellten Wohnblock im Stadtteil San Lorenzo einen Raum einzurichten, in dem die unbeaufsichtigten Kinder der Bewohner beschäftigt werden könnten, damit sie nicht die Gebäude beschmutzten und beschädigten. Für die Baugesellschaft war das ein Rechenexempel: Die Kinder zu beaufsichtigen war billiger, als die Schäden an den Gebäuden zu reparieren. Für Maria Montessori war es eine – wie sich zeigen sollte – fast einmalige Chance. Sie sagte zu, übernahm die Leitung, stellte eine Kinderfrau ein, die ständig anwesend war, und sammelte Geldspenden für die Einrichtung und für Spielzeug. Außerdem konnte sie den Kindern auch ihr didaktisches Material anbieten, und sie hatte hier keine behinderten, sondern «normale» – wenn auch zumeist vernachlässigte – Kinder, um zu probieren, wie ihr pädagogisches Konzept sich bei denen auswirken würde. Es entstand das kleine Haus der Kinder inmitten des großen Hauses der Erwachsenen mit ungefähr fünfzig Zwei- bis Sechsjährigen (die Angaben schwanken) in einem Raum. Am 6. Januar 1907 wurde die erste «Casa dei bambini» feierlich eingeweiht.

Eines der besonderen Merkmale des «Kinderhauses» lag und liegt bis heute darin, dass die Kinder gemeinsam mit einem oder mehreren Erwachsenen ihr eigenes Haus selbst bewirtschaften, und zwar weitgehend unabhängig von der Außenwelt und dennoch im Austausch mit ihr. Sie bilden eine pädagogisch-ökonomische häusliche Gemeinschaft, bei der die «Übungen des praktischen Lebens», etwa die Mitarbeit bei der Zubereitung des Essens und beim Säubern der Räume, sich selbst an- und auszuziehen, sowie die eigene Körperpflege nicht weniger wichtig sind als die Arbeit mit dem didaktischen Material. Viel später wird das abgewandelt im «Erdkinderplan» für die Jugendlichen wieder auftauchen.

Dorothy Canfield-Fisher hat in ihrem Buch «Eine Montessori-Mutter» besonders erwähnt, dass im Kinderhaus Jungen wie Mädchen für Hausarbeit, Bereitung von Mahlzeiten und Versorgung von Haustieren verantwortlich waren. Montessori sei auch dafür gewesen, Jugendliche von zwölf bis dreizehn Jahren in Säuglingspflege auszubilden, denn das helfe, den «idealen Typus des Vaters hervorzubringen, der dem Baby die Flasche geben kann ...»[203].

> «Hüten wir Frauen uns, die Kinder so zu behandeln,
> wie wir den Männern vorwerfen, uns behandelt zu haben,
> nämlich als wohlwollende, aber die Herrschaft aufrecht-
> erhaltende Beschützer.»
> *(Dorothy Canfield-Fisher, S. 105)*

Bei der Einrichtung des Kinderhauses hat Montessori offenbar auf jedes Detail geachtet: leichte Tische und Stühle in Kindergröße, besondere Ruhestühle, offene Regale statt verschlossener Schränke, der Kindergröße entsprechende Waschtische und Badewannen, niedrig gehängte Bilder (und Spiegel), Topfpflanzen und Kleintiere, die die Kinder selbst versorgen sollten usw. «Die mürrischen, interesselosen und in sich zurückgezogenen und die rebellischen Kinder zeigten ein bemerkenswertes Interesse an dem didaktischen Material, das sie dem Spielzeug und den Zeichenutensilien vorzogen ... Sie zogen diese Materialien nicht nur den Puppen oder Bällen oder Wägelchen vor, sondern sie blieben, wenn sie sich einmal mit ihnen eingelassen hatten, bei einer Aufgabe, bis es ihnen gelungen war, alles an die richtige Stelle zu bringen, und dann wiederholten sie den Vorgang immer wieder. Während sie ungeahnte Konzentrationsfähigkeit entwickelten, begannen sie sich auch in sozialer Hinsicht zu verändern.» So hat Rita Kramer Montessoris Berichte zusammengefasst, bei Montessori selbst heißt es dann: «Die Kinder, die vorher verschüchtert oder wild gewesen waren, wurden nun gesellig und mitteilungsfreudig. Es ergaben sich andere Beziehungen zwischen ihnen. Ihre Persönlichkeit entwickelte sich, und sie zeigten außerordentliches Verständnis, Aktivität, Lebhaftigkeit und Selbstvertrauen. Sie waren glücklich und fröhlich.»[204] Diesen Vorgang, diese Veränderungen im Verhalten der Kinder hat Montessori dann «*Normalisierung*» genannt.

In diesen Zusammenhang gehört auch die berühmt gewordene Geschichte, die in nahezu allen Montessori-Büchern mal kürzer, mal länger erzählt wird: Als Montessori mit den Kindern in San Lorenzo ihre Prinzipien und ihr Material ausprobierte, beobachtete sie ein etwa dreijähriges Mädchen, das – so berichtet sie – tief versunken war in die Beschäftigung mit einem der hölzernen Einsatzzylinderblöcke, aus dem es die kleinen Holzzylinder ausdauernd und immer wieder herauszog und jedes Mal wieder in die Aushöhlungen hineinsteckte. Montessori, die in Übereinstimmung mit etlichen Psychologen bis dahin davon überzeugt gewesen war, dass kleine Kinder meistens unstet und rastlos von einer Tätigkeit zur anderen wandern, hat immer wieder erzählt, wie erstaunt sie über das war, was sie nun gesehen hatte. «Zu Anfang beobachtete ich die Kleine, ohne sie zu stören, und begann zu zählen, wie oft sie die Übung wiederholte», aber dann hat sie das Kind tatsächlich gestört und abzulenken versucht. Doch es hat sich nicht ablenken lassen, sondern unbeirrt weitergemacht. «Ich hatte 44 Übungen gezählt»; und als es endlich aufhörte, schaute das Mädchen zufrieden und entspannt um sich, «als erwachte es aus einem erholsamen Schlaf»[205].

Montessori zog daraus die Erkenntnis, dass tatsächlich auch kleine Kinder zu einer so starken Konzentration ihrer Aufmerksamkeit fähig sind, wenn sie etwas finden, was sie spontan gern tun möchten und was sie reizt, es immer wieder zu wiederholen. Das müsse dem Kind dann auch erlaubt werden, sooft es das Bedürfnis danach habe. Mehr noch: Eine gute Pädagogik müsse möglichst oft solche Anlässe und Gelegenheiten schaffen. Man hat dies später das «Montessori-Phänomen» genannt, sie selbst hat dafür den Begriff «*Polarisation der Aufmerksamkeit*» geprägt. Dabei versteht sie Polarisation als direkte Verbindung zwischen Kind und Sache, aber wohl auch als so etwas wie die «Bündelung» von Lichtstrahlen.

Manche könnten geneigt sein, jene Geschichte für eine schöne pädagogische Legende zu halten. Aber ich habe selbst beobachtet, wie zwei etwa fünfjährige Jungen unentwegt eine Kerze anzündeten und die Flamme wieder löschten – was zu den «Übungen des praktischen Lebens» zählt –, ohne sich im Geringsten stören zu lassen. Die Leiterin hat ihnen allerdings zwischendurch eine neue Schachtel Streichhölzer hingeschoben; Dauer etwa 50 Minuten und danach deutliche Zufriedenheit bei den beiden. Würden nicht einige von uns denken, bei Kindern, die eine Tätigkeit so oft wiederholen, stimme etwas nicht so ganz? Und wenn wir Erwachsene feststellen, dass ein Kind gerade eben etwas kann, nehmen wir das gern als Signal, schnell weiterzugehen zur nächsten Aufgabe, zu Hause kaum anders als im Kindergarten oder der Schule.

Auch die ersten «Übungen der Stille» sind im Kinderhaus entstanden. Maria Montessori hatte eines Tages einen schlafenden Säugling mit in das Kinderhaus gebracht: «Achtet einmal darauf, wie leise ihr Atem geht. Keiner von euch könnte so leise atmen wie sie ... Überrascht und bewegungslos begannen die Kinder, den Atem anzuhalten ... Niemand machte auch nur die kleinste wahrnehmbare Bewegung. Sie waren eifrig darauf bedacht, die Stille zu erleben und sie nachzumachen ... Die Kinder saßen alle vollkommen still da, atmeten so leise wie möglich und hatten einen heiteren und gespannten Gesichtsausdruck wie Menschen, die meditieren. Nach und nach konnten wir alle inmitten dieser eindrucksvollen Stille die geringfügigsten Geräusche hören, wie den Laut eines in der Ferne fallenden Wassertropfens und das weit entfernte Zwitschern eines Vogels. Das war der Ursprung unserer Schweigeübung.»[206]

Diese Übungen haben ein wenig Ähnlichkeit mit dem etwas später von dem deutschen Arzt Johannes Heinrich Schultz entwickelten autogenen Training. Doch für Montessori ist nicht die Entspannung das Wichtigste, sondern die Sammlung der Aufmerksamkeit, die Konzentration.

Eine kleine Revolution für die damalige Pädagogik war dies: Die Kinder durften sich frei im Raum bewegen, sich ein Material auswählen und so lange damit arbeiten, wie sie wollten. Montessori fand, dass das die Disziplin wäre, die sie sich wünschte, wenn die Kinder sich ruhig, verständig und mit freiem Willen im Raum bewegten, etwas Nützliches täten und darauf bedacht seien, niemanden anders zu stören. Freilich, der Rahmen, die Grenzen, innerhalb deren sich die Kinder bewegen konnten, waren von Montessori selbst vorgegeben. Sie ordnete nicht an: Tu dies oder das, aber die Umgebung, in der das Kind sich frei bewegen können sollte, hatte sie selbst vorbereitet nach ihren eigenen Vorstellungen davon, was für die Kinder gut wäre und ihrer Entwicklung angemessen sein könnte. Aber: In der so «vorbereiteten Umgebung» waren die Kinder unabhängig darin, was sie tun oder auch nicht tun wollten. Diese Balance zwischen Freiheit und vorstrukturierter Begrenzung wurde zu einem der charakteristischen Merkmale der Montessori-Pädagogik. Ganz wichtig ist dabei die Rücksichtnahme auf die anderen: «Die Freiheit des Kindes muss als Grenze das Gemeinwohl haben» – ein bemerkenswert moderner Satz.

Neu bestimmt hat Montessori auch die Rolle und die Aufgabe der Pädagogin: «Bei meiner Methode ist es tatsächlich so, dass die Lehrerin wenig unterrichtet, aber viel beobachtet, und vor allem ist es ihre Aufgabe, die psychische Tätigkeit der Kinder und ihre physiologische Entwicklung zu leiten. Aus diesem Grund habe ich den Namen Lehrerin aufgegeben und sage dafür Leiterin.»[207]

Wenige Monate nach der Eröffnung des ersten Kinderhauses wurden in Rom von Privatleuten weitere eingerichtet, immer nach den Grundsätzen Montessoris und unter ihrer Aufsicht. Der britische Botschafter in Rom eröffnete ein Kinderhaus vor allem für Diplomatenkinder und Kinder der oberen Gesellschaftsschicht. Diese Kinder sprachen sehr verschiedene Sprachen. Aber: Über die individuell frei gewählten Tätigkeiten – vor allem mit den Händen – entstand nach dem Zeugnis einer Journalistin bald wie von selbst «eine Gemeinschaft fröhlicher, eifrig beschäftigter Kinder»[208]. In Mailand wurde ein Jahr später ebenfalls ein Kinderhaus gegründet, und zwar von der humanistischen Gesellschaft (*Societá Umanitaria*), die größte, ursprünglich von jüdischen Sozialisten gegründete Sozialeinrichtung Italiens; ein Zentrum für Arbeiterfamilien, das Mustersiedlungen für Arbeiter, Berufsausbildung und Arbeitsvermittlung organisierte. Mit dieser Organisation hat Montessori lange und intensiv zusammengearbeitet. Als Leiterin schickte sie ihre treue Anhängerin und Freundin Anna Maccheroni nach Mailand.

Montessori knüpfte in dieser Zeit viele Verbindungen und baute zugleich ihre Pädagogik weiter aus. So hielt sie 1909 im Schloss des Barons Franchetti und seiner Frau, einer geborenen Amerikanerin, ihren ersten Ausbildungskurs ab, zumeist mit Lehrerinnen. Die Franchettis haben sie auch gedrängt, ihr pädagogisches Konzept aufzuschreiben und zu veröffentlichen. Wie es heißt, hat Montessori innerhalb eines Monats ihr erstes Buch «Die Methode der wissenschaftlichen Pädagogik, angewandt auf die Kindererziehung in den Kinderhäusern» geschrieben. Bekannt geworden ist es unter dem Kürzel «Il Metodo». 1912 erschien das Buch unter dem Titel «The Montessori Method» in Amerika. Es wurde ein Bestseller, die erste Auflage mit 5000 Exemplaren war nach vier Tagen vergriffen, und nach einem halben Jahr gab es schon eine sechste Auflage.

Ela Eckert hat auf eine Überlegung von E. Mortimer hingewiesen, die deutlich mache, was sonst nicht so offensichtlich würde: «Wäre Maria Montessori im Jahr 1906 36-jährig gestorben, wäre außerhalb eines relativ begrenzten Umkreises niemand auf sie und ihre Arbeit aufmerksam geworden; nur zwei Jahre später dagegen – 1908 – war ihr Name durch ihre Pädagogik weltberühmt.»[209]

Von Experimenten zum System

Seit ihrem medizinischen Doktorexamen 1896 waren bei Maria Montessori medizinisch-anthropologische Forschung, die medizinische Praxis mit Patienten, praktische pädagogische Arbeit, vor allem mit behinderten Kindern, und wissenschaftliches Studium auf verschiedenen Feldern stets miteinander verschränkt – nacheinander und nebeneinander. Sie hat geforscht, experimentiert, Ideen ihrer Vorgänger aufgegriffen und weiterentwickelt, neue Wege gesucht und probiert, immer angetrieben von einer geradezu missionarischen Idee, das soziale Schicksal der benachteiligten Frauen und ihrer Kinder zu verbessern.

Zunächst in der Schule für die geistig behinderten Kinder und dann besonders im Kinderhaus hat sie alldem dann reale Gestalt gegeben. Auch hier hat sie noch beobachtet und experimentiert, didaktisches Material neu oder weiterentwickelt; das Kinderhaus war für sie zunächst noch Versuchslabor. Aber dann wurden die «Casa dei bambini» in Rom fast so etwas wie Pilgerstätten, um das pädagogische «Wunder» zu bestaunen, das Montessori vollbracht hatte. Erst hatte sie behinderten Kindern das Schreiben, Lesen und Rechnen so gut beizubringen vermocht wie gesunden Kindern. Nun hatte sie fast alles, was man sich bisher unter Erziehung vorgestellt hatte, gleichsam auf den Kopf gestellt. Sie hatte erreicht, dass um die fünfzig mehr oder minder verwilderte, vernachlässigte Kinder in relativ kurzer Zeit ruhig, ausdauernd und zufrieden arbeiten gelernt hatten. Sie wählten sich ihre Arbeit selbst, wollten von sich aus und spontan Schreiben und Lesen lernen, gingen rücksichtsvoll und freundlich miteinander um, waren nicht mehr schüchtern, sondern selbstbewusst, eben «normalisiert»: körperlich, seelisch und sozial gesund.

Die Nachrichten über die pädagogischen Erfolge der italienischen Ärztin verbreiteten sich wie ein Lauffeuer. Aus Neugier wie aus echtem sachlichem und wissenschaftlichem Interesse kamen viele Besucher aus Italien und anderen Ländern. Besonders in Amerika fanden die Berichte über Montessoris Ideen und ihre Kinderhäuser ebenso wie ihr Buch unglaublich schnell breite Resonanz. Die Presse hatte kräftig dabei mitgeholfen, denn das war ein populäres Thema, mit dem sich Geld verdienen ließ.

In Rom hielt Montessori nach dem ersten Ausbildungskursus nun weitere, auch internationale Ausbildungskurse ab, jeweils mit einem großen Anteil an amerikanischen Lehrerinnen. Die Idee wurde weitergetragen, in Australien, Argentinien, England, Frankreich und Russland wurden Montessori-Klassen eingerichtet, sogar in St. Petersburg für die Kinder der Zarenfamilie und des Hofes. Wann hatte sich schon einmal eine pädagogische Idee so schnell über nationale Grenzen hinweg ausgebreitet? Aber damit wurde die Last dessen, was Montessori leisten musste, immer größer.

Um 1910 traf sie die Entscheidung, ihre bisherigen Tätigkeiten, ihre Arztpraxis, ihre Lehrtätigkeit und damit ihre akademische Karriere, die sie sich so mühsam erkämpft hatte, aufzugeben. Nur die Honorarprofessur an der Universität hat sie noch einige Jahre weitergeführt. Im Alter von vierzig Jahren hat Maria Montessori ihrem Leben also wieder ein neues Ziel gesetzt: Sie wollte sich nur noch auf die Verbreitung ihrer pädagogischen Ideen und ihrer Methode konzentrieren, die Lehrkräfte dafür ausbilden und die weltweite «Montessori-Bewegung» in aller Welt selbst leiten.

Aus Montessoris neuer pädagogischen Konzeption war durch den Erfolg einerseits eine große Vision entstanden: Wenn man die Erziehung überall auf diese Weise angehen würde, könne diese Welt eine bessere werden, weil «ein neuer Mensch» heranwachse. Andererseits aber war bei der großen Publizität ihre Pädagogik angreifbar geworden, und daraus erwuchs die Sorge, ihre Visionen, Entdeckungen, Ideen und Methoden könnten ihr entgleiten, könnten entstellt und verwässert und sie selbst dabei ausgebeutet werden. Diese Sorge war sicher berechtigt. Etwas pointiert können wir heute sagen, dass Montessori die meist «beklaute» Frau in der europäischen Pädagogik war.

Aus den Forschungen und Experimenten der zurückliegenden Jahre war ein pädagogisches System geworden. In den vielen Vorträgen, durch die Notwendigkeit, ein Ausbildungskonzept zu entwickeln, in der Verteidigung gegen Kritiker und verstärkt durch ihren Führungsanspruch hat Maria Montessori eines der ganz wenigen in sich geschlossenen pädagogischen Systeme aufgebaut. Aber das hatte, wie sich bald zeigen sollte, durchaus seine zwei Seiten.

Doch zunächst ist Maria Montessori 1913, nachdem vor allem die amerikanische Presse sie und ihre Ideen in großer Breite bekannt gemacht hatte, selbst zu Vorträgen nach Amerika gereist. Sie wurde erwartet und gefeiert als eine der berühmtesten Frauen der Welt. Über die große Resonanz in der Öffentlichkeit und die Triumphe, die sie eben auch als exzellente Rednerin in überfüllten Sälen hatte, hat insbesondere Rita Kramer ausführlich und anschaulich berichtet.

Maria Montessori musste aber auch feststellen, dass es nicht nur die begeisterte Zustimmung gab, ihre Ideen zugunsten der Kinder aufzunehmen und umzusetzen, sondern auch das Interesse, mit der neuen Idee Geld zu verdienen, ohne dass sie selbst daran sonderlich Anteil hatte. Die Reise hat ihr wichtige Kontakte verschafft. Sie kam mit amerikanischen Wissenschaftlern zusammen, so mit Vertretern der Pädagogik und Psychologie der Harvard-Universität und der Columbia-Universität, dabei als wichtigster Mann John Dewey. Zu ihren aktiven ideellen und finanziellen Förderern zählte das Ehepaar Bell – Alexander Graham Bell, Erfinder des Telefons, war zunächst Taubstummen-Lehrer gewesen und schon von daher an dieser Pädagogik interessiert. Mrs. Bell richtete im eigenen Hause eine Montessori-Klasse ein und stiftete weitere Schulen. Montessori war zu Gast bei dem «Cornflakes-Millionär» Kellogg, und schließlich wurde sie in New York von dem Women's Cosmopolitan Club festlich verabschiedet. Diese erste Amerikareise 1913 war vermutlich einer der Höhepunkte in ihrem Leben, so breite öffentliche Anerkennung hat sie danach nicht wieder erlebt.

Zum System der Montessori-Pädagogik gehörte auch die Organisation. Ihr tragender Grund waren die Montessori-Gesellschaften, die sich in vielen Orten und Ländern gebildet hatten und oft auch selbst Schulen gegründet haben. Allein in den USA soll es 1913, als Montessori dort war, fast hundert Montessori-Schulen gegeben haben.[210] Sie alle – weltweit – zusammen- und auf der Linie ihres pädagogischen Systems zu halten war wohl eine der schwierigsten und letztlich nicht lösbaren Aufgaben, die sich Maria Montessori gesetzt hatte.

Rita Kramer und Helmut Heiland schreiben bevorzugt von der «Montessori-Bewegung», zu deren führendem Kopf sich Montessori selbst gemacht habe. Wiebke Ammann kommt der Realität vielleicht näher, wenn sie vom «Montessori-Konzern»[211] spricht, dem Montessori – mit ihrem Namen als Markenzeichen – als Chefmanagerin vorstand, später assistiert von ihrem Sohn Mario, der schließlich selbst die Hauptlast des Managements übernahm.

Da Maria Montessori alle andere Berufstätigkeit aufgegeben und somit von dort keine Einkünfte mehr hatte, musste sie sich und ihrem Sohn mit ihrem pädagogischen Werk den Lebensunterhalt sichern. Das waren im Wesentlichen die Tantiemen ihrer Bücher und Vorträge, die Anteile aus dem Vertrieb des didaktischen Materials und die Gebühren für die Ausbildungskurse.

An diesen Kursen zeigte sich Montessoris Absolutheitsanspruch, denn niemand außer ihr selbst – auch nicht die engsten Mitarbeiterinnen – durfte die Ausbildung der Lehrkräfte für die Montessori-Pädagogik übernehmen. Das hat das System – so richtig es sein mochte – unbeweglich gemacht und Montessori manchen Konflikt eingetragen. Beispielsweise Helen Parkhurst, die lange Zeit gleichsam Montessoris Statthalterin in Amerika war, wandte sich von ihr ab und entwickelte ihr eigenes Konzept, den Dalton-Plan, mit dem sie dann selbst in die Geschichte der Pädagogik eingegangen ist.

Montessoris Sorge, dass das auf zwei Säulen – den pädagogischen Prinzipien und dem didaktischen Material («didaktischer Apparat») – stehende System verfälscht und aufgeweicht werden könnte, war also berechtigt. Das zu verhindern ist bis heute auch die wichtigste Sorge der *Association Montessori Internationale* (AMI) und der in Amsterdam residierenden Spitze des Familienkonzerns. Auf diese Weise ist das pädagogische System Montessoris in seiner Geschlossenheit zwar erhalten geblieben, aber auch in die Gefahr geraten, zum Monument zu versteinern.

Es gab also zwei Seiten des Wirkens von Maria Montessori in jenen Jahren, die sich bis heute ausgewirkt haben. Einerseits hat sie durch das Zusammenfließen ihres sozialen Verantwortungsbewusstseins mit den medizinischen Fachkenntnissen, den historischen pädagogischen Ideen und durch ihre medizinische und pädagogische Praxis eine Fülle von wiederentdeckten oder neuen Anregungen zu einer in sich stimmigen Pädagogik zusammengefasst. Selbst in der Zeit der pädagogischen Reformbewegung in Europa hat sie ganz neue Orientierungen und Perspektiven eröffnet, die nur schwer auf eine kurze und einfache Formel zu bringen sind. Sie hat wie kaum ein Pädagoge sonst auf die eigenen Kräfte des Kindes vertraut, sich in der Auseinandersetzung mit der realen Welt sein Selbst aufzubauen. «Die Kinder sind in ihrer Entwicklung nicht auf Hindernisse gestoßen. Sie hatten nichts zu verbergen, nichts zu fürchten, nichts zu scheuen. So einfach war es.»[212] Ganz so einfach war es natürlich nicht, aber Montessori war konsequent darin, dass in einer Erziehung zur Selbständigkeit, wie sie jede Pädagogik spätestens seit Rousseau zum Ziel hatte, für die Kinder auch freier Raum und freie Zeit sein müsse, Selbständigkeit zu erproben und zu üben.

Sie hat dafür Prinzipien aufgestellt und ein didaktisches Material entwickelt, das nach wie vor von unerreichter Qualität ist.

Andererseits wollte sie über alles dies keine Diskussion zulassen und denjenigen, die von ihrer Pädagogik begeistert oder überzeugt waren und nach ihren Prinzipien und mit ihrem Material arbeiten wollten, nicht die Selbständigkeit und Unabhängigkeit einräumen, die bei den Kindern für sie oberste Maxime waren. Das war denn auch zu jener Zeit einer der Kernpunkte der Kritik. Von einer «Beleidigung für die Intelligenz der Lehrer» war die Rede und dass man sich pädagogische Ideen nicht patentieren lassen könne. «Im Handel mit Ideen gibt es keine Monopole», schreibt Rita Kramer.[213] Dass Montessori den Wunsch hatte, ihr System zu schützen, ist verständlich, aber die Wirkung sei zerstörerisch gewesen, meint Kramer. In der Tat hat Montessori ihre Pädagogik damit in die Isolierung gebracht. In der wissenschaftlichen und praktischen Pädagogik hat erst in den letzten Jahren die Diskussion darüber begonnen. Damals gab es entweder nur Anhänger oder Gegner. Montessori hat sich sogar gegen loyale Darstellungen ihrer Pädagogik gewehrt. Die schon zitierte Dorothy Canfield-Fisher hat mit ihrem kleinen Buch «A Montessori Mother» und einem weiteren Buch sicher viel zur Verbreitung der Montessori-Pädagogik in Amerika beigetragen. Montessori hat jedoch in ihrem 1914 zuerst in englischer Sprache erschienenen «Dr. Montessoris Own Handbook», in dem sie ihre Pädagogik noch einmal prägnant zusammenfassen wollte, in der Einleitung direkt Mrs. Canfield-Fisher angegriffen: «Ich hoffe, dass man für irgendwelche Misserfolge, die sich aus dem Gebrauch anderer Bücher als des meinen im Zusammenhang mit den Montessori-Materialien ergeben können, nicht mein System verantwortlich machen wird.»[214] Es lohnt nicht, über jenes Verhalten Montessoris zu rätseln oder zu richten. Ihre Pädagogik jedenfalls hat auch ohne sie überlebt und ist heute vielleicht frischer und moderner als zuvor.

Einer der schärfsten Kritiker Montessoris war der junge Assistenzprofessor William Heard Kilpatrick, ein Schüler von John Dewey. Er hatte das Kinderhaus in Rom besucht, Montessoris Buch gelesen und veröffentlichte 1914 eine kleine Schrift «Montessori System Examined» – das Montessori-

System auf dem Prüfstand. Darin schrieb er, Psychologie, nach der das Lernen zu großen Teilen über die Sinne verlaufe, sei veraltet und der durch das didaktische Material gesetzte Rahmen sei zu starr und zu einschränkend. Er selbst favorisierte das Spiel und die Phantasie und schwor auf die Pädagogik seines akademischen Lehrers John Dewey. Der seinerseits bemühte sich, Kilpatrick in seiner, wie er fand, zu scharfen und einseitigen Kritik zu bremsen. Er habe ihn, Dewey, zu sehr als «Rivalen» von Montessori dargestellt; es gebe zwischen ihnen «im Ganzen eher gleich laufende als gegenläufige Tendenz». Dewey betont auch, «dass die Aktivität des sensomotorischen Systems … die physiologische Basis für spätere Entwicklungen legt». Montessori habe «einen richtigen Bereich und eine richtige Methode»[215].

Nicht zuletzt unter Lehrern kam außerdem die Angst auf, sie könnten, wenn ihre Rolle vorwiegend als Beobachter und Leiter individueller Entwicklungsprozesse definiert würde, die Autorität und Herrschaft in der Klasse verlieren. Das ist nicht verwunderlich, denn es ist das Grundmuster aller konservativen Kritik aus Unsicherheit und Angst gegenüber Veränderungen.[216] Das Ganze hat aber auch noch einen sehr praktischen Aspekt. Das didaktische Material der Montessori-Pädagogik ist kein Spielzeug, sondern jedes einzelne Material ist für ein bestimmtes Lernziel in der Selbstarbeit bestimmt und kann nicht beliebig anders verwendet werden.

Wenn man auch nur ahnt, in wie vielen Kindergärten und Schulen Montessori-Material angeschafft worden ist und dann verstaubt und verkommt, weil niemand damit richtig umgehen kann, ist Montessoris Sorge von damals verständlich. Aus einem Verkaufsprospekt für Montessori-Material, der schon um 1912 in Amerika erschienen ist, zitiert Kramer: «der Montessori'sche didaktische Apparat ist kein Satz von Spielsachen, den man trennen kann. Er ist ein System zum Trainieren der Sinne; … Diese Materialien sollte niemand erwerben, der nicht beabsichtigt, sie sorgfältig und verständig gemäß den Prinzipien der Montessori-Methode zu verwenden»[217]. Dieses Material ist so präzise und bis ins Einzelne durchdacht aufgebaut, dass damit nur umgehen kann, wer den in das Material investierten Gedankengang kennt und für sich selbst nachvollziehen kann. Als Spielzeug ist es weder gedacht noch geeignet. Auch insofern hatte Montessori Recht, wenn sie von der «Arbeit» der Kinder sprach. Das heißt ja nicht, dass Montessori-Kinder nicht auch richtig spielen dürften und sollten.

Zwischen zwei Weltkriegen

Diese Zeitspanne im Leben Maria Montessoris hat ihre bisherigen Biographen nicht mehr so sehr interessiert, sie wird erwähnt, aber kurz und mit nicht viel Leidenschaft abgehandelt, so besonders von Böhm und Heiland. Nur Rita Kramer hat auch diese Zeit sorgfältig dokumentiert, freilich ohne die Bedeutung für die weitere Entwicklung der Montessori-Pädagogik deutlich zu erkennen. Durch diese Haltung wurde die verbreitete Vorstellung unterstützt, dass Montessori-Pädagogik nur eine Pädagogik für kleine Kinder sei. Tatsächlich hat Montessori zwar den begonnenen Weg fortgesetzt und sich um die Verbreitung ihres pädagogischen Konzepts für das Kinderhaus gekümmert, aber die Entwicklungsarbeit war im Wesentlichen abgeschlossen. Nun entstand allmählich der größere Rahmen einer Reform der ganzen Pädagogik bis ins Jugend- und Erwachsenenalter. Sie entwickelt die Vision einer kosmischen Erziehung, und sie hat deutliche Akzente für die Friedenserziehung gesetzt, nicht zuletzt wohl beeinflusst durch ihre Erfahrungen mit dem spanischen, italienischen und deutschen Faschismus.

1915 war Maria Montessori ein zweites Mal in den USA, diesmal mit ihrem Sohn Mario. In Kalifornien hielt sie Vorträge und Kurse, dabei ihren dritten internationalen Ausbildungskurs in San Francisco. Dort ist auch in der mehrere Wochen dauernden Ausstellung *Panama Pacific Exposition* eine Montessori-Demonstrationsklasse eingerichtet worden.[218] Aber die große Begeisterung von 1913 war abgeflaut. In der Montessori-Gesellschaft *(Montessori Education Association)* gab es Streitigkeiten, Helen Parkhurst zog sich zurück, und das Geld wurde knapp. Montessori war keine Diplomatin. Eher provozierte sie Konflikte, als dass sie es verstanden hätte, sie zu schlichten. Für Montessori selbst war diese Reise kein Erfolg, ihre Publizität war deutlich zurückgegangen. Aber ihre Pädagogik hatte jetzt in Amerika dauerhaft Fuß gefasst, und sie erlebt heute, wie in anderen Ländern, ein großes neues Interesse.

Nach ihrer Rückkehr aus den USA ist Maria Montessori 1916 auf Einladung der (katalanischen) Stadtverwaltung nach *Barcelona* übergesiedelt.[219] Möglicherweise gab es für sie auch persönliche Gründe für diesen Umzug, doch jedenfalls waren die katalanischen Behörden und Gruppierungen in der bürgerlichen Bevölkerung an Erziehungsreformen interessiert. Sie wollten damit ihre Autonomiebestrebungen gegenüber der spanischen Zentrale in Madrid stärken, und Montessori sollte sie dabei unterstützen. Diese hatte hier ihrerseits die Gelegenheit, in weit größerem

Maßstab als bisher und unter besten äußeren Bedingungen ihre Methode auch bis ins Schulalter hinein zu praktizieren. Außerdem konnte sie mit Unterstützung der katalanischen Regierung ein Ausbildungsinstitut für ihre Pädagogik einrichten, denn die Regierung wollte ihre eigene Sprache in eigenen Schulen pflegen. An Montessoris internationalem Ausbildungskurs nahmen 185 Personen teil, die meisten aus Katalonien, aber auch aus anderen Teilen Spaniens sowie aus Portugal, England, Kanada und den USA. Montessori entwickelte neues Material für den Schulunterricht im Rechnen, in der Geometrie und in der Grammatik, und in diesem Jahr erschien auch ihr nächstes Buch «L'autoeducazione nelle Scuole elementari». Das Wort «Selbsterziehung» (autoeducazione) wurde von ihr hier wie ein Signal gesetzt. In der englischen Übersetzung mit dem Titel «Advanced Montessori Method» erscheint es allerdings nicht.

Als sich um 1919 die Unruhen und Aufstände um Katalonien und in Barcelona zuspitzten, wurde Montessori aufgefordert, sich politisch auf die Seite der katalanischen Unabhängigkeitsbewegung zu stellen und sich ihren Demonstrationen anzuschließen. Sie bestand jedoch auf ihrer politischen Neutralität und verweigerte sich. Daraufhin wurde dem Institut die Unterstützung entzogen, und damit waren ihre guten Arbeitsbedingungen dahin. Auch in Spanien existierte so die Montessori-Pädagogik fortan nicht anders als in den meisten Ländern nur auf wenigen kleinen «Inseln».

Mit dem Aufenthalt in Barcelona hat Montessoris Arbeit – zumindest vorübergehend – auch einen religionspädagogischen Akzent bekommen. Zunächst hatte ein katholischer Geistlicher sich vorgenommen, in direkter Verbindung mit der Kirche Kinderhäuser zu gründen – unabhängig von Montessori. Als er Montessoris Pädagogik kennen lernte, schien ihm das der richtige Weg auch für sein Ziel zu sein, die kleinen Kinder religiös zu erziehen. In Verabredung mit Montessori wurde dann kirchenoffiziell beschlossen, «ihre Prinzipien mit der religiösen Erziehung zu verbinden»[220].

Da sich Montessori nach dem Tod ihrer Mutter stärker der Religion und ihrer Kirche zugewandt hatte, traf das bei ihr auf innere Zustimmung. Eine kurze Überlegung mag hier eingeschoben werden: Immer wird der positive Einfluss der Mutter auf ihre Tochter Maria hervorgehoben. Aber es dürfte das ein sehr bestimmender Einfluss gewesen sein, wofür es einige Indizien gibt: Gleich nach dem Tod der antiklerikalen Mutter wandte sich Montessori der Kirche zu, und sie hat dann auch gleich ihren Sohn Mario zu sich genommen, während die Mutter möglicherweise mehr um den Ruf ihrer

Tochter in der Öffentlichkeit als um das Schicksal von Mutter und Sohn besorgt war.

In Barcelona wurde eine Kapelle für Kinder, das «Haus der Kinder in der Kirche», eingerichtet. Mit elementaren Gegenständen arbeiteten und fühlten sich die Kinder in die Liturgie ein. Montessori soll selbst überrascht gewesen sein, wie sehr die Handlungsabläufe bei den Kindern in der Kinderkapelle mit denen im Kinderhaus übereinstimmten. Damals entstand unter anderem Montessoris Buch, das Helene Helming in deutscher Sprache herausgegeben hat: «Kinder, die in der Kirche leben». Die heutige religionspädagogische Diskussion hat unter anderem dort wieder angeknüpft, vor allem Horst Klaus Berg. Mit dem Weggang aus Barcelona ist dieser religionspädagogische Akzent bei Montessori wieder zurückgetreten und umgeformt in die «kosmische Erziehung» mit eingegangen.

Von Barcelona aus hat Montessori viele Reisen unternommen, noch zweimal nach Amerika und vor allem mehrfach nach England und Holland. Dort wurde ihre Pädagogik, ähnlich wie in Amerika, zunächst mit großem Enthusiasmus aufgenommen. Zu ihrem ersten Ausbildungskursus in *London* 1919 gab es über 2000 Anmeldungen, 250 wurden zur Teilnahme ausgewählt. Schulen wurden gegründet, jetzt über das Kinderhausalter hinaus für die bis zu Elfjährigen, und auch hier bildeten sich Montessori-Gesellschaften. Vorträge etwa vor der Royal Society of Medicine oder der British Psychological Society und großartige Empfänge gaben ihr erneut Auftrieb. Aber auch die Konflikte blieben nicht aus: Dr. Kimmins, ein maßgeblicher Mann vom London County Council, der positiv zur Montessori-Pädagogik stand, hat den Streitpunkt recht genau beschrieben: «… in der Erziehung gibt es nichts Endgültiges, und die einzelne Lehrerin muss im Lauf der Zeit ihre Methode abwandeln. In jedem Reformplan muss Spielraum für die Persönlichkeit der Lehrerin vorhanden sein, sonst ist er zum Scheitern verurteilt.»[221]

So spaltete sich die Anhängerschaft in diejenigen, die sich von Montessori generell zu Reformen in der Erziehung inspiriert sahen, und diejenigen, die ihre Methode genau einhielten. Aber die Anhängerschaft blieb doch so groß, und die Montessori-Gesellschaft arbeitete so gründlich, dass bis 1939 regelmäßig in jedem Jahr ein von Montessori geleiteter Ausbildungskursus stattfand, meistens in London.

1917 war Maria Montessori das erste Mal in die Niederlande eingeladen worden, um dort vor der *Pädagogischen Gesellschaft Amsterdam* zu sprechen. Ein Kinderhaus gab es schon seit 1914, gegründet von Caroline W. Tromp, einer ihrer Schülerinnen aus einem Ausbildungskursus in Rom. Außerdem wurde, weil Montessori wegen des Krieges selbst nicht kommen konnte, eine eigene Ausbildung für Montessori-Lehrkräfte entwickelt. Caroline Tromp und Rosa Joosten-Chotzen, ebenfalls eine Montessori-Schülerin, hielten einerseits den Kontakt mit Montessori und organisierten zudem regelmäßige monatliche Zusammenkünfte der Montessori-Lehrkräfte. So hatte die Montessori-Pädagogik in Holland schon früh einen organisierten Rahmen bekommen, der sich als dauerhaft tragfähig erwiesen hat. Außer Kinderhäusern gab es in den Niederlanden bereits einige ausgebaute Elementarschulen. Mit dem Heranwachsen der Kinder tauchte bei den Eltern der Wunsch auf, die Montessori-Schule nach dem Alter von zwölf Jahren fortzusetzen, so entstand in Amsterdam das Montessori-Lyzeum, das es heute noch gibt. Montessori selbst hat diese Entwicklung mit Vorschlägen begleitet, die in den dreißiger Jahren in ihren Plan einer Sekundarschule für die «Erdkinder» einmündeten. In den Niederlanden ist die Montessori-Pädagogik bis heute als eine besondere Variante in das allgemeine Erziehungssystem eingegliedert.

Ein besonders interessantes Reiseziel Montessoris war *Wien.* Dort hatte ihre frühere Kursusteilnehmerin Lili Roubiczek, eine aus Prag stammende hochintelligente und energiegeladene junge Frau, zusammen mit einer Gruppe von fünf jungen jüdisch-sozialistischen Frauen eine Montessori-Schule in einem Wiener Elendsviertel aufgebaut: das «Haus der Kinder». Roubiczek sammelte Spenden und mobilisierte offizielle Unterstützungen. Da zur gleichen Zeit der Bau von Arbeitersiedlungen durch die sozialdemokratische Regierung gefördert wurde, verbanden sich hier soziale und pädagogische Absichten, ähnlich wie seinerzeit bei Montessori in San Lorenzo. Die Gruppe machte in ihrer Arbeit auch ähnliche Erfahrungen, dass nämlich verwahrloste, mürrische und rebellische Kinder Schritt für Schritt mit der Arbeit begannen, mit allmählich zunehmendem Eifer lernten und eine ordentliche und zufriedene Gruppe wurden. Auch in Wien sprach sich das natürlich schnell herum und stieß auf Interesse. Lili Roubiczek sorgte dafür, dass die österreichische Montessori-Gesellschaft häufiger Zusammenkünfte und Vortragsveranstaltungen etwa mit der Wiener Psychoanalytikergruppe organisierte. Seminare für Kindergärtnerinnen wurden zu zweijährigen Ausbildungskursen für Montessori-Pädagogik entwickelt, bei denen Montessori nur darauf bestand, die letzten vier Monate selbst zu leiten. Zu Lili Roubiczek hatte Montessori lange Zeit großes Vertrauen, das jedoch nach Jahren schließlich auch zerbrach. Jedenfalls hatte sich die Wiener Gruppe von Beginn an mehr Freiheit gegenüber dem Führungsanspruch Montessoris genommen, und in dieser relativen Selbständigkeit erlangte sie – ähnlich der holländischen Montessori-Gesellschaft – eine größere und dauerhaftere Stabilität. 1938 haben die Nationalsozialisten auch die österreichische Montessori-Pädagogik zerschlagen.

Im Wiener «Haus der Kinder» arbeitete eine junge Pianistin, Elise Herbatschek. Montessori wollte gern, nachdem Anna Maccheroni bereits den Grund dafür gelegt hatte, die musikalische Seite ihrer Pädagogik weiter ausbauen und gewann dafür die «Lisl», wie sie kurz genannt wurde. Alle drei Frauen haben gemeinsam eine Musikdidaktik nach Montessori-Prinzipien ausgearbeitet. Elise Herbatschek ist zeitweilig mit Montessori nach Rom gegangen und hat sie auf Reisen begleitet. Aber auch dabei gab es heftige Konflikte. Aus einem Interview mit Lisl hat Kramer den hübschen Satz zitiert: «Zuerst glaubte ich, ich müsste mich (nach Montessoris Brief) umbringen, aber dann kaufte ich mir Schokolade, und das Leben wurde wieder schön.»[222]

In Wien und überhaupt in den Jahren zwischen den Kriegen hat Montessori eine Reihe von Leuten kennen gelernt, die für ihre geistige und pädagogisch-konzeptionelle Entwicklung wichtig waren. Schon früh war sie in den Niederlanden mit dem Biologen Hugo de Vries zusammengetroffen, der ihr vorgeschlagen hat, für die Phasen der kindlichen Entwicklung den Begriff der «sensitiven Perioden» zu verwenden, denn er fand, es gäbe Parallelen zwischen seinen biologischen Forschungsergebnissen und Montessoris Entwicklungstheorien.

Der Psychologe Jean Piaget hatte 1934 an dem Montessori-Kongress in Italien teilgenommen und wurde danach für etliche Jahre Vorsitzender der Schweizer Montessori-Gesellschaft. Da Montessori in einigen Praxis-Beispielen Beobachtungen aus dem Hause Piaget mitgeteilt hat, ist wohl anzunehmen, dass auch persönliche Verbindungen bestanden haben. Neben Sigmund Freud, Rabindranath Tagore und anderen gehörte auch Jean Piaget später zum Fördererkreis der AMI (Association Montessori Internationale). In Wien waren vor allem die Kontakte mit den Psychoanalytikern inspirierend für Montessori. An ihrem ersten Ausbildungskursus hatte Erik Erikson teilgenommen. Mit Anna Freud traf sie schon sehr früh zusammen und auch mit deren berühmtem Vater Sigmund Freud.

Wien IX, Berggasse 19, 20. Dezember 1917

Verehrteste Frau

Ich habe mich ungemein gefreut, einen Brief von Ihnen zu erhalten. Von jeher mit dem Studium der kindlichen Seele beschäftigt, bringe ich Ihren ebenso menschenfreundlichen wie verständnisvollen Bestrebungen große Sympathie entgegen, und meine Tochter, die analytische Pädagogin ist, zählt sich zu Ihren Anhängerinnen. Ich bin sehr gerne bereit, den Aufruf zur Gründung eines kleinen Instituts ... neben Ihnen zu unterschreiben. Der Widerstand, den mein Name beim Publikum erwecken könnte, muss von dem Glanz, der von Ihrem Namen ausstrahlt, überwältigt werden.

Ihr herzlich ergebener

Freud

Montessori wohnte bis 1936 weiterhin in Barcelona. Aber Barcelona war nun nur noch der gemeinsame Wohnsitz für sie und die Familie ihres Sohnes Mario mit dessen vier Kindern. Dort feierte sie auch ihren sechzigsten Geburtstag. Das Glück der Großmutter, mit ihren vier Enkeln zu leben, dürfte sie in vollen Zügen genossen haben. Doch als 1936 der spanische Bürgerkrieg ausbrach, verließ Montessori mit ihrer Familie, fast ohne Gepäck, durch Vermittlung englischer Freunde auf einem britischen Kriegsschiff Spanien und zog nach kurzen Zwischenaufenthalten in das holländische Laren, nahe bei Amsterdam. In der Kleinstadt Laren entstand wiederum ein Ausbildungszentrum, und die AMI hatte nun ihr Hauptquartier in Amsterdam. Die Arbeit ging weiter.

Noch von Barcelona aus war Montessori jeweils für einige Monate im Jahr nach Italien gefahren, wo die Montessori-Pädagogik inzwischen sehr an Bedeutung eingebüßt hatte. Das führte Montessori auf einen Weg, der heute manchmal verschwiegen, beschönigt oder aber hart verurteilt wird. In Italien regierte seit 1922 der Anführer der faschistischen Bewegung Benito Mussolini, der, um sein internationales Ansehen aufzupolieren, sich das weltweite Renommee von Maria Montessori zu Nutze machen wollte. Mussolini nahm die Montessori-Pädagogik in die staatliche Regie, machte sich selbst zum Präsidenten der italienischen Montessori-Gesellschaft, der «Opera Montessori». Montessori, die den katalanischen Unabhängigkeitskämpfern gegenüber auf ihrer politischen Unabhängigkeit bestanden hatte, ließ sich nun vereinnahmen. Freilich passte es weder in die politischen Vorstellungen der Faschisten, jedes einzelne Kind zum selbständig denkenden Menschen zu erziehen, das Potenzial jedes Kindes zur höchstmöglichen individuellen Fähigkeit zu fördern, noch hatte Montessori offenbar richtig begriffen, welche Ziele die Faschisten hatten. War sie nun politisch so naiv, oder wollte sie mit taktischem Geschick die Gunst der Machtverhältnisse nutzen, um ihre Pädagogik durchzusetzen oder auch nur zu retten? Auf jeden Fall stand sie mit ihrem Verhalten in Europa nicht allein, manche Pädagogen haben versucht, einen solchen Weg zu gehen, und sind damit letztlich gescheitert. Eine Widerstandskämpferin war Montessori nicht, sie hat sich missbrauchen und ausbeuten lassen, und auch sie ist in diesem unseligen Bündnis gescheitert. 1934 brach der Konflikt mit den Faschisten offen aus und führte zur Schließung der Montessori-Schulen in Italien.

«Sie haben meine Schulen abgeschafft, weil sie auf einer internationalen Idee beruhten und weil ich mich weigerte, Krieg zu lehren. Also ging ich fort ...»
(Aus einem späten Interview, zit. nach Kramer, S. 419)

In Deutschland hatten schon ein Jahr früher die Nationalsozialisten gleich zu Beginn ihrer Regierungszeit die Montessori-Pädagogik offiziell verboten, und zwar mit der Begründung, dass sie zu individualistisch sei und somit der Bildung der Volksgemeinschaft entgegenwirke. Montessoris Bücher und ihr Bild wurden öffentlich verbrannt. Aber auch schon früher, so berichtet Rita Kramer, habe Montessori in Deutschland mehr Widerstand gegen ihre Ideen verspürt als in anderen Ländern.

Das Ganze war recht kompliziert: Die junge Lehrerin Clara Grunwald – Mitglied im Bund Entschiedener Schulreformer um Paul Oestreich – hatte die Montessori-Pädagogik kennen gelernt, war wie so viele davon fasziniert und eröffnete 1919 in Berlin-Lankwitz eine kleine Montessori-Einrichtung. Die wurde von der Bezirksverwaltung schon bald wieder geschlossen, vermutlich aus Besorgnis, diese ausländische Pädagogik könne die «deutsche» Fröbel-Pädagogik verdrängen. 1921 nahm Clara Grunwald an Montessoris viermonatigem Ausbildungskursus in London teil. Daraufhin konnte 1923 in Wilmersdorf wieder ein Kinderhaus eröffnet werden, und 1926 entstand ebenfalls in Berlin-Wilmersdorf die erste Montessori-Klasse an einer öffentlichen Volksschule. 1925 hat Clara Grunwald die Deutsche Montessori Gesellschaft (DMG) gegründet und selbst den Vorsitz übernommen; das Jubiläum wurde 1995 in Berlin gefeiert.[223]

Schon 1923 hatte Clara Grunwald – mit Billigung Montessoris – im Zentralinstitut für Erziehung und Unterricht einen Ausbildungskursus in Montessori-Pädagogik durchgeführt. Aufgrund des Protestes von einigen «Strenggläubigen» wurde die Genehmigung jedoch wieder zurückgenommen und allen der DMG angehörenden Einrichtungen die Autorisierung entzogen. Als Gegenorganisation wurde der Verein Montessori-Pädagogik Deutschlands e.V. gegründet mit Montessori als Präsidentin und mit so honorigen Leuten im «Ehrenausschuss» wie Konrad Adenauer und Thomas Mann. Das Ganze ist ein besonderes Kapitel in der deutschen Geschichte der Montessori-Pädagogik, das aufzublättern hier nicht der Raum ist. Tragisch ist nur, dass die beiden aktivsten Frauen in der deutschen Montessori-Pädagogik, Clara Grunwald und Helene Helming, die 1927 eine erste Montessori-Gruppe gründete, sich nun als Kontrahentinnen in verschiedenen Organisationen gegenübersaßen. Mit einer derart gespaltenen Montessori-Pädagogik hatten die Gegner und zumal die Nationalsozialisten leichtes Spiel.[224]

Ein ganz anderes Bild zeichnet sich vom Leben der Maria Montessori, wenn wir ihren Kampf für den *Frieden* sehen, ein Kampf mit ihrer stärksten Waffe: der Rede. Gewiss, in den politischen Machtkonstellationen der Faschisten hat sie sich verstrickt, wie sie überhaupt sich schwer tat, realpolitisch zu denken. Aber sie hat eine so weitsichtige Vision des Friedens und der Friedenserziehung entwickelt wie niemand sonst in der europäischen Pädagogik, und niemand unter den Pädagogen hat so intensiv für den Frieden gekämpft wie sie. Auch dafür haben ihre Biographen bisher wenig Interesse gezeigt.

Die erste große Rede über Frieden und Erziehung hat Maria Montessori 1932 in Genf vor dem Bureau International d'Education gehalten, also noch direkt während ihrer Auseinandersetzung mit den italienischen Faschisten und kurz vor der nationalsozialistischen Machtübernahme in Deutschland.

Ihre Vision von einem künftigen Frieden in der Welt baut ganz und gar auf das Kind. Wir Erwachsenen wären schon zu sehr in die Verhaltensweisen und Konflikte der Gegenwart verstrickt. Aber jedes neugeborene Kind

war für sie eine neue Chance zum Frieden. Es ist schwer, das zu entscheiden, aber wahrscheinlich war der Frieden unter unabhängigen und freien Menschen überall auf der Welt Maria Montessoris oberstes Ziel der Erziehung.

Die Aufgaben und Möglichkeiten der Politik wurden von ihr weder verkannt noch einfach beiseite geschoben, aber – so hat es Montessori in der etwas später gehaltenen Brüsseler Friedensrede formuliert –, der Weg der Politik «ist die unmittelbare Anstrengung, Konflikte ohne Gewalt zu lösen, das heißt, die Kriege zu vermeiden; der andere besteht in der Anstrengung auf lange Sicht, einen stabilen Frieden unter den Menschen aufzubauen»[225].

Als einen der Hauptgründe für den Mangel an Frieden sah Montessori den «Kampf zwischen dem Erwachsenen und dem Kind» an. Der Erwachsene ist stärker als das Kind – auch in seinen Fehlern –, und er wolle diese seine Fehler an seinem Kind korrigieren. Doch das erzeuge nichts anderes als Verteidigungshaltungen «... Das Kind, das nie gelernt hat, allein etwas zu tun, seine eigenen Handlungen zu lenken und seinen eigenen Willen zu beherrschen, erkennt man im Erwachsenen wieder, der sich lenken lässt und der Anlehnung an andere benötigt.» Vgl. Kap. 1, Friedenserziehung.

Nicht ohne Zufall taucht in diesem Text an anderer Stelle auch der Begriff «Führer» auf, nach dem solche Menschen verlangen. Heute würden wir von autoritärer Erziehung sprechen, und dieses Thema ist spätestens seit der Herrschaft der totalitären Systeme in Europa und in anderen Ländern der Welt noch wichtiger geworden. Kann die Erziehung einen stabilen Frieden aufbauen helfen?

In der Zeit zwischen den beiden Weltkriegen hat Maria Montessori in ihrer Pädagogik ganz neue Akzente gesetzt, die weit über die Kleinkindpädagogik der ersten Phase hinausgehen: Die Stufen der Erziehung wurden bis zur Sekundarstufe, also bis ins Jugendalter hinein theoretisch begründet und inhaltlich ausgefüllt. Das großartige Konzept einer Friedenserziehung hat seinen Rahmen bekommen, und es ist die Vision einer kosmischen Erziehung entstanden, die auf dem Hintergrund der Evolution den Kindern und Jugendlichen das Zusammenspiel des organischen Lebens mit seiner Umgebung in den Horizont der Empfindung und des Bewusstseins rücken soll, also Ökologie im weitesten Sinne. Das wird sich in Montessoris letzter Lebensphase vor allem in Indien konkretisieren. Allerdings ist es nun nicht mehr Maria Montessori allein, die das begonnene Lebenswerk weiterführt, denn ihr Sohn Mario nimmt zunehmend stärkeren Anteil auch an der pädagogischen Entwicklungsarbeit.[226]

Indien – «Der Mensch im Kosmos»

Kurz vor Kriegsausbruch flog Maria Montessori mit ihrem Sohn Mario im Oktober 1939 zu einer längeren Vortrags- und Kursusreise – so war der Plan – nach Indien. Es hatten sich viele Einladungen angesammelt. In Indien gab es zu der Zeit in verschiedenen Regionen schon etliche Montessori-Schulen. Sie waren von jungen Inderinnen aufgebaut worden, die an Montessori-Kursen in Europa teilgenommen hatten. Seit 1926 gab es eine Montessori-Gesellschaft.[227] Bedeutende Inder wie Mahatma Gandhi und der Dichter und Nobelpreisträger Rabindranath Tagore hatten schon früh Sympathie für Montessoris pädagogische Arbeit bekundet, Gandhi hatte

auch die Casa dei bambini in Rom besucht. Mit Annie Besant, die lange Vorsitzende der Theosophischen Gesellschaft und Verfechterin der indischen Unabhängigkeitsbestrebungen gewesen war, hatte Montessori schon bei ihrem ersten Besuch in London Freundschaft geschlossen. Annie Besant war zuerst in England und dann viele Jahre lang in Indien eine ungewöhnlich aktive Sozialreformerin und Kämpferin für die Unabhängigkeit. Noch heute genießt sie ein hohes Ansehen. Nach ihrem Tod hat ihr Nachfolger im Vorsitz der Theosophischen Gesellschaft, Dr. George Sydney Arundale, der ebenfalls ein führender Kopf in der indischen Unabhängigkeitsbewegung war, Montessori in Holland besucht und nach Indien eingeladen. Die Theosophische Gesellschaft hatte damals schon ihre Zentrale in Adyar nahe Madras (heute Chennai) und unterhielt Montessori-Schulen in Indien. In katholischen Kreisen in Deutschland ist manchmal befürchtet worden, Montessori sei in dieser Zeit von theosophischen Ideen beeinflusst worden. Wahrscheinlich haben vor allem die Ideen der indischen Unabhängigkeits- und Friedensbewegung einen nachhaltigeren Eindruck auf sie gemacht.

Insgesamt erhoffte man sich in Indien von Montessori Hilfe bei einem der großen Probleme des Landes: dem Analphabetismus der Bevölkerung, der bei Kindern ebenso wie bei Erwachsenen weit verbreitet war. Noch war Indien britisches Kolonialgebiet, aber die Unabhängigkeitsbewegung wurde immer stärker und brauchte dringend eine Verbesserung des Bildungsstandes der Bevölkerung.

Als 1940 Italien als Bündnispartner Deutschlands in den Krieg eintrat, haben die Briten in Indien alle Italiener als feindliche Ausländer interniert, so auch Maria Montessori und ihren Sohn. Sie musste zunächst bei den Theosophen bleiben, Mario kam in ein Lager. Nach etwa einem Jahr kamen beide in das kleine Bergdorf Kodaikanal weitab von den großen Städten und blieben, wenn auch unter relativ komfortablen Bedingungen, weiterhin interniert. Erst 1946 konnten sie wieder nach Europa zurückkehren. Beide sind danach erneut für eine Weile nach Indien gereist.

Als sie nach Indien kam, war Maria Montessori fast siebzig Jahre alt, aber ihre Arbeit war nach wie vor ihr wichtigster Lebensinhalt. Und jetzt begann für sie noch ein neuer, für ihre Pädagogik sehr wichtiger Lebensabschnitt: Unter den Bedingungen der Internierung konzentrierte sie sich einerseits auf die frühe Entwicklung des Kleinkindes, andererseits konkretisierte sie ihre schon lange gedanklich vorhandene Vorstellung von der «kosmischen Erziehung» und rundete sie gemeinsam mit ihrem Sohn Mario bis zu einem gewissen Grade ab. Zunächst aber hielt sie sogleich den ersten internationalen Ausbildungskursus in Indien auf dem Areal der Theosophischen Gesellschaft in Adyar. Über dreihundert Teilnehmerinnen und Teilnehmer hatten sich aus allen Teilen Indiens angemeldet. Da es dort kein Gebäude gab, um die vielen Menschen unterzubringen, hatte man in dem Park, in dem sich schon länger eine Montessori-Schule befand, ein Dorf aus Palmblatthütten gebaut; in der größten fanden die Vorträge statt. Die Teilnehmerinnen und Teilnehmer hätten auf Binsenmatten gesessen, Maria Montessori in einem Korbsessel an einem Tisch. Mario habe neben ihr gestanden und ins Englische übersetzt.[228] Der Kursus habe unter äußerst einfachen Bedingungen stattgefunden, aber die Zuhörerschaft sei begeistert gewesen und Montessori glücklich und zufrieden, dass ihre Botschaft so begierig aufgenommen wurde.[229]

Bis 1948 hat Maria Montessori insgesamt 37 internationale Ausbildungskurse gehalten, davon allein neun während ihrer fast zehn Jahre in Indien.[230] Daneben hat sie überall im Lande Vorträge gehalten, Schulen gegründet, darunter ein Zentrum für Kinder vom Vorschulbereich bis zur Sekundarstufe und eine Modellschule für Sieben- bis Zwölfjährige sowie in Adyar ein Lehrerbildungszentrum, das «Arundale Training Centre for Teachers», dessen Co-Direktorin Montessori wurde.[231]

«Als Maria Montessori 1949 endgültig aus Indien nach Europa zurückkehrte, brachte sie ihr eben dort erschienenes Buch ‹The Absorbent Mind› (Madras 1949) mit, das man nicht zu Unrecht ihr bedeutendstes Spätwerk ... genannt hat.»[232] Dieses Buch mit dem deutschen Titel «Das kreative Kind – Der absorbierende Geist» ist – so finde ich – zusammengefasst und neu formuliert Montessoris *Anthropologie des Kindes.* In dem italienischen Titel «La mente del bambino» (wörtlich: Der Geist des Kindes) kommt das besser zum Ausdruck. Das Besondere an diesem Buch ist auch der Grund, weshalb ich es für so wichtig halte: Hier kommen die Ärztin und Pädagogin Montessori, ihre Kenntnis von Biologie, medizinischer Wissenschaft und ihre pädagogischen Erfahrungen verdichtet wieder zusammen. Somit entfaltet sich jenes Bild vom Kind, das den Kern des Montessori'schen Lebenswerkes ausmacht – und das für uns heute von so aktueller Bedeutung ist. Was in Montessoris verschiedenen Lebensphasen je nach Erfordernis und Aufgabe voneinander getrennt zur Sprache kam, wird hier nun miteinander verbunden. Für die Wissenschaft ist es eine aufregende Angelegenheit, wie Natur- und Geisteswissenschaften, die mindestens hundert Jahre lang als zwei verschiedene Welten galten, sich nun in kleinen Schritten aufeinander zubewegen. Wesentliche Aspekte davon hat Maria Montessori in Umrissen, wie in einer Vision, vorausgedacht. Einzelnes davon ist schon früher aufgetaucht, aber kaum sonst in ihrem Lebenswerk wird das so deutlich zusammengefasst wie in diesem in Indien entstandenen Buch.

Dieses Buch ist wie die meisten Bücher Montessoris aus einer Sammlung von Vorträgen entstanden. Da Montessori fast immer frei gesprochen hat, handelt es sich auch hier um Übersetzungen ihres Sohnes und Mitschriften, die sie selbst dann vor dem Druck überarbeitet hat. Das erklärt auch ein wenig den besonderen Stil der Montessori-Bücher. Nicht jedes Wort und jede Wendung ist authentisch. Außerdem weiß derjenige, der öfter frei spricht, dass man dann schon mal mit einem breiteren Pinsel malt und stärkere Farben wählt als beim Schreiben. Nicht anders dürfte das bei Montessori gewesen sein.

Es gibt andere Auffassungen über das Alterswerk von Montessori. So hat sich Rita Kramer mit ihrer ungemein gründlichen und ausführlichen Montessori-Biographie zweifellos ein großes Verdienst für die Montessori-Forschung erworben. Auf weite Strecken konnte ich, wie alle, die sich mit Montessori befassen, aus der von ihr zusammengetragenen Materialfülle schöpfen und mich ihrer Darstellung anvertrauen. Aber wenn sie meint, das Alterswerk Montessoris enthalte eigentlich nicht mehr viel Neues, das Lesen werde etwas langweilig, und Montessori selbst sei «im Lauf der Jahre immer mehr zur Mystikerin geworden»[233], teile ich diese Auffassung überhaupt nicht. Richtig ist zwar, dass Montessori in ihrem Leben durch ganz unterschiedliche Phasen und Dimensionen von Religiosität hindurchgegangen ist, und das hat sich – wie könnte es anders sein – auch in ihrer Sprache niedergeschlagen. Aber so etwas wie eine (pädagogische) Geheimlehre, eine Frömmigkeitsform der Versenkung und Abkehr von der Realität ist daraus nirgends geworden.

Das Bild des Kindes als *Individuum* vom frühesten Lebensalter an deutlich auszuformen war der eine Schwerpunkt der Arbeit Montessoris in Indien. Bei dem zweiten Schwerpunkt ging es um die Stellung dieses Kindes im *Kosmos* – wie des Menschen überhaupt. Das eine wie das andere Thema hatten sich schon lange in Montessoris Lebenswerk angebahnt.

Die Frage nach der «Stellung des Menschen im Kosmos» war zudem ein Thema jener Jahre – so wie es das in veränderter Weise auch heute wieder geworden ist. Der deutsche Philosoph Max Scheler gab seinem 1928 erschienenen Werk diesen Titel. Der französische Naturwissenschaftler, Anthropologe und Jesuitenpater Pierre Teilhard de Chardin hat viele Jahre lang daran gearbeitet, die naturwissenschaftliche Sichtweise der Evolutionstheorie und die christliche Schöpfungsgeschichte einander anzunähern, sie nicht als widersprüchlich zu verstehen.[234] Direkten Einfluss auf Montessori hatte ihr schon erwähnter Onkel Antonio Stoppani, der als Priester und Naturwissenschaftler eine Entwicklungsgeschichte der Erde «Acqua ed Aria» (Wasser und Luft) schrieb, die Montessori vielfach zitiert hat.[235] Hinter alldem steht, wenn auch verschieden akzentuiert: Das Universum als Schöpfung ist ein geordnetes und harmonisches System von eigener Schönheit – der Kosmos.

Worum ging es Maria Montessori bei ihrem Nachdenken über den Menschen im Kosmos und dann bei der kosmischen Erziehung? Ela Eckert hat das so zusammengefasst: «Es ging ihr um die Stellung des Menschen in der

Welt und im Kosmos, um Einsicht des Menschen in die Interdependenzen der Phänomene der Natur, um die Verantwortung, die sich aus dieser Einsicht für jedes Individuum ergibt, und um die Frage, welchen Beitrag Erziehung leisten könne, um dem Kind und Heranwachsenden zu helfen, seinen Platz in der Evolution und in der Geschichte der menschlichen Entwicklung verantwortungsbewusst auszufüllen.»[236]

Schritt um Schritt hat sich die «universale Sicht» der Erziehung und des menschlichen Lebens generell bei Montessori weiter ausgeprägt, besonders in den Friedensreden, aber auch durch das Leben in der indischen Kultur. Im Unterschied zu asiatischen und zumal hinduistischen religiösen Vorstellungsbildern kannte das alte christliche Weltbild – vereinfacht ausgedrückt – Himmel und Erde, nicht aber den alles umfassenden Kosmos. Was bei Maria Montessori bis dahin erst eine große Vision von Universalität, Solidarität und Frieden in einer neuen Welt war, hat sich in Indien konkreter ausgeformt.

«In dem geistigen Klima Indiens und in der theosophischen Umwelt akzentuierte sich Montessoris pädagogischer Horizont nach der kosmischen Sicht des Menschen hin. Die Erziehungsaufgabe erscheint ihr als die Mitwirkung zur Herbeiführung der kosmischen Harmonie. Religiöse Fragen haben nicht mehr die konfessionelle Enge, in die sie unter dem Einfluss in Barcelona geraten waren. Allgemeinste Gesetzlichkeiten stehen im Vordergrund.»
(Böhm 1991, S. 59)

Kosmische Erziehung gründet sich auf die «kosmische Theorie»: «Diese erkennt in der ganzen Schöpfung einen einheitlichen Plan, von dem nicht nur die verschiedenen Formen der Lebewesen, sondern auch die Entwicklung der Erde selbst abhängt.»[239] Davon ausgehend hat Montessori die umfassende Philosophie entfaltet, die hinter ihrer Pädagogik steht und die dem Sinne nach darin gipfelt: Diese Welt und diese Erde sind Gottes Schöpfung, sie zu erhalten und die menschliche Kultur weiterzubauen ist jedoch die kosmische Aufgabe für uns Menschen.

Genau in diesem Zusammenhang taucht in Montessoris Vortragstext über die «Kosmische Erziehung» der damals kaum bekannte Begriff auf, der heute in aller Munde ist: *Ökologie*. Bedarf es noch mehr an Beweisen, dass bei Montessori ganz nüchterne und realistische, aber auch weitsichtige Vorstellungen von den Problemen unserer Zivilisation zusammenlaufen mit den religiösen Vorstellungsbildern und der Sprache einer Christin?

Freilich erschwert diese Konvergenz von wissenschaftlicher und religiöser Sichtweise oft das Lesen und Verstehen der Montessori-Texte. Die Vorstellung von Gesetzmäßigkeiten in der Natur ist für viele Menschen heute nicht mit dem Vorstellungsbild von der Schöpfung als dem Werk eines allmächtigen Gottes in Einklang zu bringen. Sie erscheinen wie einander ausschließende Gegensätze. Aber ist das vielleicht eher ein Bewusstseins- und Sprachproblem? Könnte nicht jemand, dem die Vorstellung von Gott schwer fällt, stattdessen von Naturgesetzen sprechen, die in ihrer Allgemeinheit ebenso wenig wissenschaftlich verifizierbar sind wie die Existenz Gottes? Der jeweilige Sachverhalt jedoch bleibt derselbe.[240] Aber auch innerhalb der religiösen Vorstellungswelt hat Montessori es ihren Zuhörerinnen und Lesern nie leicht gemacht. Sie wollte immer zu allen Menschen, allen Kindern dieser Welt Zugang haben, welcher Religion oder ethnischen Gruppe sie auch angehören mochten. Darum hat sie sich nicht auf ein bestimmtes kirchliches oder religiöses Dogma festlegen lassen, wenngleich sie eine – weltoffene – Katholikin geblieben ist. Einmal gefragt, ob sie denn wegen ihrer engen Verbindungen zur Theosophischen Gesellschaft in Indien nun auch Theosophin geworden sei, soll sie geantwortet haben: «I am a Montessorian.»

Die verbreitete Vorstellung, dass die Montessori-Pädagogik ein Programm für das Kindergartenalter sei, stimmt also ganz und gar nicht. Maria Montessori hat in ihrem Lebenswerk ein komplettes Programm der Erziehung und Bildung in vier Stufen vorgelegt: «The Four Planes of Education». Warum allerdings der Teil ihres pädagogischen Konzepts für die kleinen Kinder eher und in viel größerer Breite aufgenommen wurde und warum in Deutschland – anders als zum Beispiel in den USA – die kosmische Erziehung und der Erdkinderplan über Jahrzehnte hin nur vereinzelt Beachtung gefunden haben, steht auf einem anderen Blatt.

In Indien hat Maria Montessori ihr pädagogisches Werk vollendet. In den letzten Lebensjahren in Amsterdam sind noch Ergänzungen oder Abrundungen hinzugekommen. Mit ihrer Familie hat sie den weltweiten Montessori-«Konzern» geleitet, weiterhin Reisen zu Vorträgen und Kursen unternommen, und sie hat noch viele Ehrungen empfangen.

Am 6. Mai 1952 ist Maria Montessori im Hause von Freunden in Nordwijk aan Zee still gestorben – noch am Tag zuvor hatte sie überlegt, ob sie zu einer Vortragsreise nach Afrika aufbrechen sollte.

Normalisierung

Zu verstehen in Analogie zur Gesundheit – physisch, psychisch, sozial – als ruhige, ausgeglichene Zufriedenheit eines Kindes, das sich wohl fühlt und sicher seinen eigenen Weg geht. Normalisierte Kinder sind aktiv, lebhaft, fröhlich und haben Selbstvertrauen. Sie sind «gut drauf» und haben gute Kontakte zu den anderen Kindern wie zu den Erwachsenen. Dieser Zustand ist nicht zuletzt ein Ergebnis der ruhigen und konzentrierten Arbeit der Kinder, einzeln oder in Gruppen. Der Begriff der Normalisierung spielt heute auch in der Behindertenpädagogik eine wichtige Rolle, hat dort aber eine etwas andere Bedeutung.

Polarisation der Aufmerksamkeit

Konzentration der ganzen Aufmerksamkeit des Kindes auf eine Sache oder Arbeit, eine fast meditative Vertiefung. Das Kind hat sich eine bestimmte Tätigkeit selbst gewählt, sich eine neue Fähigkeit selbst angeeignet, sich etwas Neues erworben und hat das Bedürfnis, das nun immer wieder und so lange zu wiederholen, bis es gleichsam gesättigt ist und seine Tätigkeit aus eigenem Entschluss beendet. Solche Konzentration kann nicht erzwungen werden. Montessoris Beobachtung bei einem kleinen Mädchen, das mit großer Ausdauer die hölzernen Zylinder aus einem der Einsatzzylinderblöcke herauszog und sie wieder in die Aushöhlungen hineinsteckte, ist als «Montessori-Phänomen» in die Literatur eingegangen.

Sensible Phasen (Perioden)

Entsprechen etwa den auch sonst in der Entwicklungspsychologie verwendeten Phaseneinteilungen, jedoch mit der Besonderheit, dass es in der Entwicklung des Kindes Phasen mit einer besonderen Sensibilität, also Empfänglichkeit für bestimmte Lernvorgänge und Umwelteinflüsse gibt, z. B. für Bewegung, Sprache, Abstraktion, Sozialverhalten, Gerechtigkeit, Werte und Religion. Besonderes Merkmal: Die jeweilige Empfänglichkeit geht wieder vorbei und kann verpasst werden. So haben Bewegungsmängel im Kleinkindalter oft negative Spätfolgen; ein vierjähriges Kind lernt eine Fremdsprache viel leichter und besser als ein zwölfjähriges.

Absorbierendes Lernen

Eine bei Montessori besonders hervorgehobene Form des unbewussten, nicht methodisch gesteuerten Lernens vorwiegend in der ersten sensiblen Phase, also bei Kleinstkindern. Das Kind erobert sich nach Montessori seine Umwelt, indem es sie absorbiert. So etwa nimmt ein Kind die Sprache seiner Umgebung mit allen ihren Nuancen in sich auf, vergleichbar einem sich voll saugenden Schwamm. Strittig ist, ob dieser Vorgang als Lernen oder als Prägung bezeichnet werden sollte.

Vorbereitete Umgebung

Eine auf die Körpergröße, den Entwicklungsstand und die vermuteten Interessen und Bedürfnisse der Kindergruppe abgestimmte räumliche Umgebung. So wird in einem oder mehreren Räumen ein Angebot von Arbeitsmaterialien, das die Lehr- und Lernziele repräsentiert, in Regalen offen zugänglich für die Kinder bereitgestellt («materialisiertes Curriculum»). Dazu gehören auch die Einrichtungsgegenstände für die Übungen des täglichen Lebens, also die eigene von den Kindern und den Erwachsenen betriebene kleine Hauswirtschaft. Besonders wichtig: ästhetisch schöne Einrichtung, Sauberkeit und Aufrechterhaltung der einmal hergestellten Ordnung.

Sinnesmaterial

Das Sinnesmaterial ist ein Entwicklungsmaterial. Die in das Unterbewusstsein aufgenommenen – absorbierten – Erfahrungen des Kleinkindes in seiner Umgebung werden nun durch Sinneserfahrungen – Begreifen mit den Händen – ins Bewusstsein geholt. Die Kategorien von groß/klein, lang/kurz, rau/glatt usw. werden mit den Händen «begriffen», längst bevor sie im Kopf «begriffen» werden. Die Verkoppelung von Sinneswahrnehmungen mit dem Aufbau der Gehirnstruktur ist die sensomotorische Integration der Gesetzmäßigkeiten in der sinnlich wahrnehmbaren Welt.

Freiarbeit

Jedes Kind wählt, mit welchem Material es arbeiten will, über welches Thema es «forschen», mit wem es zusammenarbeiten möchte, und entscheidet, wann es seine Arbeit abschließen will. Was heute nicht fertig wird, kann morgen weitergemacht werden. Jedes didaktische Material ist nur einmal vorhanden; die Kinder einigen sich selbst, wer mit diesem oder jenem Material wann arbeitet. In der altersgemischten Gruppe helfen sich die Kinder auch untereinander. Am Schluss wird über die Arbeit berichtet, im Gesprächskreis oder z. B. im Berichtsheft. Die Freiarbeit ist das zentrale didaktische Prinzip der Montessoripädagogik.

Rolle der Leiterin

Die Leiterin – Montessori hat meistens die weibliche Sprachform gewählt – ist keine Lehrerin, sondern sie leitet das Kind an und hilft ihm, «es selbst zu tun». Die Leiterin arrangiert und organisiert die pädagogisch «vorbereitete Umgebung»; sie ist gleichsam ein Teil dieser vorbereiteten Umgebung, indem sie die Verbindung zwischen Kind und Sache, Kind und Umgebung herstellt, nicht aber direkt, sondern eher indirekt «unterrichtet». Sie aktiviert die Kinder und zeigt, was und wie man etwas machen kann, wozu und wie man mit einem Material arbeiten kann. Sie fördert nicht die Konkurrenz, sondern ermuntert zur Zusammenarbeit zwischen den Kindern. Sie lobt nicht und tadelt nicht. Montessori war darin sehr entschieden: Lob macht das Kind abhängig und unselbständig, und Tadel macht es nicht besser. Konzentriert arbeitende Kinder sind selbstsicher und werden ihre Bestätigung durch ihren eigenen Fortschritt erfahren. Zentrale Aufgabe: Die Leiterin beobachtet die Kinder in ihrem Entwicklungsstand, ihrem Verhalten und ihren Bedürfnissen: erst die Diagnose, dann die Didaktik. Vor allem aber braucht die Leiterin das Vertrauen in die Kraft der Kinder, – mit Hilfen – ihren eigenen Weg zu gehen.

Literaturverzeichnis

Bücher mit Schriften von Maria Montessori (Primärliteratur)

Montessori, Maria: Die Entdeckung des Kindes

dies.: Schule des Kindes

dies.: Das kreative Kind

dies.: Kleine Schriften Maria Montessoris

Bd. 1 «Kosmische Erziehung« (darin «Erdkinderplan»),

Bd. 2 Die Macht der Schwachen (darin Friedensreden),

Bd. 3 Dem Leben helfen (darin M.s Bildungstheorie),

Bd. 4 Gott und das Kind,

Bd. 5 Erziehung für eine neue Welt (darin auch «Weltanalphabetismus»).

Alle herausgegeben von Paul Oswald und Günter Schulz-Benesch – nur Bd. 5 von Harald Ludwig und Günter Schulz-Benesch – im Herder Verlag Freiburg (z. T. zahlr. Auflagen)

dies.: Kinder sind anders, dtv / Klett-Cotta (zahlr. Aufl.)

dies.: Grundlagen meiner Pädagogik, hg. von Berthold Michael. Wiesbaden (zahlr. Aufl.)

dies.: Texte und Gegenwartsdiskussion, hg. von Winfried Böhm, Klinkhardts Pädag. Quellentexte. Bad Heilbrunn 5. Aufl. 1999

dies.: Mein Handbuch, Stuttgart 1928

dies.: Entwicklungsmaterialien in der Schule des Kindes. Dörfles / Österr. 2003

Biographien

Heiland, Helmut: Maria Montessori, rororo-Monographie (Biographie). Reinbek 1991

Kramer, Rita: Maria Montessori – Leben und Werk einer großen Frau. Frankfurt 1977 (letzte Aufl. 1997)

Standing, E. Mortimer: Maria Montessori – Her Life and Work. New York 1984 (Erstausg. 1957) dt.: Leben und Werk, Oberursel o. J.

Schwegmann, Marjan: Maria Montessori. Kind ihrer Zeit, Frau von Welt. Darmstadt 2000

Bibliographie und Lexikon

Böhm, Winfried (Hg.): Maria Montessori Bibliographie 1896–1996 (insbes. in- und ausländ. Forschungslit.). Bad Heilbrunn 1999

Steenberg, Ulrich u. a. (Hg.): Handlexikon zur Montessori-Pädagogik. Ulm 1997

Schriften über die Montessori-Pädagogik (Sekundärliteratur)

Ammann, Wiebke: Die Pädagogik einer außergewöhnlichen Frau: Maria Montessori. In: Aus weiblicher Sicht, hg. von Christiane Burbach. Hannover 1993

dies.: Die Pädagogik Maria Montessoris – eine Zumutung für Erziehende? In: Hans-Dietrich Raapke: Programme – Prospekte – Projekte, hg. von Friedrich W. Busch. Oldenburg 1997

Anderlik, Lore: Ein Weg für alle! Montessori-Therapie und Heilpädagogik in der Praxis. Dortmund 1996

Biebricher, Helga / Speichert, Horst: Montessori für Eltern. Reinbek 1999

Böhm, Winfried: Maria Montessori, Hintergrund und Prinzipien. Bad Heilbrunn 2. Aufl. 1991

Eckert, Ela: Montessoris «Kosmische Erziehung», Vision und Konkretion. Oldenburg 2. Aufl. 1998

dies.: Maria und Mario Moutessoris Kosmische Erziehung. Vision und Konkretion. Bad Heilbrunn 2001

dies.: Schafft Lebensraum in der Schule – Helene Helming in: Grundschule, 29. Jg., H. 4, 1997, S. 46 f.

Elsner, Hans: In die Hand gib ein Glas Wasser. Veröff. der Montessori-Schule Köln, Gilbachstr., 1991

Esser, Barbara / Wilde, Christiane: Montessori-Schulen, rororo-Sachbuch. Reinbek (zahlr. Aufl.)

Fischer, Erika: Grundgedanken der Montessori-Pädagogik und deren «Spuren» in der Didaktik Hans Aeblis. Oldenburg 1996

dies.: Montessori-Pädagogik – Eine Chance für die Arbeit in der Grundschule. Oldenburg 2. Aufl. 2003

Fischer, Reinhard: Empirische Ergebnisse der Montessori-Pädagogik. In: Helming, Helene: Montessori-Pädagogik. Freiburg 1992

Fischer, Reinhard / Klein-Landeck, Michael / Ludwig, Harald (Hg.): Die «Kosmische Erziehung» Maria Montessoris. Münster 1999

Fuchs, Birgitta / Harth-Peter, Waltr. (Hg): Montessori-Pädagogik und die Erziehungsprobleme der Gegenwart. Würzburg 1989

Gebhardt-Seele, Peter: The Computer and the Child, a Montessori Approach. Rockville MD. 1985

Grazzini, Camillo: The Four Planes of Development. In: The Child, The Family, The Future. AMI International Study Conference Proceedings, Washington D. C. 1994, S. 117

Harth-Peter, Waltr. (Hg): «Kinder sind anders» – Maria Montessoris Bild vom Kinde auf dem Prüfstand. Würzburg 1996

Harth-Peter, Waltr. (Hg): Clara Grunwald. Ihr Leben und Wirken für die Montessori-Pädagogik in Deutschland. Sonderheft: DAS KIND 1995

Hebenstreit, Sigurd: Maria Montessori. Eine Einführung in ihr Leben und Werk. Freiburg 1999

Heimbring, Darko: Montessori-Pädagogik und naturwissenschaftlicher Unterricht. Aachen 2. Aufl. 1992

Hellbrügge, Theodor: Unser Montessori-Modell. München 1977

Hellbrügge, Theodor / Montessori, Mario M.: Die Montessori-Pädagogik und das behinderte Kind. München 1978

Helming, Helene: Montessori-Pädagogik. Freiburg 14. erw. Aufl. 1992

Holtstiege, Hildegard: Modell Montessori. Freiburg (zahlr. Aufl.)

dies.: Montessori-Pädagogik und soziale Humanität. Freiburg 1994

dies.: Das Menschenbild bei Maria Montessori. Freiburg 1999

Klein-Landeck, Michael: Freie Arbeit bei Maria Montessori und Peter Petersen. Münster 1998

Konrad, Franz M.: Kindergarten oder Kinderhaus? Montessori-Rezeption und pädagogischer Diskurs in Deutschland bis 1939. Freiburg 1997

Lane, Harlan: Das wilde Kind von Aveyron. Frankfurt 1985

Ludwig, Harald (Hg): Erziehen mit Maria Montessori. Freiburg 1997 / 2003

Ludwig, Harald / Fischer, Reinhard / Heitkämper, Peter (Hg): Erziehung zum Frieden für Eine Welt – Der Beitrag der Montessori-Pädagogik, Münster 2000

Ludwig, Harald / Fischer, Christian / Fischer, Reinhard (Hg): Verstehendes Lernen in der Montessori-Pädagogik – Erziehung und Bildung angsichts der Herausforderungen der Pisa-Studie. Münster 2003

Ludwig, Harald (Hg): Montessori-Pädagogik in der Diskussion. Freiburg 1999

Maccheroni, Anna Maria: A True Romance. Dr. Maria Montessori as I Knew her. Edinburgh 1947

Meyer, Claudia: Musikdidaktik bei Maria Montessori und Rudolf Steiner. Darstellung und Vergleich vor dem Hintergrund der anthropologisch-pädagogischen Konzeptionen. Berlin 2000

Miller, Jean Karen: The Montessori Music Curriculum for Children up to 6 years of age. Case Western Reserve University, USA 1981

Montessori, Mario jun.: Erziehung zum Menschen. Frankfurt / M. 1989

Ockel, Brigitte: Freie Arbeit fällt nicht vom Himmel. Ein Leitfaden für Montessori-Begeisterte. Donauwörth 2000

Polk Lillard, Paula: Montessori Today. New York 1996

Raapke, Hans-Dietrich: Das Problem des freien Raums im Jugendleben. Weinheim 1958

ders.: Verwandte Seelen. Maria Montessori und Astrid Lindgren. In: DAS KIND, 1. Halbj. 1993, S. 55 ff. sowie in zwei schwedischen Zeitschriften

ders.: Montessori aktuell – Die Pädagogik einer Kinderärztin. Oldenburg 1997

Schade, Wolfgang: Die neue Berufsschule – Maria Montessori in der beruflichen Bildung. Frankfurt / M. 1994

Schaefer, Larry: To dance with the Adolescent. In: The NAMTA Journal, Cleveland. Vol. 22, No.l, S. 7 ff.

Schulz-Benesch, Günter (Hg.): Montessori. Wege der Forschung, Bd. CC, 1970, u. Montessori. Erträge der Forschung, Bd. 129, 1980, beide Wiss. Buchgesellschaft Darmstadt
sowie zahlr. weitere Werke zur Montessori-Pädagogik

Stein, Barbara: Theorie und Praxis der Montessori-Grundschule, Freiburg 1998

dies.: «Bewegung». In: Handlexikon zur Montessori-Pädagogik. Ulm 1997, S.21

Waldschmidt, Ingeborg: Maria Montessori. Leben und Werk, München 2001

Wilms, Hans: Das Montessori-Musikmaterial. Reutlingen 1997

Montessori-Material der Montessori-Vereinigung Köln / Aachen.
Verlag: Nienhuis Montessori-International, Zelhem / Holland.
Arbeitsgrundlagen für die praktische Arbeit

1. Materialien für den Bereich Kinderhaus (Handbuch für Lehrgangsteilnehmer)
2. Materialien für den Bereich Sprache (desgl.)
3. Materialien für den Bereich Mathematik (desgl.)

Arbeitsbuch Geometrie – Deutsche Ausgabe der Montessori-Vereinigung 1996 Algemeen pedagogisch Studiecentrum – Projectgroep Montessori, Utrecht

Deutschsprachige Zeitschriften:

MONTESSORI – Zeitschrift für Montessori-Pädagogik (früher Montessori-Werkbrief). Hg.: Montessori-Vereinigung e. V., Sitz Aachen

DAS KIND – Halbjahrsschrift für Montessori-Pädagogik. Hg.: Deutsche Montessori-Gesellschaft e. V., Wiesbaden

Ausgewählte Literatur zur Diskussion der Montessori-Pädagogik

Ayres, A. Jean: Bausteine der kindlichen Entwicklung. Die Bedeutung der Integration der Sinne für die Entwicklung des Kindes. Berlin 2. Aufl. 1992

Barrow, John D./Silk, Joseph: Die linke Hand der Schöpfung. Der Ursprung des Universums. Darmstadt 1995

Berg, Horst Klaus: Freiarbeit im Religionsunterricht. München 1997 (Montessori-Pädagogik als Grundlage)

ders.: Montessori für Religionspädagogen – Glauben erfahren mit Hand, Kopf und Herz. Stuttgart, 3. bearb. Aufl. 1999

Biebricher, Helga/Speichert, Horst: Montessori für Eltern, Reinbek 1999

Csikszentmihalyi, Mihaly: Das Flow-Erlebnis. Stuttgart 6. Aufl. 1996

Eckert, Ela: Einführung in die Schlüsselgeschichten zur Kosmischen Erziehung. In: DAS KIND – Kosmische Erziehung I Heft 34, 2003, S. 10–17 sowie weitere Beiträge in diesem Heft

Elschenbroich, Donata: Weltwissen der Siebenjährigen. München 2001

Grolle, Johann: Darwins Finken oder Wie der Affe zum Menschen wurde. Berlin 1999

Hammerer, Franz: Maria Montessoris pädagogisches Konzept – Anfänge der Realisierung in Österreich, Wien 1997

Hänsel, Dagmar: Die «Physiologische Erziehung» der Schwachsinnigen (Edouard Séguin 1812–1880). Freiburg 1974

Holtz, Axel: Montessori-Pädagogik und Sprachförderung. Ulm 1998

ders.: Ethik der Montessori-Pädagogik, Ulm 2003

Kegler, Ulrike/Prengel, Annedore: Die Montessori-Gesamtschule Potsdam – Weiterentwicklung eines Reformkonzepts, Bad Heilbrunn 2003

Meisterjahn-Knebel, Gudula: Montessori-Pädagogik in der weiterführenden Schule. Freiburg 2003

Müller, Thomas/Schneider, Romana (Hg): Montessori – Lehrmaterialien 1913–1935 – Möbel und Architektur (deutsch und englisch), München 2002

Pikler, Emmi: Lasst uns Zeit. München 2. Aufl. 1997

dies.: Friedliche Babys – zufriedene Mütter. Freiburg 1995

Popper, Karl R./Eccles, John C.: Das Ich und sein Gehirn. München 5. Aufl. 1989

Roth, Heinrich: Pädagogische Anthropologie. 2 Bd. Hannover 1968–1971

Séguin, Edouard: Die Idiotie und ihre Behandlung nach physiologischer Methode, hg. und eingel. v. S. Krenberger. Wien 1912

Swimme, Brian/Berry, Thomas: The Universe Story. Arkana 1994

Teilhard de Chardin, Pierre: Der Mensch im Kosmos. München 1959

Wehr, Marco/Weinmann Martin (Hg.): Die Hand. Werkzeug des Geistes. Heidelberg 1999

Vester, Frederik: Denken, Lernen, Vergessen. 18. Aufl. München 1991 (und weitere Veröffentlichungen)

Anmerkungen

1 Klattenhoff, Klaus: Offener Kindergarten – Eine Zwischenbilanz. In: Das Kind zur Rose machen. Zur Philosophie des offenen Kindergartens. Hg. Klattenhoff, Klaus / Pirschel, Reinhard / Wieland, Axel, Varel / Oldenburg 1999, S. 13–18. Vgl. auch Hebenstreit, Sigurd: Kindzentrierte Kindergartenarbeit. Herder Freiburg 1994

2 Grigat, Heidi / von Lienen, Beate: Das Kind zur Rose machen – Von der Ethik des Verstehens zu Problemlösestrategien. In: Das Kind zur Rose machen, a. a. O., S. 232

3 Lindemann, Holger, Klattenhoff, Klaus: In: Das Kind zur Rose machen, a. a. O., S. 237–243 und S. 15

4 Fischer, Reinhard: Empirische Ergebnisse der Montessori-Pädagogik. Anhang zu Helming, Helene: Montessori-Pädagogik, 14. Aufl., Freiburg 1992. S. 187–203

5 Gebhardt-Seele, Peter: The Computer and the Child, a Montessori Approach, Rockville MD. 1985

6 Man stelle sich vor: Ein Kinderarzt kommt in sein volles Wartezimmer und verordnet allen die gleiche Medizin, verabreicht allen die gleiche Spritze.

7 Norddeutscher Rundfunk 1992

8 Upsala Nya Tidningen vom 27. Mai 1999

9 Maria Montessori: Das kreative Kind, Freiburg, 8. Aufl. 1991, S. 126–129

10 M. M.: Die Entdeckung des Kindes, Freiburg. 7. Aufl. 1984, S. 88; sowie M. M.: Das kreative Kind, S. 126 f.

11 M. M.: Das kreative Kind, S. 126

12 Ayres, A. Jean: Bausteine der kindlichen Entwicklung. Berlin 2. Aufl. 1992, S. 82

13 M. M.: Texte und Gegenwartsdiskussion, Hg. W. Böhm, Bad Heilbrunn 4. Aufl. 1989, S. 36. Ausführlich und auf neuem wissenschaftlichem Stand wird dieser Zusammenhang beschrieben in Wehr, Marco / Weinmann, Martin (Hg.): Die Hand. Werkzeug des Geistes. Heidelberg 1999

14 M. M.: Das kreative Kind, S. 259, 260, 264

15 M. M.: Die Stellung des Menschen im Kosmos. In: «Kosmische Erziehung», Kleine Schriften 1, S. 18 / 19

16 M. M.: Grundlagen meiner Pädagogik. In: Textsammlung mit gleichem Titel, Hg. B. Michael. Wiesbaden 2. Aufl. 1996, S. 20. Zuerst in: Handbuch der Erziehungswissenschaft, Hg. Franz X. Eggersdorfer u. a. Teil III Bd. 1 München 1934

17 M. M.: Grundlagen meiner Pädagogik, a. a. O., S. 31 / 32

18 Vgl. Heine, Susanne: Montessori und die Vergottung des Kindes. In: «Kinder sind anders». Maria Montessoris Bild vom Kinde auf dem Prüfstand. Hg. Waltraud Peter-Harth, Würzburg 1996, S. 239

19 Pickenhain, Lothar: Montessori-Pädagogik im Lichte der Neurowissenschaft. In: «Kinder sind anders». Maria Montessoris Bild vom Kinde auf dem Prüfstand. Hg. Waltraud Peter-Harth, Würzburg 1996, S. 153, 155. Das Buch von Wehr, Marco / Weinmann, Martin (Hg.): Die Hand – Werkzeug des Geistes, Heidelberg 1999, enthält eine Vielzahl solcher Erweiterungen und berücksichtigt besonders den für die Montessori-Pädagogik so wichtigen Aspekt der Handtätigkeit im Zusammenhang mit der Intelligenzentwicklung.

20 Pickenhain, S. 154, 157

21 M. M.: Das kreative Kind, S. 90

22 M. M.: Das Zentrum und die Peripherie. In. Montessori – Texte und Gegenwartsdiskussion, Hg. W. Böhm, Bad Heilbrunn, 4. Aufl. 1989, S. 42

23 Pickenhain, a. a. O., S. 156 ff.

24 M. M.: Das Zentrum und die Peripherie, S. 42

25 M. M.: Deviation und Normalisation. In: Texte und Gegenwartsdiskussion. Hg. W. Böhm. S. 39/40

26 M. M.: Der Frieden und die Erziehung. In: Texte ... S. 99 ff.

27 ebd.

28 Heine, Susanne: Montessori und die Vergottung des Kindes, a. a. O., S. 242

29 M. M.: Für den Frieden, Vortrag 1936 in Brüssel. In: Die Macht der Schwachen, S. 43

30 M. M.: Aus dem ersten indischen Montessori-Kurs im Nov. 1939, zit. nach Schulz-Benesch, Günter: Ansätze zum Thema: Montessori und Politik. In: Montessori. Erträge der Forschung, Bd. 129, Darmstadt 1980, und M. M.: Vierter Vortrag in Kopenhagen. In: Die Macht der Schwachen, S. 80

31 Dazu mehr im Kapitel «Zwischen zwei Weltkriegen» S. 189 ff.

32 Textfassung Böhm, Winfried (Hg.): Maria Montessori. Texte und Gegenwartsdiskussion. Bad Heilbrunn 1971, S. 87

33 Zitate nach den Übersetzungen in Oswald, Schulz-Benesch (Hg.) Maria Montessori. Die Macht der Schwachen, Kleine Schriften Band 2, Freiburg 1989, S. 30 u. 36, sowie Böhm, 1971, S. 39 u. 93

34 M. M.: Deviation und Normalisation. In: Böhm, Winfried (Hg.): Maria Montessori, Texte und Diskussion in Klinkhardts Pädag. Quellentexte, Bad Heilbrunn, div. Auflagen, S. 39, sowie M. M.: Die Macht der Schwachen, S. 36

35 M. M.: Die Macht der Schwachen, S. 31, 34, 36

36 M. M.: Die Macht der Schwachen, S. 11–13, Hervorhebungen vom Verf.

37 M. M.: Die Macht der Schwachen, S. 14

38 M. M.: Die Macht der Schwachen, Rede in Kopenhagen 1937, S. 79

39 M. M.: Dem Leben helfen, S. 54–55

40 M. M.: Die Macht der Schwachen, S. 67, 86

41 Vgl. Böhm, W.: Montessori, S. 161

42 Roth, Heinrich: Pädagogische Anthropologie. Bd. 1. Hannover 1968, S. 171
Montessori hat beim Begriff der Reife noch zwischen den «physiologischen Funktionen» und den «psychischen Funktionen» unterschieden und «vitalen Antrieb» zur eigenen Aktivität hervorgehoben. Die Auffassung des in den vierziger Jahren sehr bekannten amerikanischen Psychologen Arnold Gesell hat Montessori als «zu biologisch» abgelehnt. «Bei den psychischen Funktionen kann die Reife nur durch Erfahrungen in der Umwelt eintreten.» M. M.: Das kreative Kind, S. 86–89

43 Vgl. dazu Kap. «Ärztin und Pädagogin», S. 172 ff.

44 Polk Lillard, Paula: Montessori Today. A Comprehensive Approach to Education from Birth to Adulthood, Schocken Books New York 1996, S. 25–26

45 Elkind, David: Zwei entwicklungspsychologische Ansätze: Piaget und Montessori. In: Die Psychologie des 20. Jahrhunderts, Bd. VII, Piaget und die Folgen, hg. von Steiner, Gerhard, Zürich 1978, S. 584 ff., Zitat S. 588

46 M. M.: From Childhood to Adolescence, 1. Kap.: The Successive Levels of Education. Clio, Oxford, o. J., S. 1 (eigene Übersetzung)

47 Hildegard Holtstiege hat sich das Verdienst erworben, diesen ganzen Komplex übersichtlicher dargestellt und interpretiert zu haben, als das in den meisten von Montessoris eigenen Texten der Fall ist. Dazu besonders ihr Buch: Modell Montessori, Freiburg 1977 und zahlreiche weitere Auflagen.

48 Vgl. dazu nochmals Heinrich Roth, Bd. 1, S. 26

49 Auf dem 7. Internationalen Montessori-Kongress 1938 in Edinburgh hatte Maria Montessori den Vortrag unter dem Titel: «The Four Planes of Education» gehalten. Unter diesem Titel ist er auch von Mario M. Montessori in den AMI Communications No. 4, Amsterdam 1971, veröffentlicht worden.

50 Grazzini, Camillo: The Four Planes of Development. In: The Child, The Family, The Future, AMI International Study Conference Proceedings, July 19–24 1994 Washington, D. C., S. 117 Vgl. dazu auch den Montessori-Text: Die vier Stufen der Erziehung, den W. Böhm aus der niederländischen Zeitschrift «Het Kind» (1939) in seine Sammlung in Klinkhardts Pädagogische Quellentexte übernommen hat.

51 Vgl. dazu die Veröffentlichungen des Biologen Adolf Portmann

52 Ein in der heutigen Sozialwissenschaft wieder sehr gebräuchlicher Begriff

53 Zitate aus M. M.: Universität. In: «Kosmische Erziehung», 159–168, und M. M.: Die vier Stufen der Erziehung. In: Böhm, W. (Hg): M. M., Texte und Gegenwartsdiskussion. Bad Heilbrunn 1989, S. 19ff.

54 Nicht zuletzt auch Emmi Pikler, aus Wien stammende Kinderärztin in Budapest, die ihr Buch «Friedliche Babys – zufriedene Mütter. Pädagogische Ratschläge einer Kinderärztin, Freiburg 5. Aufl. 1995, ganz ähnlich beginnt.

55 M. M.: Das kreative Kind, S. 62–63

56 M. M.: Das kreative Kind, S. 62–63

57 M. M.: Das kreative Kind, S. 65

58 M. M.: Das kreative Kind, S. 55

59 M. M.: Das kreative Kind, S. 52

60 Vgl. dazu den instruktiven Beitrag von Hildegard Holtstiege: Der absorbierende Geist. Montessoris Hypothesen und biologische Forschungsergebnisse. In: Montessori. Zeitschr. f. Montessori-Pädagogik Jg. 35, 1997, H. 2, S. 59ff.

61 Den Begriff der «Assimilation» hat Jean Piaget mit ähnlicher, aber nicht gleicher Bedeutung verwendet.

62 M. M.: Das kreative Kind, S. 23

63 M. M.: Das Kind in der Familie. In: Kleine Schriften, Bd. 3, S. 20–21

64 Oerter, Rolf: Montessori aus der Sicht der heutigen Entwicklungspsychologie. In: «Kinder sind anders». Montessoris Bild vom Kinde auf dem Prüfstand, a. a. O., S. 185–186

65 M. M.: Das Kind in der Familie, a. a. O., S. 23–25

66 M. M.: Das Kind in der Familie, a. a. O., S. 29

67 Popper, Karl R., Eccles, John C.: Das Ich und sein Gehirn. 5. Aufl. München, S. 508

68 M. M.: Das Kind in der Familie, a. a. O., S. 30

69 M. M.: Das Kind in der Familie, a. a. O., S. 31

70 M. M.: ebd. S. 26–27; Pikler, E., a. a. O., S. 13ff.

71 M. M.: ebd. S. 33

72 M. M.: Das kreative Kind, S. 66

73 Popper/Eccles: Das Ich und sein Gehirn, S. 507

74 Dazu Hellbrügge, Theodor: Das sollten Eltern heute wissen, Fischer Tabu, 1984, sowie verschiedene Beiträge aus: Montessori Tidningen. Göteborg, Heft 5, 1997

75 Stein, Barbara: «Bewegung» In: Handlexikon zur Montessori-Pädagogik, Hg. Ulrich Steenberg, Ulm 1997, S. 21

76 M. M.: Das kreative Kind, S. 80

77 M. M.: Das kreative Kind, S. 95–96

78 M. M.: Das kreative Kind, S. 151

79 Popper / Eccles: Das Ich und sein Gehirn, S. 508, 515

80 M. M.: Kinder sind anders, S. 59, S. 63

81 M. M.: Die Entdeckung des Kindes, S. 193

82 ebd., S. 60 ff.

83 Polk Lillard, S. 32

84 M. M.: Grundlagen meiner Pädagogik», S. 12–13

85 M. M.: Das kreative Kind, S. 64, S. 9

86 Vgl. Ayres, A. Jean: S. 189

87 M. M.: Das kreative Kind, S. 4, S. 107

88 ebd., S. 112

89 Popper / Eccles, S. 507–508

90 M. M.: Das kreative Kind, S. 110

91 Pickenhain, S. 166

92 M. M.: Über die Bildung des Menschen. In: Dem Leben helfen. Kleine Schriften Bd. 3, S. 140

93 M. M.: Das kreative Kind S. 4

94 Die neueste und umfänglichste Zusammenfassung der Fröbel-Montessori-Kontroverse bei Konrad, Franz M.: Kindergarten oder Kinderhaus. Montessori-Rezeption und pädagogischer Diskurs in Deutschland bis 1939, Lambertus, Freiburg 1997

95 M. M.: Das kreative Kind, S. 148 / 150

96 M. M.: Das kreative Kind, S. 148

97 Séguin, Edouard: Die Idiotie und ihre Behandlung nach physiologischer Methode, hg. und eingel. von S. Krenberger, Wien 1912

98 Montessori-Material, Teil 1, Handbuch für Lehrgangsteilnehmer, hg. Montessori-Vereinigung Sitz Aachen, 1986. Auch im Folgenden wird dieses Handbuch mit zugrunde gelegt.

99 M. M.: Die Entdeckung des Kindes, S. 174

100 M. M.: Das kreative Kind, S. 151

101 Im Einzelnen dazu Meyer, Claudia: Musikdidaktik bei Maria Montessori und Rudolf Steiner. Darstellung und Vergleich vor dem Hintergrund der anthropologisch-pädagogischen Konzeptionen, Mensch und Buch Verlag, Berlin 2000
Wilms, Hans: Das Montessori-Musikmaterial. Ursula Riedel Verlag, Reutlingen 1997
Miller, Jean Karen: The Montessori Music Curriculum for Children up to 6 years of age, USA: Case Western Reserve University 1981
Miller / Perez: Music workshop album, Göteborg, Aug. 1981

102 M. M.: Die Entdeckung des Kindes, S. 112

103 Elsner, Hans: In die kleine Hand gib ein Glas Wasser. Reihe: Veröffentl. der Montessori-Schule Köln, Gilbachstr., Köln 1991

104 M. M.: Die Entdeckung des Kindes, S. 141 / 142

105 Vgl. dazu M. M.: Die Entdeckung des Kindes, S. 132

106 Vgl. dazu auch Montessoris erst seit kurzem in deutscher Sprache zugänglichen Texte zur Alphabetisierung Erwachsener mit ihren Erfahrungen und methodischen Überlegungen in Indien. In: M.M.: Erziehung für eine Neue Welt. Kleine Schriften, Bd. 5, Freiburg 1998

107 Raapke, Hans-Dietrich: Mit fünf Jahren schon schulreif? In: Die Grundschule. 1. Jg. 1969, H. 2, S. 6–9, sowie Schulreife und vorschulische Erziehung In: Betrifft: erziehung, 2. Jg. 1969, H. 10, S. 20–24

108 M. M.: «Kosmische Erziehung», Kl. Schriften, Bd. 1, S. 147

109 M. M.: Die Entdeckung des Kindes, S. 109

110 M. M.: Die Entdeckung des Kindes, S. 102

111 M. M.: Die Macht der Schwachen, S. 151

112 Polk Lillard, Paula: Montessori Today, S. 45

113 M. M.: Menschliche Potenzialität und Erziehung. In: «Kosmische Erziehung», Kleine Schriften, Bd. 1, S. 39

114 M. M.: Menschliche Potenzialität und Erziehung. In: «Kosmische Erziehung», Kleine Schriften, Bd. 1, S. 39

115 Vgl dazu den deutschen Theologen und Pädagogen Friedrich Schleiermacher aus der Mitte des 19. Jhs.: «Es ist ein gemeinsames Leben für die Jugend zu organisieren, in welchem das Gemeingefühl erregt und entwickelt werden kann.» Aber: «Das Leben der Jugend soll … auch ein solches Gebiet haben, wo die Umgebung nur unter dem Charakter ursprünglich freier Lebenstätigkeit einwirkt, damit die Jugend auf das mannigfaltige Leben vorbereitet werde und ihre Freiheit ausüben lerne.» Pädagogische Schriften 1, Bondi Düsseldorf 1957, S. 141, 102. Vgl. auch Raapke, Hans-Dietrich: Das Problem des freien Raums im Jugendleben, Weinheim 1958

116 M. M.: Das kreative Kind, S. 218/219. In dem sehr interessanten Kapitel «Gesellschaft durch Kohäsion» in ihrem Spätwerk hat sich Montessori ausführlich mit der Unterscheidung von Kohäsion und Organisation befasst.

117 M. M.: Menschliche Potenzialität und Erziehung, a. a. O., S. 37

118 ebd. S. 40, Hervorhebung vom Autor

119 M. M.: ebd. S. 38 und 41

120 Die Herausgeber des Theorie-Bands I (Schule des Kindes) Paul Oswald und Günter Schulz-Benesch befanden, dass der Praxis-Band II «heute in manchen Passagen durch die Fortentwicklung der Montessori-Praxis überholt» sei. (Einleitung zu Bd. I, S. 6). Das darf bezweifelt werden, denn dadurch sind z. B. die Kapitel über Malen/Zeichnen und Musik im deutschen Sprachraum aus dem Blick geraten, und kaum irgendwo sonst hat Montessori ihre fachlich streng systematisierte, in der Methode mit den Kindern aber sehr lebendige Didaktik so eingehend und anschaulich beschrieben.

121 In dem Praxisbuch von 1917 hat Montessori zwar schon Wortkarten in verschiedenen Farben verwendet, die hier dargestellten Symbole hat sie erst danach eingeführt.

122 M. M.: The Advanced Montessori Method 11, S. 10

123 M. M.: Erziehung für eine Neue Welt. Kleine Schriften Bd. 5, Freiburg 1998, Kap.: «Weltanalphabetismus», S. 143 ff.

124 Mario M. Montessori: Some Reflections Concerning the Natural Development of the Mathematical Mind. In: Around the Child, 1954 (4), p. 34–36. Vgl. auch M. M.: The Psychology of Mathematics – An Address given to the Cambridge Education Society 1935: AMI-Communications

125 M. M.: «Kosmische Erziehung», S. 150

126 M. M.: Das kreative Kind, S. 165

127 M. M.: Kosmische Erziehung, S. 41

128 Vgl. die verschiedenen Definitionen, zusammengestellt von Eckert, Ela: Montessoris «Kosmische Erziehung», Vision und Konkretion, Oldenburg, 2. Aufl. 1998, S. 12

129 M. M.: Kosmische Erziehung, bes. S. 19–30

130 Peccei, Aurelio (Hg.), Wien–München, 1979, weitere Auflagen unter dem Titel «Zukunftschance Lernen». Auch in der Analyse des gegenwärtigen Zustands stimmen Montessoris Äußerungen in ihrer Friedensrede von 1932 in Genf und in den Begründungen der kosmischen Erziehung von 1935 und später inhaltlich mit diesen Formulierungen des «Club of Rome» überein:» Das menschliche Dilemma ist die Diskrepanz zwischen der zunehmenden Komplexität aller Verhältnisse und unserer Fähigkeit, ihr wirksam zu begegnen.» (S. 25)

131 Eckert, Ela: Montessoris ‹Kosmische Erziehung›, Oldenburg 2. Aufl. 1998, S. 6

132 Dazu ebenfalls Eckert, Ela: Maria und Mario Montessoris Kosmische Erziehung – Vision und Konkretion, Bad Heilbrunn 2001

133 M. M.: Schule des Kindes, S. 227. «Das, was Schöpfung heißt, ist in Wirklichkeit eine Komposition, eine Konstruktion aus dem *einfachen Material* des Geistes, das mit den Sinnen aus der Umgebung aufgenommen werden muss.»

134 M. M.: «Kosmische Erziehung», a. a. O., S. 19
Maria Montessori hat selbst darauf verwiesen (Von der Kindheit zur Jugend, Freiburg 1966, S. 55), dass ihre kosmische Theorie durch das in Italien verbreitete Buch «Acqua ed Aria» (Wasser und Luft) von dem bekannten Geologen Antonio Stoppani inspiriert worden sei. Der Montessori-Herausgeber Günter Schulz-Benesch hat oft auf inhaltliche Parallelen hingewiesen. Stoppani war ein Verwandter Maria Montessoris, denn ihre Mutter Renilde war eine geborene Stoppani. Antonio Stoppani war zu jener Zeit als ein sehr angesehener Geologie-Professor in Mailand und war zudem Priester. Ähnlich wie Stoppani und Maria Montessori hat der Anthropologe, Paläontologe und Jesuitenpater Pierre Teilhard de Chardin versucht, eine Verbindung zwischen Naturwissenschaft und christlicher Glaubenslehre herzustellen.

135 M. M.: ebd., S. 43

136 M. M.: ebd., S. 21

137 Fischer, Reinhard / Klein-Landeck, Michael / Ludwig, Harald (Hg.): Die «kosmische Erziehung» Maria Montessoris, Münster 1999

138 M. M.: «Kosmische Erziehung», S. 117–118, zum Teil aus der englischen Fassung selbst übersetzt, S. 18, Hervorhebung vom Autor.

139 M. M.: «Kosmische Erziehung», S. 120

140 M. M.: «Kosmische Erziehung», S. 121

141 M. M.: «Kosmische Erziehung», S. 121–122

142 Stephenson, Margaret, zit. nach Polk Lillard, a. a. O., S. 75 (eigene Übersetzung)

143 M. M.: «Kosmische Erziehung», S. 123–126. Schaubild von Jean K. Miller mit Camillo Grazzini. In: Kahn, David (Hg.), What is Montessori Elementary? NAMTA, Cleveland 1995, S. 5 (ins Deutsche übersetzt)

144 Barrow, John D. / Silk, Joseph: Die linke Hand der Schöpfung – Der Ursprung des Universums, Neuauflage hg. von Rudolf Kippenhahn, Darmstadt 1995, S. 10

145 dtv München 1997, vgl. Offenberger, Monika: Von Nautilus und Sapiens. Einführung in die Evolutionstheorie, dtv München 1999

146 Bibliotheks- und Informationssystem der Universität Oldenburg: Verzeichnis neu erschiene-

ner Kinder- und Jugendbücher 1999, Katalog der Oldenburger Kinder- und Jugendbuchmesse (KIBUM)

147 Weinberg, Steven: Die ersten drei Minuten, München 1979

148 DER SPIEGEL, Nr. 30/99, S. 194

149 Barrow/Silk: Die linke Hand der Schöpfung – Der Ursprung des Universums, Darmstadt 1995, S. 292 ff.

150 Eckert, Ela, 1998 S. 30 ff. / 1999 S. 147 ff.

151 Eckert, Ela, 1995, S. 29, wieder abgedr. in Fischer, R. u. a. (Hg): Die «Kosmische Erziehung» Maria Montessoris 1999, S. 145 ff. Sehr ähnlich interpretiert auch Paula Polk Lillard, S. 61

152 Zit. nach Eckert, a. a. O., S. 29 / S. 146

153 Eckert, ebd. S. 37 / S. 156

154 Stephenson, Margaret, zit. nach Eckert, E. 1998, S. 26

155 M. M.: Erziehung für eine Neue Welt, Kap. «Weltanalphabetismus», S. 186

156 Zit. nach Eckert, E. 1998, S. 27

157 Polk Lillard, a. a. O., S. 60–69

158 Kahn, David: The Story of the Universe. In: In the Beginning. Montessori Explorer Series, Volume 1, NAMTA, Ohio 1985

159 Fleck, Siegfried ist ganz ähnlich verfahren, vgl. dazu seinen Beitrag in: Fischer, Reinhard u. a.: Die «Kosmische Erziehung» Maria Montessoris, a. a. O., S. 221 ff.

160 Vgl. die Erzählgeschichte «Geschichte des Universums»

161 Steiner, Walter: Europa in der Urzeit, Mosaik Verlag München 1993, S. 17

162 Paleontologiska Museet. Idé och fakta: Solweig Stuenes, Idé och form: Anders Boulogner

163 Eckert, Ela: Montessoris ‹Kosmische Erziehung› – Vision und Konkretion. Oldenburg 2. Aufl. 1998, S. 5

164 M. M.: «Kosmische Erziehung», S. 101. Die deutschen Herausgeber haben leider diese Textstellen stark verkürzt.

165 Das wird eindrucksvoll gezeigt in dem Video-Film «Lasst uns Zeit! Montessori-Pädagogik à la Hans Elsner».

166 Montessori, Mario jun.: Erziehung zum Menschen. Fischer Taschenbuch Verl. Frankfurt/M. 1984 und weitere Aufl., S. 134 ff.

Mario M. Montessori, der Sohn Maria Montessoris, hat sich in der 1950 gemeinsam mit seiner Mutter in Amsterdam gehaltenen Vorlesung über «Kosmische Erziehung» deutlich auf die Werke des Engländers H. G. Wells «A Short History of the World» (1926) und des Niederländers Hendrik van Loon «Die Geschichte der Menschheit» (deutsch 1925) bezogen. Für ihn waren diese Bücher Beispiele einer «neuen Erziehungsmethode», die das Interesse der Kinder steigern könnten, indem sie eine «Vorstellung vom Universum» vermitteln. Das Buch von Wells liegt als Diogenes Taschenbuch von 1975 in deutscher Sprache vor. Das mit herrlich instruktiven Zeichnungen illustrierte Buch van Loons dürfte noch in Bibliotheken und Bücherschränken zu finden sein.

167 M. M.: «Kosmische Erziehung», S. 70 ff. In der englischen Ausgabe «From Childhood to Adolescense», Clio Oxford, ist ein ausführlicheres Kapitel «Water» abgedruckt.

Material für größere Projekte liefern z. B. das Buch von Klaus Bednarz: «Ballade vom Baikalsee»; München 1998 mit drei Fernsehfolgen der ARD, sowie das Buch von Hartmut Graßl: «Wetterwende. Vision: Globaler Klimaschutz», Frankfurt/M. 1999 (Buchreihe der Expo 2000, Bd. 3).

Maria Montessori hat gelegentlich auch das Werk des Naturforschers Jean-Henri Fabre (1823–1915) erwähnt. Fabre hat vor allem in der Provence einen großen Reichtum an Naturbeobachtungen gesammelt, von dem ein Teil jetzt als Jugendbuch zugänglich ist: Auer, Martin: Ich aber erforsche das Leben – Die Lebensgeschichte des Jean-Henri Fabre, Weinheim 1995

168 Übersetzt von einer Schrifttafel in einer Ausstellung am Fuße des Athabaska-Gletschers in Kanada.

169 Vgl. Kapitel 2 «Die sensiblen Phasen der Entwicklung und die Stufen der Erziehung», S. 55 ff., außerdem Tabelle auf S.60/61

170 M. M.: Erdkinderplan. In: «Kosmische Erziehung», Herder Freiburg 1988, S. 132–135, Hervorhebung vom Autor

171 In: Halfyearly Bulletin of the Association Montessori International, 2 (1) 5–23, 1939
Einzelheiten zu der Geschichte des «Erdkinderplans» in dem Band «Kosmische Erziehung», Kleine Schriften Maria Montessoris, Bd. 1 Herder Freiburg, 1988 in den Anmerkungen der Herausgeber Paul Oswald und Günter Schulz Benesch; in der von Winfried Böhm herausgegebenen Maria-Montessori-Bibliographie 1896–1996, Klinkhardt, Bad Heilbrunn 1999, in Raapke, Hans-Dietrich: Montessoris «Erdkinderplan» zur Reform der Sekundarstufe. Ein Kommentar, Oldenburg 1993 und 1998

172 M. M.: «Kosmische Erziehung», S. 128/129

173 M. M.: «Kosmische Erziehung», S. 130

174 M. M.: «Kosmische Erziehung», S. 130

175 Schaefer, Larry: To Dance with the Adolescent. In: The NAMTA Journal, Cleveland, Vol. 22, No. l, S. 7–13

176 M. M.: «Kosmische Erziehung», S. 140/141

177 M. M.: «Kosmische Erziehung», S. 139–141

178 M. M.: «Kosmische Erziehung» S. 141–142

179 Raapke, Hans-Dietrich: Erdkinder – Vorschläge für die Praxis. In: Montessori aktuell – Die Pädagogik einer Kinderärztin, Oldenburg 1998

180 M. M.: «Kosmische Erziehung», S. 136

181 Vgl. Kapitel «Die sensiblen Phasen der Entwicklung und die Stufen der Erziehung», S. 55 ff.

182 M. M.: «Kosmische Erziehung», S. 127, 130–131

183 M. M.: «Kosmische Erziehung», S. 133–134

184 M. M.: «Kosmische Erziehung», S. 148–149 (in Annäherung an den englischen Text leichte Veränderungen in der Übersetzung durch den Autor)

185 Vgl. dazu Quine, Willard Van Orman: Wort und Gegenstand. Stuttgart 1980

186 M. M.: «Kosmische Erziehung», S. 154–155, 136 (hier wurde wie gelegentlich auch an anderen Stellen die englische Textfassung einbezogen und vom Autor übersetzt)

187 Über Maria Montessori liegen vier Biographien vor. Noch aus persönlicher Kenntnis und Nähe zu Montessori entstanden ist die Biographie von *Edward Mortimer Standing: Maria Montessori. Leben und Werk. Deutsche Neuausg. Oberursel 1970* (Erstausgabe 1957: Maria *Montessori – Her Life and Work, New York 1984)*. Umfangreich und voller wichtiger Details, zugleich aber eine kritische Würdigung, ist das erwähnte Buch der amerikanischen Journalistin *Rita Kramer: Maria Montessori. Leben und Werk einer großen Frau. Fischer Taschenbuch Verlag Frankfurt a. M.*, Neuausg. 1995. Handlich und zur schnelleren Information gut geeignet ist die Biographie von dem Pädagogen *Helmut Heiland: Maria Montessori, rororo Monographie,*

Reinbek 1991. Eine neue, weniger auf das pädagogische Werk konzentrierte Biographie stammt von der niederländischen Professorin für Frauengeschichte *Marjan Schwegmann: Maria Montessori – Kind ihrer Zeit, Frau von Welt, Darmstadt 2000.* Außerdem finden sich zu Montessoris Biographie u. a. Kapitel bei *Günter Schulz-Benesch: Montessori, Darmstadt 1980,* und *Winfried Böhm: Maria Montessori. Bad Heilbrunn, 2. Aufl. 1991.* Zu erwähnen ist auch: *Maccheroni, Anna Maria: A True Romance. Dr. Maria Montessori as I Knew Her. Edinburgh 1947*

188 Kramer, a. a. O., S. 28

189 Kramer, S. 33

190 Kramer, S. 36

191 Kramer, S. 34

192 Maccheroni, Anna Maria: A True Romance. Dr. Maria Montessori as I Knew Her, Edinburgh 1947, S. 13

193 Heiland, Helmut: Maria Montessori, rororo-Monographie, Reinbek 1991, S. 24

194 Zit. n. Kramer, S. 60

195 Kramer, S. 240 ff.

196 Zitate nach Kramer, S. 66–69

197 Itard, Jean: Gutachten und Bericht über Victor von Aveyron. In: Malson, Lucien / Itard Jean / Mannoni, Octave: Die wilden Kinder, Frankfurt / M. 3. Aufl. 1976
Lane, Harlan: Das wilde Kind von Aveyron. Der Fall des Wolfsjungen. Frankfurt / M. 1985

198 Séguin, Edouard: Die Idiotie und ihre Behandlung nach physiologischer Methode, hg. und eingel. von S. Krenberger Wien 1912
Hänsel, Dagmar: Die «physiologische Erziehung» der Schwachsinnigen (Edouard Séguin 1812–1880), Freiburg i.Br., Freiburger Forschungen zur Medizingeschichte, Neue Folge Band 3, 1974

199 M. M., Die Entdeckung des Kindes, S. 43; vgl. Lane, S. 326

200 Raapke, Hans-Dietrich: Maria Montessori und Astrid Lindgren, Oldenburg 1992

201 Kramer, Rita, S. 113

202 Pedagogical Anthropology, zit. n. Kramer, S. 124

203 Canfield-Fisher, Dorothy: Eine Montessori-Mutter. Stuttgart 1922, vgl. Kramer, S. 175

204 Zit. n. R. Kramer, S. 139: «‹How It All Happened›: Dr. Montessori Speaks» In: AMI Communications Nr. 2 / 3, S. 4

205 nach Montessori, Schule des Kindes, S. 69 f.

206 Zit. n. Kramer, S. 141, ähnlich in: Die Entdeckung des Kindes. S.157

207 M. M.: Selbsttätige Erziehung, S. 162, zitiert nach Kramer, S. 150

208 Kramer, S. 181

209 Eckert. Ela: Montessoris ‹Kosmische Erziehung› – Vision und Konkretion. Oldenburg 1996, S. 8

210 Kramer, S. 217

211 Ammann, Wiebke: «Wenigstens das täglich Brot». Maria Montessori. Unternehmerin und Chefin des Montessorikonzerns. In: Das Kind Heft 18, 1995, S. 87 ff.

212 Zit. n. Kramer aus M. M.: The Secret of Childhood, S. 128, desgl. M. M.: Kinder sind anders, (dtv) München 1987, S. 133

213 Kramer, S. 209

214 Zit. n. Kramer, S. 209

215 Knoll, Michael: John Dewey über Maria Montessori. Ein unbekannter Brief. In: Pädagogische Rundschau, Heft 2, 1996, S. 209–219

216 Vgl. auch Kramer, S. 274 ff.

217 Kramer, S. 201

218 Vgl. Kramer, S. 255

219 Heiland, S. 73

220 Böhm, S. 57

221 zitiert nach Kramer, S. 330 f.

222 Kramer, S. 368

223 Harth-Peter, Waltraud (Hg.): «Kinder sind anders». Maria Montessoris Bild vom Kinde auf dem Prüfstand, Würzburg 1996

224 Vgl. dazu Inge Hansen-Schaberg, Die Montessoribewegung in Berlin während der Weimarer Republik und der Konflikt zwischen Clara Grunwald und Maria Montessori. In: DAS KIND, Heft 19, 1996, S. 27 ff., Waltraud Harth-Peter, Clara Grunwald, in: DAS KIND, Sonderheft 1995, S. 4 ff. Helene Helming (1888–1977) hat sich von den zwanziger Jahren an intensiv mit der Montessori-Pädagogik befasst und vielfach darüber publiziert. 1946 wurde sie Direktorin der Pädagogischen Akademie Essen-Kupferdreh und hat die Montessori-Pädagogik in Deutschland maßgeblich wiederbelebt. Vgl. Eckert, Ela: Schafft Lebensraum in der Schule – Helene Helming. In: Grundschule 29. Jg., H. 4, 1997, S. 46 f.

225 Die Macht der Schwachen S. 43

226 Salvatore Valutti, zeitweilig italienischer Erziehungsminister, Vizepräsident der «Opera Nazionale Montessori» und 1976 bis 1982 Vizepräsident der AMI, hat im Nachruf auf Mario Montessori sen. gesagt: «Mario Montessori hatte in seinem Leben eine fundamentale Ungerechtigkeit zu ertragen, nämlich nur als der Sohn seiner Mutter angesehen zu werden.» In: AMI-Communications 1998/1, S. 22 (den Hinweis auf die Rede Valuttis verdanke ich Ela Eckert)

227 Siehe hierzu und zum folgenden Eckert, Ela: Montessoris «Kosmische Erziehung». Vision und Konkretion, Oldenburg 1995, «2. Aufl. 1998, sowie ihr neues Buch: Maria und Mario Montessoris Kosmische Erziehung. Vision und Konkretion. Bad Heilbrunn 2001, S.17 ff.

228 Kramer, S. 406

229 Eckert, S. 18/19

230 Vgl. die Aufstellung von Eckert, S. 19

231 Böhm, 1991, S. 58, Eckert, S. 19

232 Oswald/Schulz-Benesch in der Einleitung
Vgl. dazu das Buch von Marco Wehr/Martin Weinmann: Die Hand.

233 Kramer, S. 430

234 Teilhard der Chardin, Pierre: Der Mensch im Kosmos. Erstmals in deutscher Sprache 1947.

235 Vgl. Oswald, Schulz-Benesch (Hrsg.): Maria Montessori. «Kosmische Erziehung», Kleine Schriften Band 1, S. 32

236 Eckert, S. 6

237 M. M.: «Kosmische Erziehung», S. 16–18

238 Eckert, S.41

239 «Kosmische Erziehung», S. 19

240 Vgl. dazu Eckert, Ela: 1998, S. 36/37, sowie Maria und Mario Montessoris Kosmische Erziehung. Vision und Konkretion. Bad Heilbrunn 2001, S. 76/77

Kinder brauchen eine Lobby

In der Deutschen Liga für das Kind arbeiten Fachleute aus den Bereichen Gesundheit, Erziehung, Sozialwissenschaften und Recht zusammen und ermöglichen einen intensiven Kontakt zu Wissenschaft, Praxis und Politik. Dabei stehen folgende Aufgabenbereiche im Mittelpunkt:

Kinder brauchen starke Eltern
Die Elternverantwortung zu stärken, bedeutet nicht nur, öffentlich auf die unverzichtbare Rolle der Eltern hinzuweisen, sondern auch, Eltern selbst Aufklärung und Unterstützung anzubieten.

Kinder brauchen Schutz
Kinder haben ein Recht auf die Förderung ihrer natürlichen Begabungen. Das gilt nicht nur für den rechtlichen Schutz, sondern auch für familienergänzende, wenn nötig familienersetzende Angebote für Kinder.

Kinder brauchen Beteiligung
Schon von Geburt an muß die eigenständige Persönlichkeit des Kindes sowohl im rechtlichen, als auch im psychologischen Sinne Anerkennung finden. Hierzu gehört auch, die Interessen von Kindern und Familien im politischen Raum zu stärken.

Kinder brauchen materielle Gerechtigkeit
Die Entscheidung für ein Kind gehört heute zu den größten Armutsrisiken. Der Beitrag, den die Erziehung von Kindern in der gesellschaftlichen Gesamtrechnung leistet, wird in unserem Steuer- und Rentensystem in einer nicht länger hinzunehmenden Weise unterbewertet. Eine Korrektur dieses Mißstandes ist überfällig.

Kinder brauchen bessere Lebensbedingungen
Beim Wohnungsbau, der Stadt- und Regionalplanung und in allen anderen Feldern, die zur Lebensqualität von Familien beitragen, müsen Bedingungen geschaffen werden, die ein Leben mit Kindern erstrebenswert machen. Dies gilt auch für die Arbeitsplatz- und Arbeitszeitgestaltung der Eltern.